国家科学技术学术著作出版基金资助出版

大型建设工程项目
实施状态的分级诊断与综合评判
方法及其应用

The Method and Its Application of Hierarchical
Diagnosis and Comprehensive Judgement to Implementation
States of Large-scale Construction Project

侯学良 著

科学出版社

北 京

内 容 简 介

本书详细介绍了著者近年来在大型建设工程项目实施状态诊断研究方面的最新成果。全书共分八个章节,所述内容具有完整的科研思想体系和研究技术框架,内容中既有最新的创造性理论研究成果,又有紧密结合工程实际的实证性研究成果。

本书不仅可供从事建设工程项目管理的研究机构和高等院校的科研、教学人员及研究生参考和使用,而且更适用于从事工程项目管理的政府部门主管人员和企业管理人员,特别是从事大型建设工程项目管理的企业中高层领导和工程项目管理者阅读与使用,并对其他项目管理领域类似问题的研究也具有较高的参考和借鉴价值。

图书在版编目(CIP)数据

大型建设工程项目实施状态的分级诊断与综合评判方法及其应用 / 侯学良著. —北京:科学出版社,2022.3
ISBN 978-7-03-066372-6

Ⅰ. ①大… Ⅱ. ①侯… Ⅲ. ①基本建设项目-项目管理-研究-中国
Ⅳ. ①F284

中国版本图书馆 CIP 数据核字(2020)第 197825 号

责任编辑:王丹妮 / 责任校对:杨 赛
责任印制:张 伟 / 封面设计:无极书装

科学出版社 出版
北京东黄城根北街 16 号
邮政编码:100717
http://www.sciencep.com
北京九州迅驰传媒文化有限公司 印刷
科学出版社发行 各地新华书店经销
*
2022 年 3 月第 一 版 开本:720×1000 1/16
2022 年 3 月第一次印刷 印张:13 1/2
字数:268 000
定价:**138.00 元**
(如有印装质量问题,我社负责调换)

作 者 简 介

侯学良：男，华北电力大学经济与管理学院教授，博士生导师，清华大学博士后，美国普渡大学高级访问学者，教育部新世纪优秀人才支持计划入选者，华北电力大学工程技术与管理研究所所长，中国建筑业协会工程项目管理专业委员会委员，国家自然科学基金评议专家，教育部硕博学位论文评审专家，教育部科技成果评审专家，研究方向为工程项目管理理论与应用、工程实用管理技术研究与开发。曾于大型工程建设企业从事工程设计和现场管理工作17年，主持完成国家级、省部级纵横向科研项目 65 项，已发表建设工程项目管理方面的学术论文 69篇，获得软件著作权26项，发明专利2项及多项省部级科技进步奖。出版了我国第一套工程项目管理专业本硕博不同层次的工程项目管理成套教材。

序

　　大型建设工程项目是一个具有显著非线性特征的时变性开放系统。在其建设过程中，不仅需要与系统内外多种资源进行持续性交换，还需要项目参与各方全过程的支持与配合。正因如此，一旦在实施过程中受到若干不确定因素的干扰和影响，就可能给工程项目的顺利实施带来不同程度的阻碍和约束。因此，在大型建设工程项目的实施过程中，如何及时发现项目中存在的各种问题并及时对之进行有效的分析、监管与控制就成为大型建设工程项目管理中一个非常重要且必须解决的现实问题。

　　针对这一问题，著者在充分了解和掌握大型建设工程项目管理现状及其所存在的问题的基础上，基于工程实际，融合工程项目管理学、系统工程学、系统控制学、工程相似学、知识逻辑、数据挖掘、集合理论、粗集理论及失态分析等科学原理，通过对大型建设工程项目实施状态问题表象及其产生机理进行深入系统的理论研究和实践探索，提出了科学分析和有效诊断大型建设工程项目实施状态的若干新思想、新模式、新技术和新方法。不仅开展了大量的工程实际验证，取得了良好的工程管控效果，而且帮助工程建设企业取得了明显的经济效益。更有价值的是，通过多年的工程实践反复使用与理论提炼，进一步开发了更为实用的计算机软件，为提高大型建设工程项目实施状态的管理水平提供了科学有效的新工具。因此，该书所述内容及其创新点不仅具有重要的理论价值，而且具有很高的实用价值。

　　鉴于该书所述成果在研究大型建设工程项目管理方面具有前沿性、创新性和引导性，以及在工程实践中具有高价值性，并先后得到国家自然科学基金和教育部新世纪优秀人才等项目的资助及多位业内著名工程项目管理专家的认可，因此，值著者结笔之际，特以作序，以作鼓励。希望著者今后在此方面取得更多的成果，为促进我国工程项目管理水平的提高和建设事业的发展做出更大的贡献。

牛东晓

牛东晓：长江学者特聘教授、新世纪百千万人才工程国家级人选、国务院政府特殊津贴获得者、中国科学技术协会决策咨询专家、国家自然科学基金评议专家。

前　　言

　　现代大型、特大型建设工程项目都具有两个显著特征，一是形态特征，具体体现在工程量大、工期紧、要求高、难度大和技术含量高方面；二是系统特征，集中表现在多重作业、多元集合、多级传递、多维管理和多种状态方面。基于这两个特征，大型建设工程项目中呈现出的各种问题就具有了明显的综合性、多样性、多元性和复杂性。并且，随着建设规模的不断扩大，工程项目中所需分析、研究和解决的问题也越来越多，难度也越来越大，涉及面也越来越广。因此，若要对大型建设工程项目实施更加科学有效的管理和控制，就需要工程项目管理者在紧密结合工程实际的基础上，针对性地提出能够有效分析和解决大型建设工程项目管理中各种问题的新思路、新方法、新模式、新工艺、新技术、新材料和新对策。然而，这些新技术、新方法、新模式之中的"新"不仅需要基于理论研究的思想创新，更需要基于工程实际的实践创新；同时，只有将二者有效地结合起来，才能在解决工程实际问题方面发挥有效的作用。《大型建设工程项目实施状态的分级诊断与综合评判方法及其应用》这一著作正是这一方面近年来的代表性研究成果。

　　本书主题源自 2008 年广州亚运工程项目的建设管理需求，书中所述内容是在完成该项目研究并提出有效解决大型建设工程项目实施状态管控方法的基础上，为进一步提炼与之相应的科学理论，并使这一科学新方法更具普适性，为促进我国工程项目管理水平的提高，在国家自然科学基金、北京市自然科学基金、教育部新世纪优秀人才计划项目及三家大型工程建设企业的相继支持与资助下所取得的研究成果之凝练与集成。

　　笔者在详细阐述我国大型建设工程项目管理现状、所存在的问题与发展趋势的基础上，就如何对大型建设工程项目实施更加科学有效的管理予以系统论述，主要内容有大型建设工程项目实施状态的分级管理模式、实施状态的分级诊断技术、分级诊断中有关问题的处理方法、实施状态的综合评判方法、实施状态诊断系统的构建与开发。按照所述内容的逻辑关系，全书分为三个部分、八个章节。第一部分是工程项目管理前沿部分，内含第 1 章、第 2 章两个章节，主要是对大型建设工程项目管理现状、所存在的问题与发展趋势的概述，目的是为后续提出工程项目实施状态分级管控、分级诊断与综合评判的新思想与新理念提供客观性的事实依据。第二部分是理论研究部分，内含第 3 章至第 6 章四个章节，主要是在综合工程项目管理学、系统工程学、工程诊断学、知识逻辑、数据挖掘、粗集理论、集合论、控制论和失态分析理论等多学科知识的基础上，就如何对大型建设工程项目实施状态进行科学有效的分级管理、分级诊断和综合评判进行详细论述。第三部分是实证研究部分，内含第 7 章、第 8 章两个章节，是在完成理论研究的基础上，就如何将之应用于工程实践中所进行的诊断系统软件开发和实例分析。这八章相互衔接，互为因果，前一章节是后一章节的基础，后一章节是前一章节的深化，书中所述的创新思想与研究成果都是在理论与实践相结合的基础上逐步推证得出的。因此，本书所述内容具有完整的科研思想体系和研究技术框架。读者照此续读，可在参阅此书的过程中全面了解和掌握笔者的研究思想、研究过程和研究方法，并在最后一章的工程实例阅读中获得更为直接且深刻的研究成果价值感受。

与同类书籍相比，本书价值与内含创新点主要体现在六个方面：一是针对大型建设工程项目所特有的系统特征和形态特征，以系统科学和工程项目管理理论为依据，提出了对大型建设工程项目实施多层多级管控的工程项目管理新思想和新理念；二是为实现对工程项目的多层级有效管控，基于工程诊断学和系统控制论，通过对模型诊断和特征诊断原理的深度分析，提出了对大型建设工程项目各层级、各阶段、各个不同管理对象的实施状态进行分级诊断和综合评判的梯级递推分析新方法和新模式；三是为确保诊断指标在分析管理对象时的针对性和有效性，综合知识逻辑、数据挖掘和粗集理论，提出了科学提取工程项目实施状态诊断指标的新技术和新模型；四是为了确保诊断结果的实效性，提出了理论与实践相结合的诊断指标差异度排比赋权新技术；五是为实现大型建设工程项目实施状态的科学判定，通过对大型建设工程项目非线性系统状态的数理分析与描述，基于失态分析原理和系统状态估测理论，利用 Kalman 无偏估计和大样本实证数据，给出了大型建设工程项目实施状态的综合判定新标准；六是为将研究成果实用化，设计和开发了大型建设工程项目实施状态诊断系统，为实现对大型建设工程项目实施状态的即时分析、诊断与决策提供了科学有效的新工具。因此，阅读者不仅可从本书中学习和获得工程项目管理的新思想与新理念，而且可以了解和掌握工程项目管理的新技术与新方法。更有意义的是，这些创新成果已被国家科技主管部门鉴定为国际先进，获得 2 项发明专利和 19 项软件著作权，并且在近 8 年的大量工程实验与试用中，已给企业带来 4 亿多元的经济效益。鉴此，第十届中国建筑经济高峰论坛对此研究成果开设了专题论坛，予以了专题报道，在我国工程项目管理领域引起了极大反响，受到了中国工程院刘吉臻院士和徐寿波院士以及众多专家学者和企事业单位的高度评价，并于 2015 年和 2016 年分别获得国家住房和城乡建设部中国建筑学会科技进步一等奖和商务部科技进步二等奖。

在本书的撰写过程中，笔者为了解和掌握国内外研究现状，准确把握我国大型建设工程项目的管理现状、所存在的问题与发展趋势，参阅和借鉴了国内外大量相关文献与资料，这些资料与文献对确保本书所述知识的科学性、系统性、严谨性、正确性和先进性发挥了非常重要的作用。同时，在撰写过程中，本书研究团队的王毅、谢智慧、王万雨等优秀博士生和博士后，也以极高的热情参与了本书的审阅工作，并从读者角度就如何更好地领会这些研究思想、研究过程、研究方法与研究成果提出了许多宝贵的建议。特别需要提出的是，鉴于本书所述成果在大型建设工程项目管理与控制方面所具有的前沿性、创新性和引导性，我国著名的工程项目管理专家、长江学者特聘教授、新世纪百千万人才工程国家级人选、国务院政府特殊津贴获得者牛东晓博导为此书专言沾笔，予以作序。在本书出版之际，科学出版社的李嘉编辑等又给予了极大的支持和帮助。在此，特言述语，对他们一并致以崇高的敬意和诚挚的感谢。

2018年8月，中央政治局会议明确指出：要把补短板作为当前深化供给侧结构性改革的重点任务，要加大基础设施领域补短板的力度。这意味着，在"十四五"建设时期和"一带一路"逐步实施的今后若干年里，我国必将建设一大批大型和特大型工程项目，并且这些大规模工程建设项目将成为推动我国现代化发展进程和实现经济持续稳定增长的主要力量。但是，面对这些即将开展的大规模工程项目建设，如何对之进行科学有效的监督和管理，如何通过科学有效的管理方法来及时了解和掌握这些工程项目的实施状态并及时分析和诊断出项目中存在的问题，为项目管理者和决策者制定相应对策提供科学可靠的客观依据，以确保这些工程项目的顺利实施并实现其预定目标，使国家大量投资的工程项目发挥出应有的作用，产生应有的效益，就成为我国工程项目管理领域以及政府主管部门必须高度重视，急需认真思考、研究和解决的一个重要现实问题。为此，在本书出版之际，笔者衷心期望本书的出版不仅能为从事工程项目管理教学和科研的有关人员带来有益的启发，更期望能给政府工程管理部门和企事业单位的工程项目管理者与决策者在解决工程实际问题方面带来更大益处，为提高我国工程管理水平做出更大的贡献。

著　者

2020年6月于北京

目　　录

第1章 大型建设工程项目及其发展状况

1.1 大型建设工程项目的内涵

1.1.1 建设工程项目

建设工程项目（construction project）是指在一定条件下，按照一定的程序，为完成具有特定目标的项目而实施的系统性组织活动。不论是从内涵来讲还是从外延来看，建设工程项目都具有显著的广泛性，它不仅包含了人们平常所理解的实体建设项目，如城市基础设施、公共建筑、住宅小区、工业厂房、建材工程、冶金工程、石化工程、通信工程、电力工程、道桥工程、水利工程、采矿工程、港口工程等建设项目，而且随着社会的不断发展和科学技术的不断进步，还扩展至国防工程项目、自然资源开发项目、社会工程项目（如希望工程、安居工程、人口普查、西部开发）、科研工程项目（如基础科学研究项目、应用科学研究项目、973和863计划）等。但不论哪种建设工程项目，它们都具有如下主要共性。

（1）目标性：这些建设工程项目都有自己的建设目标，并且该目标包含若干个与该目标紧密相关的子目标，只有全部实现各个子目标，才能实现项目的总目标。

（2）系统性：这些建设工程项目一般都由若干个相关的子项目组成，这些子项目互为基础，相互配合后才能发挥建设项目所预期的整体作用。

（3）程序性：建设工程项目的实施都要经过从抽象到具体、从计划到实施、从投入到产出的整个过程，并且在此过程中必须按照相关的规定和客观规律来实施。

（4）计划性：在建设工程项目实施前，一般都要在明确建设目标之后制订相应的实施计划，并且这些计划随着项目的变化而变化。因此，对于工程项目来讲，它既具有指导性，又具有约束性。

（5）约束性：在建设工程项目的实施过程中，任何项目都可能受到来自项目内外各种因素的随机性影响，使得项目管理者和决策者必须采用有效的管理方法和监控手段来消除这些影响，确保项目的顺利实施及其预定目标的实现。

（6）风险性：在项目的实施过程中，项目预设的条件可能会发生多种变化，这就可能使项目不能按照预定的计划组织实施，变化极大时还有可能导致建设工程项目的失败，因此，任何建设工程项目都含有不同程度的风险。

为了避免读者误解本书所述内容，在此特别指出，本书后续所指的建设工程项目仅指人们平常所理解的实体建设项目，即完成依法立项而涉及的新建、改建、扩建、迁建等各类实体工程项目（如工业工程、民用工程、公共建筑、基础设施、交通工程、电力工程、道桥工程及其他实体工程等），而不包含社会工程项目、科研工程项目等。

1.1.2　大型建设工程项目

大型建设工程项目是指建设工程项目中建设规模相对较大、工程项目投资较多、建设周期相对较长、工程涉及面相对较广、参建单位相对较多的一类工程项目。与中小型建设工程项目相比，大型建设工程项目不论是在工程规划、设计和建造方面，还是在工程组织、管理与控制等方面都比中小型工程要复杂得多，而不仅仅是一般工程的简单组合。从工程实践角度来看，大型建设工程项目不仅含有多项彼此之间紧密相关的子项工程，且这些工程在项目组织、人员配合、资源使用、信息利用、建设环境、所需条件等多个方面彼此高度依赖，而且由于大型建设工程项目涉及面较广，有时甚至还涉及系统外一些工程，因而，大型建设工程项目具有显著的相关性、复杂性和综合性，并可能对社会状态、生态环境、区域政治、人文习俗等方面产生一定程度的影响。由此可知，大型建设工程项目比一般中小型建设工程项目的风险更大、要求更多、影响更深远、决策也更难，大型建设工程项目的管理难度也远远超过了一般性的工程项目。根据国家有关规定标准整理的几种常见的建设工程项目大中小型划分标准，如表1.1所示。

表 1.1　基本建设工程项目大中小型划分标准

部门/项目	计量单位	大型	中型	小型
钢铁工业	年产钢/万吨	100 以上	10~100	10 以下
煤炭工业	年产原煤/万吨	500 以上	200~500	200 以下

续表

部门/项目	计量单位	大型	中型	小型
石油工业	年加工原油/万吨	250 以上	50~250	50 以下
化学工业	总投资/万元	2 000 以上	800~2 000	800 以下
机械工业	总投资/万元	3 000 以上	800~3 000	800 以下
电力工业	装机容量/万千瓦	25 以上	2.5~25	2.5 以下
建材工业	总投资/万元	2 000 以上	800~2 000	800 以下
轻工业	总投资/万元	800 以上	300~800	300 以下
水利工程	库容/亿立方米	1 以上	0.3~1	0.3 以下
公路铁路	新建公里数/千米	100 以上	50~100	50 以下
水厂工程	日供水/万吨	11 以上	5~11	5 以下
煤气厂	日供气/万立方米	30 以上	5~30	5 以下
航站楼	总投资/万元	20 000 以上	5 000~20 000	5 000 以下
通信工程	总投资/万元	8 000 以上	500~8 000	500 以下
港口工程	总投资/万元	10 000 以上	5 000~10 000	5 000 以下
基础设施	总投资/万元	10 000 以上	3 000~10 000	3 000 以下

1.2　大型建设工程项目的特点

大量的工程实践表明，大型建设工程项目一般都具有两个显著特征：一是形态特征，集中表现在工程量大、工期紧、要求高、难度大和技术含量高方面；二是系统特征，集中表现在多重作业、多元集合、多级传递、多维管理和多种状态方面。基于这两个特征，大型建设工程项目中呈现出的各种问题就具有了明显的综合性、多样性和多元性。并且，随着工程项目规模的不断扩大，项目中需要分析、研究和解决的问题也越来越多，难度也越来越大，涉及面也越来越广，包含的因素也越来越多，因而，为了对大型建设工程实施有效的管理和控制，就需要工程项目管理者在紧密结合工程实际的基础上，针对性地提出能够有效分析和解决工程项目中各种问题的新思路、新方法、新模式、新工艺、新技术、新材料和新对策。为此，大型建设工程项目就具有了以下几方面的新特点。

1. 组织管理模式新颖

在项目组织管理方面，由于大型建设工程项目参与部门极多，这些部门极易在项目中为了各自利益的实现而发生各种冲突与矛盾，因而，不仅需要结合项目管理需求构建出新的项目管理模式，而且需要在明确项目各参与部门职责的基础上，专门建立起科学高效的项目管理体制和运行机制，以确保对工程项目实施高效的管理与控制。

2. 质量管理要求较高

由于大型建设工程项目内含多个子项工程，它们之间相互的关联性极强，因此，在工程质量方面，如果其中的某一工程质量出现问题，就极有可能影响到其他工程的实施与进展。因而，大型建设工程项目对工程质量的要求就时常超过了一般性工程项目，甚至有时由于特殊的使用需求，对工程局部的质量要求更为严格和苛刻。

3. 进度控制要求更严

在工程进度管理方面，大批量的并行作业和工期压缩已成为当前大型建设工程项目最主要的特点之一。这主要是因为，大型建设工程项目一般涉及国家或地区的经济发展，大型建设工程项目越早完成就越能给国家或地区的经济发展带来益处，因此，在明确大型建设工程项目总体进度目标的前提下，积极加快工程的建设步伐就成为当前大型建设工程项目在进度管理方面的主要特点之一。

4. 资源管理难度更大

由于大型建设工程项目所使用的资源已过千万，因而在工程项目的资源管理方面，对工程所需资源的采购、进入、运出、检验、分类、存放的管理不仅已成为一项专门的系统工程，而且如何对资源进行科学合理的分配也已成为大型建设工程项目管理中的重中之重。一旦出现资源配置不合理的问题，不仅会给大型建设工程项目的质量、进度、安全、消防、费用、风险、合同等多个方面带来不同程度的不利影响，还可能给工程项目预期目标的最终实现带来严重的阻碍和约束。

5. 项目风险明显增多

大型建设工程项目是一项复杂的系统工程，在实施中需要与系统内外进行多种资源的持续交换，因而涉及系统内外多个方面，并时常受到来自系统内外多种因素的随机性影响。因此，大型建设工程项目所遇到的风险就远比一般工程项目要高很多。

6. 合同关系较为复杂

在合同管理方面，由于大型建设工程项目包含的子项工程非常多，各个工程需要不同性质、不同类型的单位实施并完成，因此，工程项目的合同不仅包含着工程项目管理组织与项目外部所需材料、能源，以及政府、市政等单位的合作协议，还包含了大量的项目内部各层各级单位之间的内部合同。这些合同将项目各单位构建成一个相互制约的大系统，使得项目各方既存在相互的配合，又存在相互的制约，并以此作为相互间约束手段，以确保项目所需资源的按时供应和工程项目之间的有效衔接。

7. 工程监管困难增加

在大型建设工程项目的实施过程中，由于几十项甚至上百项工程项目的并行作业和同时推进，且每项工程内还包含多个需要监管的对象，因此，面对有限的监管单位及监管人员，对工程项目实施全面有效监管的工作量就显著增加，难度也明显加大，监管中所遇到的问题也会增多。

8. 工程管理更需集成

在管理方法方面，项目管理者在积极抓好工程质量、费用、进度、资源等管理对象的同时，更加注意自身的安全和对生态环境的保护，积极倡导绿色化施工，并在工程建设中从过去的单一管理模式向信息化、集成化、综合化、系统化的方向发展，许多新的工程项目管理方法已呈现出较强的集成性和综合性，其他学科的知识已不断融入大型建设工程项目的管理之中，为提高工程项目管理水平，促进工程项目管理更加科学化和实用化发挥着积极的作用。

9. 管理内涵不断丰富

在管理内容方面，大型建设工程项目管理除了包含常规的工程计划管理、费用管理、合同管理、质量管理、进度管理、风险管理、安全管理等传统内容之外，还包含了工程所需的冲突管理、精益管理、分化管理、行为管理、心理管理、环境管理、生态管理、特殊技术与工艺材料等管理。特别是信息管理，由于在工程实施中工程信息的大量涌现，传统的工程项目信息处理方式已无法满足大型建设工程项目的管理需求，因而，就需要将信息识别、冗余处理、数据存储、自动化控制等管理技术引入进来，并同步增加了工程管理的对象与内容。

10. 管理外延不断扩大

由于大型建设工程项目涉及项目内外多种环境，因而，除了项目日常管理中的内容外，还需考虑与项目紧密相关的环境保护和生态影响。特别是随着社会人文要求的不断提高，与大型建设工程项目管理相适应的项目文化也随之产生，并贯穿到项目参与者的每一个行动当中和项目的每一个实施工序当中，为工程建设的顺利进行发挥积极的促进作用。同时，随着科学技术的不断发展和社会的不断进步，传统的工程项目管理原有含义已被打破，大型建设工程项目的管理已被注入了新的思想，扩充了新的理念，并在考虑多方的利益并充满共赢思想的基础上，要求在工程项目管理中不断优化资源配置，快速反馈信息，科学做出决策，使工程项目运行处于最佳状态，获得最佳效果，并谋求工程项目高、快、好、省的有机统一（效益高、速度快、质量好、资源省）。在项目的实施中，不仅要完成其现有内涵所包含的工程项目内容，而且外延至项目所包含的更广泛内容，并更加重视软目标的实现，更加重视项目后期效益、效果和体现的价值，以及对社会、环境、人类所带来的影响，同时项目管理在实施过程中也更加注重有效、合理地利用和保护各种自然资源，实现人类的可持续发展，从而使工程项目管理成为一门全面、完整、系统的管理学科体系和实用、有效、科学的管理方法。

1.3　工程项目的基本建设程序

工程建设程序是指工程建设项目从其构思和设想开始，经过必要的调研、可行性分析、初步设计和多方比较与决策，提出项目建议并得到上级主管部门批准后，组织项目参与各方来完成工程建设内容、实现项目建设目标的过程。就此，我国政府主管部门在完成大量工程实践的基础上，总结了1949年以来工程建设中正反两个方面的经验和教训，逐步提出了符合中国国情的工程项目建设程序。从工程实践结果来看，尽管不同的工程建设项目在性质、规模、承包方式、管理模式等方面具有一定的差异，但基本建设程序通常都含有工程项目的项目策划、建设准备、项目实施和验收使用四个主要方面。

1.3.1　项目策划

项目策划是指工程建设方或业主构想通过工程项目的建设来促进企业技术进步、实现企业发展战略目标的行为过程。这个过程会因工程项目的复杂程度与建设规模的不同而有差异，一般是从工程项目的构思开始到工程批准并正式立项发文为止。在此期间，主要开展的工作有项目可研、申报审批和项目核准。建设程序如下。

1. 确定工程建设目标

为了促进企业的发展，企业法人结合企业的发展战略以及当前乃至今后一段时间欲解决的主要问题，提出拟建工程所要达到的主要目标和拟解决的主要问题。这一工作主要是企业的自身工作，企业具有完全的主动权。但常常出于多种因素的考虑，分析和决策过程反而相对较长。

2. 构建工程建设框架

企业在明确工程建设目标之后，需要开展市场调研，了解与拟建工程紧密相关的各种情况。在此基础上，进一步明确工程的结构组成、建设规模及投资数额，并对拟建工程预期目标所涉及的各个指标做出初步的描述和设定，同时对拟建工程存在的机会进行初步估计和构想，构建出初步的建设框架与虚拟计划。

3. 策划工程建设方案

在明确工程建设内涵的基础上，根据工程建设目标，策划和编制工程的总体实施方案，如工程总体功能定位、工程主要建设指标、工程总体建设框架、工程总体规划布局、工程建设的阶段划分、工程融资方案、工程设计方式、工程建设模式、后期运营模式及相应的组织策略等。

4. 提出工程项目建议书

在构建起工程建设的初步框架之后，需要对工程建设的可行性与必要性进行论证，并编写出工程项目建议书。项目建议书是对工程总体目标、目前状况、相关问题、环境条件、项目定义和总体方案的进一步说明与细化，也是工程项目开展可行性研究的前提基础和必要条件，它可为后续开展拟建工程的可行性研究、工程设计和计划编制提供指导。

5. 报审工程项目建议书

编写完工程项目建议书后，企业须将建议书提交到工程建设主管部门进行意向审批。工程建设主管部门将在综合考虑当地经济发展状况和国家相关发展政策的前提下，给出相应的指导性意见。

6. 开展工程项目可行性研究

企业的项目建议书得到工程建设主管部门的批准后，须组织开展更为详细的项目论证，并编写拟建工程的可行性研究报告。在开展可行性研究前，需要对市场需求现状和与拟建工程紧密相关的政策法律制度等情况进行广泛的调查与深入的研究。特别是对于大型、特大型建设工程项目来讲，慎重起见，有些可行性研究工作需要花费几年甚至十几年的时间进行调研工作，对拟建工程进行财务评价、国民经济评价和环境影响评价，以便对实施方案进行全面系统的技术经济论证与评估，确保工程建设的必要性与价值性。

7. 项目报审和计划下达

在完成工程项目可行性研究的基础上，企业需将拟建工程的可行性研究报告提交到工程建设主管部门进行审批。工程建设主管部门将根据可行性研究结果，在综合考虑各种因素的前提下，就是否立项做出最后决策。项目一旦得到批准，即可下达立项文件。项目立项文件和经批准的可行性研究报告将作为工程项目的任务书，并同时作为下一步开展工程项目初步设计的依据。

1.3.2　建设准备

在拟建工程得到批准并获得立项文件后，申请工程项目建设的单位也就随即成为工程建设主管单位。为实现工程项目的建设目标，工程建设主管单位需要就如何开展工程设计、选择施工队伍、采购工程建设材料与设备、对工程项目进行管理、进行项目开工建设等内容组织有关人员开展工作。其中，最为主要的工作有工程招标投标、工程设计委托和工程建设相关手续的办理。

1. 工程招标投标

建设项目是一项系统复杂的工程，它的完成不仅需要建设单位的科学组织与管理，更需要设计单位、施工单位、监理单位、供货单位等的参与和努力。在确定由哪些设计单位、施工单位、监理单位和供货单位来参与并完成这些工作时，目前采用的主要方式是工程项目的招标投标。因此，工程招标投标就成为工程项目建设前期准备工作的一项重要内容。工程招标一般首先选定的是设计单位，在完成设计任务后，依据设计文件，再选择工程施工单位、监理单位、供货单位及参与项目建设的其他单位。

2. 工程设计委托

工程设计是对工程建设所需系统技术的定义和说明，主要通过设计文件如图纸、大样或模型，对拟建工程的系统技术进行详细的描述。按照工程规模和复杂程度的不同，工程项目设计工作也有较大差异。对一般工程项目而言，工程设计分为初步设计和施工图设计；对于技术相对比较复杂的建设项目，工程设计分为初步设计、技术设计和施工图设计。这些工作可由一家设计单位来完成，也可由多家设计单位来完成。设计单位一般是通过招标方式来选取和确定，项目中的各个专业分工与配合则由设计单位负责组织和实施，并负责工程建设过程中的技术指导。

3. 工程建设相关手续的办理

在工程项目开工建设之前，建设单位需要根据工程项目批文到政府规划管理部门办理建设工程规划许可证，并根据规划部门提供的规划设计条件和地形电子文件，委托有资质的工程设计单位进行总平面布置和工程设计，确定水电通信等使用计划。到政府土地管理部门办理国有土地使用证和有关批准文件，到政府规划部门认定的施工图审查机构审查设计完成的图纸文件，到政府招投标管理部门依法开展工程招投标工作。同时，落实项目建设资金，通过政府建设主管部门下达工程年度投资计划和建设文件，到公安消防、人防、能源、市政、环保、质量监督等部门办理建设工程消防、人防、水电接入、道路使用、环评、质量监督等手续。在此基础上，根据立项批文、土地使用通知书或土地使用证、地质勘查成果报告、施工图设计审查意见书及审查报告、施工图审查合格书、建设工程规划许可证、总平面规划图、拆迁许可证或施工现场具备施工条件情况表、中标通知书或直接发包通知单、施工合同、建设单位工程技术人员花名册、监理合同、建设工程质量监督书、建设工程建设资金表、人防批准文件、消防审核意见书、环保审核意见书、防雷设施施工图审查意见书（原件）、外来施工队伍工程备案登记表、施工组织设计、定额测定费缴费凭证、建筑工程团体意外伤害保险费缴费凭证等文件和资料，依照政府主管部门规定的程序，办理工程建设许可证，为工程开工建设提供条件。

1.3.3　项目实施

在办完所有的工程建设手续后，工程项目开工前还需完成施工场地的平整、水电气的接通、道路的铺设、临时设施的搭建等工作。对于较为复杂的施工现场，可能还涉及其他更多的现场准备工作，如住户拆迁、农作物的赔偿、大面积的树木砍伐、坟墓的迁移、地下管道的改线等。这些工程完成后，建设单位即可组织施工单位、监理单位、材料供货单位等按照工程设计文件和已签订的合同开展相应的工作。

在施工过程中，根据施工情况，建设单位可能还需办理噪声控制、污水排放、临时占道等手续；在完成工程现场放线定位后，还需请建设规划主管部门进行规划验线；在完成工程重大主体结构后，还需请工程质量主管部门进行工程质量的中间验收等工作，直至工程项目全部完工。

1.3.4　验收使用

在工程完工后，需要开展的工作主要有工程验收、试运行和工程移交等内容。在工程验收中，不仅含有以工程建设单位为主的工程整体验收，还含有政府主管部门组织的质检综合评定、消防验收、环保验收、人防验收、建筑规划验收等。特别是工程竣工验收，需要工程建设和施工等单位将工程竣工图纸、工程施工许可证、工程质量监督报告、工程勘察成果及施工图设计文件的审查批准书、工程使用功能试验资料、结构工程验收记录及检测报告、规划部门出具的认可文件或准许使用文件、消防部门出具的认可文件或准许使用文件、环保部门出具的认可文件或准许使用文件、人防部门出具的认可文件或准许使用文件、防雷设施验收报告、工程款支付情况表、设计变更通知书、施工重大质量事故处理记录、砼和砂浆抗压强度报告、原材料合格证及检验报告、隐蔽工程验收记录、沉降观测记录、勘察设计单位工程竣工质量检查报告、监理单位质量评估报告、施工单位工程竣工验收报告等资料准备齐全后，方可申报工程验收。

对于工程竣工后的消防验收、环境保护验收、工程规划验收等，可依据公安消防部门、环保主管部门、工程规划主管部门的规定流程和要求，准备好相关工程建设文件和资料后提交验收申请。

在验收过程中，对于含有大型设备的工程建设项目，还要组织系统总体试运行；待试运行合格达标后，移交使用单位使用。

从工程建设程序所包含的所有内容可以看出，建设项目是一个系统的复杂工程，在实施过程中，不仅参与单位多、涉及范围广、涵盖内容多，而且相互之间具有一定的先后顺序关系。若要确保工程项目的顺利实施，不仅需要建设单位做好自身的工作，而且更需要政府主管部门、市政部门、设计部门、监理部门、材料供应部门、安全监管等部门的大力支持与配合。因此，在整个工程建设过程中，工程建设活动必须严格执行工程建设程序，避免给工程项目带来不必要的损失。

建设工程项目的建设程序如图 1.1 所示。

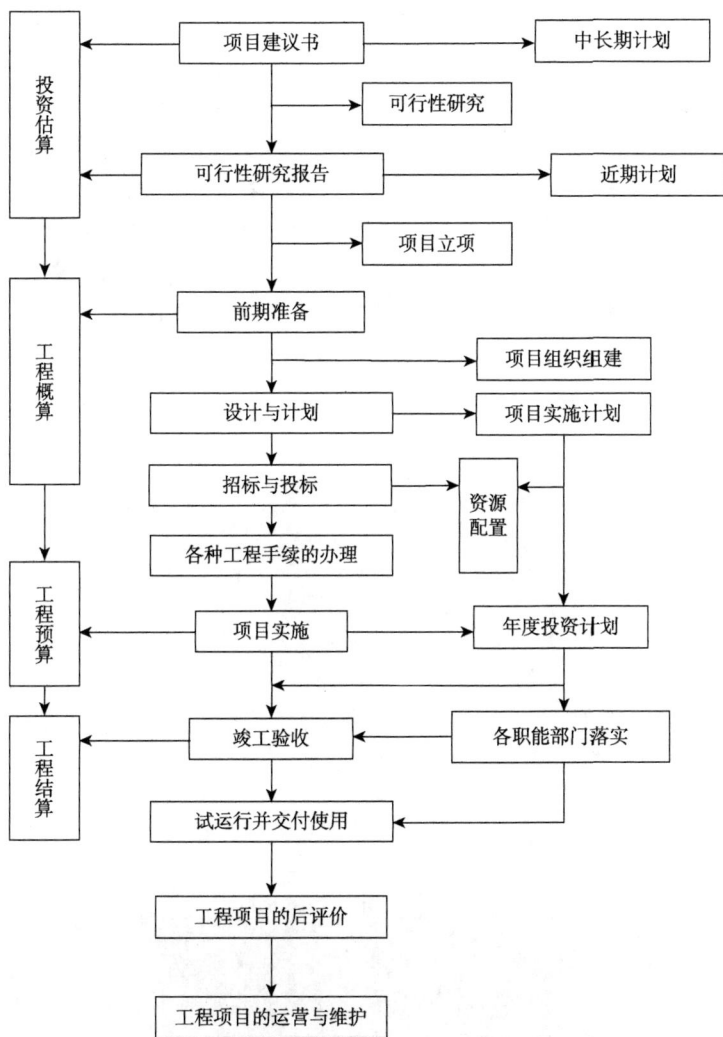

图 1.1　建设工程项目的建设程序

1.4　大型建设工程项目的发展现状与趋势

1.4.1　大型建设工程项目的发展现状

回顾历史，经过四十多年的改革开放，在我国经济得到高速发展的同时，我国的工程建设也迎来新的发展机遇。从历年来的《中国工程建设行业发展报告》

来看，工程建设的总产值已从 1978 年的 130 多亿元发展到 2021 年的 83 万多亿元。在这些工程建设项目中，除了含有大量的中小型工程外，大型建设工程项目不论是在数量上还是在建设规模上都得到了显著的提高。以 1980 年为例，大型建设工程项目的投资仅占全年工程建设总投资的 8.4% 左右，而到了 2002 年，大型建设工程项目的投资已占到了全年工程建设总投资的 43.5%。特别是近十年来，国家从长远的战略角度出发，不仅修建了多个大型代表性建筑，而且在水利工程、电力工程、道桥工程、矿业工程、港口工程、城市基础设施建设等多个领域也完成了大量的大型、特大型建设工程项目，不仅使我国在工程建设领域获得了世界瞩目的成绩，而且拥有了世界一流的工程建造技术，使我国在世界的工程建造领域占有了一席之地（图 1.2~图 1.9）。

图 1.2　广州电视塔

图 1.3　高速铁路

图 1.4　跨海大桥

图 1.5 大型体育设施

图 1.6 高速公路

图 1.7 核电工程

图 1.8 南水北调工程

图 1.9 三峡工程

但从发展的角度来看，我国的工程建设特别是大型工程建设的发展还是典型的外延型增长方式，行业发展依旧过多依赖外部投入，即主要依靠外部经济要素的投入来促进工程建设行业的发展，而非通过行业和企业的结构调整、综合素质和管理能力的提高及技术创新形成，因而，这种增长和成长缺乏与之相匹配的价值内涵和可持续性。由 2020 年的《中国工程建设行业发展报告》可知，由于在工程建设人员的组成方面，农民工占有极高的比例，而人员教育投资比例却仅是第二产业平均水平的四分之一，因此，依旧还存在管理粗放、技术含量较低、效益低下等多种问题，而正是这些问题，使得工程建设企业的效益依旧十分低下，产值利润率长期维持在 2%~3%，处于国民经济中的低利行业且还有逐年下降的不良趋势。从企业内部收益来看，基本经济状况的表现也不甚良好，在工程利润下滑的同时，负债率却居高不下。特别是在工程常规技术方面，依旧大量采用传统的劳动力密集加手工作业方式，形成的建筑产品技术含量较低，缺乏核心竞争力。因此，对工程建设行业的结构性调整与改革也成为工程建设领域的必然发展趋势。

在工程材料方面，尽管新型建材不断涌现，已出现了塑料纤维、微化碳纤维高强钢材、树脂合成板材、新型涂料等新产品，但由于新型材料过高的成本或不稳定的性能，大量工程依旧使用传统的高耗能建材。从目前来看，依旧还未发现可以完全替代钢材和混凝土的工程结构性主材。

在工程信息技术方面，尽管已进入 21 世纪，信息技术已非常发达，很多新技术如各种工程结构监测系统、设计平台、施工进度优化和工程预决算等软件已在工程中得到应用，但在大型建设工程项目中，依旧利用率很低，信息系统普遍处于文字处理和信息存储的状态，具有自主知识产权的工程管理软件极少且未得到有效的应用，信息共享和信息集成程度非常低，信息化支撑配套环境还没有形成，与发达国家相比，还存在很大的差距。

1.4.2　大型建设工程项目的发展趋势

经过近 30 年特别是近 10 年来的行业发展，我国工程建设行业的发展大局已经形成和稳定，因此，在今后相当长的一段时期内，我国工程建设的基本构架、格局和基本形势不会发生根本性的转变。但随着国民经济的发展、社会环境的变化及国家相关政策的调整和改变，工程建设中的很多管理方式、管理技术、工程材料、企业体制等依然会发生不同程度的变化。总体来看，以大型建设工程项目为代表的工程建设领域将会占据主要地位，并在以下几个方面更为快速发展和突出改进。

1. 更加注重技术水平的提高

提高工程技术水平不仅可以使工程质量、进度、安全得到更加有效的保障，还可以提高工程建设效率、降低工程建设成本、减少工程材料消耗、节约工程所耗能源，并给企业带来更多的经济效益。因此，大力发展和推广新技术、新材料、新工艺在工程建设中的应用将是建设工程项目最为迫切的发展需求。

2. 更加注重可持续发展

我国是一个发展中国家，今后必将还有大量的工程建设项目来满足国民经济的发展和社会进步的不断需求，因此，对资源的需求将会持续增长。但在大力发展高新技术的同时必须看到，由于我国资源非常短缺，人均资源占有量更是远低于世界平均水平，但在工程建设中，单位产品的资源消耗水平却远比发达国家高出很多，因此，在今后的工程建设中，必将重点抓好节能降耗减排工作。

3. 更加注重环境保护

在工程建设中，很多大型工程项目建成的同时，对周围自然环境也带来了一定程度的影响，环境污染问题仍未得到明显的改善，生态环境恶化的趋势未得到有效遏制。有关研究结果已表明，粉尘仍是空气中的主要污染物，建筑垃圾、污水、噪声等依旧是工程建设中给周围环境带来不利影响的主要污染源。因此，环境保护问题将会更加引起重视，工程技术与管理水平的提高也变得更为迫切。

4. 更加重视工程信息化建设

工程信息化建设是一个系统工程，针对信息化给工程建设带来的巨大作用，我国建设主管部门已发布了《建设领域信息化工作基本要点》，明确了用信息技术改造和提升建设领域的方针，包括制定相应的法规和标准，建立基础性的信息系统等。因此，在工程中广泛采用信息化管理已成为必然趋势。

5. 工程建设法制将不断得到改进和完善

良好的政策环境是顺利开展工程建设的基石。但建设行业的管理体制和运行机制还存在许多需要改进之处，若干法制还不健全，市场运行还不规范，使得许多建设工程出现了大量的非法经营活动，一些以次充好、偷工减料、违法承包、违法建设、破坏环境等不良行为依旧大量存在，并导致了很多工程事故的发生，不仅给企业带来巨大的经济损失，而且阻碍了工程建设行业的发展和进步。因此，不断完善法制，转变政府职能，保证工程建设事业的健康发展将是工程建设领域的重点工作之一。

6. 建设企业将进行重组

为了促进工程建设企业的发展，增强企业竞争力，各类所有制和不同规模的企业将会随着工程建设法制的不断完善和社会需求的变化而进行改制。对大型国有企业而言，它们仍将是国家大型、特大型工程建设的主力军，在技术和单位产值贡献方面，仍将发挥主导作用。在今后的发展过程中，仍将以建筑业为基本发展领域，进一步巩固在各自专业领域的主导地位，并朝着更加专业化和技术化的方向发展。大型民营企业将加速推进多元化经营方式，以经营和股份结构调整为核心，非建筑业产值将在企业经营中逐步占据主要地位。中小型民营企业仍将以延续目前的经营方式为主，并力争扩大产值规模，与此同时，希冀得到更高级别的资质，并通过专业细化，以求占有局部的发展优势。地方国有中小型工程建设企业在强大的竞争压力下，其经营方式将逐步向民营企业经营方式靠拢和转变，通过竞争、优胜劣汰或通过合作与联营，开辟新的发展空间。同时，在今后的工程建设发展中，大型工程建设的各个参与单位之间业务范围的边界轮廓将更加清晰，各类企业的市场分工将更加明确，企业之间的等级区分也更加明显。这一格局一旦形成，各类工程建设企业的市场地位也将随之确定，大型建设工程项目的实施与建设也将由少量具有实力和能力的企业来承担。

第2章 大型建设工程项目管理

2.1 工程项目管理

现代管理学认为，项目是指在一定时间内，为了达到特定的目标，利用若干资源而开展的一系列活动。由美国项目管理协会（Project Management Institute，PMI）对项目的定义可知，任何项目都具有一定的目标，是在一定条件下被项目管理组织实施的有目的的活动。从项目的内涵来分析，项目一般包含目标、条件、资源、组织四个成分。其中，目标是指项目要有明确的目标或欲达到的目的，对规模较大的工程项目来说，目标既包含总体目标，也包括分项目标；条件是指项目在其实施中为实现其目标所受到的来自多个方面的约束；资源则是指项目在实施中可利用的材料、工具、设备等有形实体，以及技术、方法、信息等无形虚体；组织不仅涉及项目的参与者，如上级决策者、领导指挥者、具体管理者、现场实施者、相关协助者等群体，还涉及他们的组合体。这几个方面涵盖了项目的全部，因此，这四个部分就成了项目的核心组成部分。

就项目管理而言，人们常规的概念就是对项目的管理，这是最基本的概念。初始，在自然条件的限制下，人们对项目实施管理的潜意识行为就是在给定的时间、限定的费用等条件下，尽快完成所交给的任务。这一期间，管理的本质也仅仅是一种基本的管控行为，如对人员的管理，使项目人员遵守规章制度；或对设备的管理，使设备处于良好的运行状态；或是对安全的管理，使项目人员免受伤害；或是对项目费用的管理，使项目避免和减少损失；等等。因此，项目管理的内涵较为简单。

但随着社会实践的不断发展和项目管理水平的不断提高，项目管理的概念已得到极大的丰富。目前，项目管理已不仅仅是一种单纯的管理方式，它还是一门学科的代名词。当作为一门学科时，它是以项目管理活动为研究对象，探索项目组织与管理的理论与方法。当它作为一种管理活动时，是指项目管理者在一定的条件下，根据项目的具体目标，按照客观规律，运用系统、科学的管理方法并充分利用各种相关资源，对项目全过程实施管理的活动。在英语里的含义是 "Project management is the discipline of planning, organizing and managing resources to bring about the successful completion of specific project goals and objectives"。更重要的是，随着社会的不断进步和科学技术的飞速发展，项目管理已被注入新的思想，深化了内涵，扩充了理念，现代项目管理不仅包含了传统意义上的项目管理，而且更加注重人的因素，在考虑多方的利益并确定共赢思想的同时，要求在项目管理中不断优化资源配置，快速反馈信息，科学做出决策，使项目运行处于最佳状态，获得最佳效果，并谋求项目高、快、好、省（效益高、速度快、质量好、资源省）的有机统一。可以说，项目管理就是为实现项目目标，以项目整体为对象，应用系统、综合、科学的方法，按照一定的科学步骤和程序，对项目进行动态控制的管理过程。

　　正因如此，鉴于工程项目的多样性、综合性、复杂性和风险性，以及提高工程管理水平的迫切性，人们将项目管理的各种思想、方法和理念引入工程项目的管理领域中，不仅将之应用到最初的建筑工程项目管理领域，而且扩展到了电力、桥梁、水利、化工、建材、冶金、采矿等其他工程项目管理领域。这一引入，不仅使工程项目在其计划编制、材料安排、人员调配、进度控制、安全监管、风险监控等方面获得了良好的管控效果，而且使工程项目管理的内容得到了极大的丰富，极大地促进了工程项目管理的发展与进步，为工程项目实施更加有效的管理和控制提供了科学管理的新工具。

2.2　大型工程项目管理及其特点

　　与一般工程项目相比，大型建设工程项目不仅建设规模大、建设周期长、参建单位多、所需资源多，而且由于其涉及范围较广、相关因素太多，且在项目的实施中常有新技术、新材料、新工艺的不断使用，常常使得大型建设工程项目的管理远比一般工程项目管理更具有复杂性。为此，在对大型建设工程项目实施管理的过程中，不仅需要工程技术和项目管理技术，还可能涉及组织学、心理学、运筹学、经济学、物理学、生态学、气象学等数十种学科知识。更重要的是，由于大型建设工程项目内含多项中小型工程，这些工程将由各种各样、不同类型的单位来建设和完成，但它们都是在这一大型工程项目指挥部的领导下开展各自的工作，因而，就使得大型建设工程项目具有了一般工程不具有的多维性，而正是由于这一多维性，大型建设工程项目管理具有如下几个方面的显著特点。

1. 管理目标多样但最终目标一致

在大型建设工程项目的实施过程中，各个子项工程的参建单位尽管有其各自的管理目标，但所有项目的最终目标都必须是为实现这一大型工程项目的总目标而努力。这就要求各参建方在项目实施中遇到各种问题、冲突与矛盾时，必须从项目的全局出发来寻求解决问题的最佳方案，而不能只顾自身利益。

2. 既有各自的组织又有统一的领导

大型工程项目中的任何子项工程管理单位都需要在该项目实施前组建自己的项目管理组织，这个组织要明确项目成员的各自职责与分工，并制定相应的管理体制与运行机制。但在实施该项目中遇到该项目以外的其他问题且需要外单位的协调与配合时，或是需要其他自身不具备的资源时，就需要大型建设工程项目指挥部的统一协调与支持。因此，大型建设工程项目的管理组织必须建立一种新的管理体制和运行机制，这种新机制不仅使得大型项目的系统管理更加流畅，而且还要促使各子项目的组织之间相互配合、相互信任、相互协调并相互支持，以确保大型建设工程项目实现其预期的目的。

3. 参与各方紧密相关但责任明确

大型建设工程项目内含的各个子项目之间有着紧密的关系，某一项工作的成果是后一项工作的基础，后一项工作的结果是前一项工作的延续。如果在工程建设的相关环节中出现若干问题，那就有可能给相关的其他工程建设带来不同程度的影响，致使项目之间出现冲突和矛盾，严重的情况下还可能导致整个项目的失败。为此，在大型建设工程项目实施之前，项目参与各方都被明确了具体的职责和任务，这些职责和任务一般通过项目合同来确定，通过相应的规定来约束。各个子项工程的项目组织为了完成各自的任务，也要制定相应的制度和规定，赋予完成该任务人员相应的职责和权利，使项目的各项责任落实到位。

4. 作业交叉并行且干扰因素较多

大型工程项目是一项建设规模较大的系统工程，各建设单位为了按期完成自身的任务，都会尽早开展工程建设的各项工作。因此，在同一时间段内，在工程建设有限的环境和空间中，就必然出现多项目的并行作业和交叉作业。同时，由于大型工程项目涉及面较广，极有可能给建设场地的周边自然生态和社会环境带来多重影响。再加上建设周期相对较长，工程相对复杂，因而，在大型工程建设的过程中，一旦与其紧密相关的气候、环境、政策、制度等发生不可预见的变化，就极易给项目前期所制订的各种计划带来不同程度的影响。因此，为了对项目进行有效的管理，实现预定的目标，就需要对项目实施动态化管理，及时调整和纠偏，控制和解决可能出现的问题，对项目资源实施协调与优化，使项目按照预定的方向发展，确保项目始终处于可控状态。

5. 管理内容繁杂且相互约束性强

对于大型建设工程项目而言，管理的对象不仅包含工程质量、进度、费用、风险、安全、材料、合同、信息等常规内容，可能还涉及住户拆迁、树木砍伐、土地复垦、管线迁移、生态保护、绿化植被、环境清洁、文化习俗等其他方面的问题。因此，大型建设工程项目的管理内容远比一般工程项目要复杂得多。特别是涉及项目以外的社会环境、人文情怀、地方习俗等问题时，处理起来更为困难且难度更大，一旦处理不好就可能给项目的实施带来极大的阻碍。因此，大型建设工程项目非项目自身以外的管理对象对项目有时具有极强的约束性。由此可知，大型建设工程项目比一般中小型建设工程项目的风险更大、要求更多、影响更深远、决策也更加困难，大型建设工程项目的管理难度也远远超过了一般性的工程项目。

6. 冲突易发且矛盾多样

由于大型建设工程对社会和国家所产生的影响较大，因而，对工程的质量、竣工的时间、费用和投资、安全与风险、生态与环境等就有着明确的规定和严格的要求。各参建单位为了确保自身利益不受影响并按时高质量地完成任务，就常常尽可能地及早获取自身项目建设所需的各种资源，因而，这就必然会在参与各方之间发生各种竞争、冲突与矛盾。因此，在项目实施中，项目参与各方就需要在考虑对方给自身带来约束和影响的同时，也必须考虑自身给对方带来的约束和影响。大量的大型建设工程项目已充分证明，处理好项目参与各方之间的冲突与矛盾已成为大型建设工程项目管理中最为重要的管理对象之一。

由这些特点可知，大型建设工程的项目管理是一项非常复杂的系统工程。

2.3　工程项目的阶段划分

从工程项目的建设程序可以得知，工程项目从其构想开始到工程结束是在一定条件下、按照一定的程序、为实现特定目标而开展的系统性组织工作。在这个工作中，不仅需要在项目建设前期就项目是否可以建设、是否可以达到预期目标开展必要的可行性分析与研究，而且在项目立项批准之后，还需对许多工作进行计划与筹备，如何对项目进行设计、如何使项目顺利实施等；在项目实施的过程中，还需要就如何抓好工程建设、如何确保工程质量、如何使工程所需材料按时到位、如何避免项目风险、如何使项目按期完工等问题进行科学的管理；建成之后，还需要就如何确保工程项目能够正常使用和运行等工作进行后续安排。由此可以看出，工程项目中的这些工作不仅具有高度的相关性，还有一定的逻辑性，前一部分的工作常常是后一部分工作的基础，而后一部分工作也是前一部分工作的深化和延续。因此，为了对这些工作实施有效的管理，目前，很多项目管理者把工程项目划分为四个阶段，即决策阶段、准备阶段、实施阶段和竣工阶段。

1. 决策阶段

决策阶段又称为项目的前期策划阶段，这个阶段一般是从项目构思开始，到项目被批准立项结束。该阶段的主要工作是通过投资机会的选择和项目的可行性研究，对项目投资的必要性、价值性进行科学论证，为最终的投资立项提供可靠依据。

2. 准备阶段

准备阶段是项目进入实质性工作的阶段，由于这一阶段的主要工作是为项目实施进行前期各项准备，主要进行的工作是项目组织机构的建立、工程项目的设计、招标与投标、与各承包单位的合同签订、实施计划的制订及项目相关手续的办理等，因此，这一阶段也称项目的设计和计划阶段。

3. 实施阶段

实施阶段在工程中也被称为施工阶段，这个阶段的主要任务就是在项目组织的领导下，利用项目各种资源，完成项目所制订的计划，实现项目的预定目标，将设计蓝图变成项目实体。在这一阶段，项目管理者需要在规定的时间、质量、费用范围内，通过科学的组织和管理，按设计要求高效率地实现项目目标。该阶段是项目的整个实施过程中工作量最大，投入的人力、物力和财力最多的阶段，因而也是对项目进行管理和控制的主要阶段。

4. 竣工阶段

在完成项目的预定任务之后，工程项目还需要有关单位组织验收和试运行；项目合格后，需要进行移交和项目费用结算等工作，这些任务都将在项目的结束阶段来完成，因此，在工程中竣工阶段有时也叫结束阶段。

在有些书籍中，工程项目的这四个阶段也被称为工程项目的生命期，但从严格的意义上来讲，工程项目的生命期还应包括工程项目的后期使用直至该项目报废拆除。但在工程项目管理中，项目的生命期一般是指项目的这四个阶段。实际上，在工程实践中，这四个阶段的界限并不十分明显，如准备阶段的工程设计、计划工作及招标投标工作有时会延伸到工程项目的实施阶段，实施阶段的有些工作还会延伸到竣工阶段。许多工作的相互接续并不是完全按照阶段的划分来实施的，在工程项目实施中经常出现交叉和重叠。因此，项目阶段的划分可以根据管理需要来确定。例如，有的研究者将项目分为提出概念、制订计划、监测实施、项目执行、后期处理五个阶段；有的研究者将工程项目分为起始、成长、成熟、衰退和消亡五个阶段；有的研究者将工程项目分为策划构思、计划安排、工程建设、试用移交、运营使用和报废拆除六个阶段。但就工程项目管理而言，如果将工程项目的运营使用和报废拆除也包含在内，那么可能就远远超出了工程项目管理者的能力及项目管理的本意。但不论工程项目的阶段如何划分，其所包含的内涵都基本相同，因此，只要项目管理者了解和掌握了工程项目管理的本质，工程项目管理就会发挥其应有的作用。工程建设项目阶段划分如图 2.1 所示。

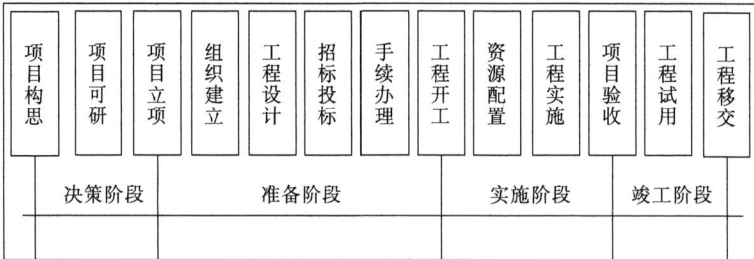

项目构思	项目可研	项目立项	组织建立	工程设计	招标投标	手续办理	工程开工	资源配置	工程实施	项目验收	工程试用	工程移交
	决策阶段		准备阶段				实施阶段			竣工阶段		

图 2.1   工程建设项目阶段划分

2.4   大型建设工程项目的管理内容

从大型建设工程项目管理的定义中可以确知，与一般工程项目相比，大型建设工程项目所需管理的内容更多，也更为复杂，仅从项目管理的目标、条件、资源、组织四要素来看，内容就非常多。

从目标来看，项目的目标决定了项目管理者必须开展哪些工作并完成哪些任务，因而这就给该项目划定了一个管理和实施的范围，其他与此无关的工作或任务则不被包含在这一项目中。

从条件来看，项目必须在一定的时间内，用预定的费用、在预定的地点和环境，并在保证符合预定质量要求的前提下完成规定的任务。因而，如何对项目的时间、费用和质量进行管理就成为管理工作的重点。但是，在实施中一旦预设的条件发生了变化，就有可能导致项目的失败，这就意味着在项目的实施中也必须对项目风险进行管理。

从资源来看，项目管理者为了实现预定的目标，完成预定的任务，必然会利用针对性的方法和手段来管理和控制工程项目。因此，项目中可利用的技术、材料、工具、设备、方法、信息等资源，以及如何得到这些资源（采购）也就成为项目中必然涉及的管理内容。

从组织来看，为了完成项目中的各种任务，项目管理者必然要组织有关单位、部门及其人员进行有组织、有计划的工作。做这些工作之前，管理者必须先制订若干计划，采用有效的管理模式和实施程序，做出科学的决策。同时，为了促使各部门及人员在实施中相互配合，高效率地完成工作和任务，还必须及时解决工作中存在的问题。对于特别重要的事件，为了明确责任，还需要通过合同这一法律手段给相关者必要的约束和压力，使其按照规定完成预先约定的任务。这样，组织模式、项目合同、参与人员或部门协调、前期计划和决策、各种方法的综合应用等也就同时成为项目管理中必不可缺的主要内容。如果将这些内容从项目四个阶段的角度来分析，将会更加清晰与明确。

2.4.1　决策阶段的管理内容

决策阶段是工程项目决定是否建设的关键阶段。在工程项目还处于设想之初时，项目投资者在企业长远发展计划的引导下，需要结合市场和社会实际情况及企业发展需求，提出工程建设的初步想法。然后，通过必要的市场调查、资料收集、人员访谈、实地考察及大量的探讨，明确初始的想法并将之细化。在此基础上，为了了解和掌握上级有关部门的态度及获得支持的可能性，将这些建设工程项目的初始想法编写成项目建议书，然后提交上级有关主管部门进行审议。在获得初步批准的前提下，投资者即可组织有关人员或邀请有关部门，就此项目在建设规模、投资数量、后期效益、社会价值、环境影响等多个方面进行更为深入的调查和研究，并依据调查和收集的数据信息进行更为具体的分析，依据分析结果，编写出项目是否可行的研究报告，即可行性研究报告。将可行性研究报告提交工程建设主管部门后，若获得了上级主管部门的批准，并以文件方式确认，则项目立项就算完成，即可依照文件进行下一步具体的工作。

但对于大型建设工程项目来讲，这些工作还是远远不够的，还需要分别就投资机会、项目投资的可能性和必要性、后期的保障性、可能出现的问题、实现项目目标的能力、工程建设过程中所需要的额外资源，以及可能遇到的风险等进行更加全面的分析和专题研究。在此基础上，还要将项目的设想绘制成图，作为工程项目的初步设计一并上报，为上级主管部门做出科学的决策提供详细的依据。由于这一分析过程所涉及的内容较多，不确定因素较多，环境变化和政策影响较大，因而，研究的时间可能少则几年，多则十几年甚至几十年，因此，与一般工程项目相比，大型建设工程项目在决策阶段所做的工作远比一般工程项目要复杂得多，决策也更为慎重。但从总体来看，这一阶段包含的主要工作有机会研究、方案策划、初步可行性研究、实证调查、详细可行性研究、项目评估和初步设计等。

2.4.2 准备阶段的管理内容

工程项目的前期准备是从工程项目批准立项到现场开工的项目管理过程。在此过程中，根据大型建设工程项目的工程承包方式和管理模式的不同，准备工作的步骤和实施程序会有所差异，但主要工作一般都含有以下几个方面。

1. 项目管理组织的筹建

按照我国的工程建设管理模式，在可行性研究报告批准后，项目即可立项，并由工程建设主管单位负责工程项目的建设管理。工程建设主管单位为了完成工程项目的设计、监理、施工等各项工作，就需要组建相应的项目管理组织，为项目各项工作的开展奠定基础。但也可采用委托方式，委托专业工程管理单位来负责整个工程项目的建设任务。一般来讲，这个组织机构不仅包含项目建设方、施工方、材料供应方、工程监理等单位，而且在必要的情况下还会有国家主管部门的介入与参与。特别是对于大型或特大型工程来讲，必要时还需设计专门的监察机构，以确保工程项目的正常运转。

2. 开展招投标工作

在项目实施前，工程由哪些单位来设计，由哪些单位来施工，由哪些单位来监理，由哪些单位来采购材料等许多工作都需要一一落实。为了确保工程实现其预期目标，就需要选择出最合适的单位来完成这些工作。因此，不论是工程设计、施工、监理等单位的选择还是工程材料的采购，都需要通过招投标方式来实现。在确定这些单位后，还需要以合同的方式作为管理约束。因此，招投标和合同管理就成为准备阶段的管理对象。

3. 工程设计

对大型建设工程项目来说，项目前期阶段进行的工程初步设计仅仅是一个最为原始的设想。在项目的建设规模与投资额被确定之后，就需要依据立项文件的规定及工程现场的实际情况来进行详细的设计，包括现场勘查、建筑设计、结构设计、给水排水、采暖通风、网络通信、周围绿化、道路交通、环境美化等。对于更为复杂的大型工程，还需要进行更为详细的专业设计，以满足工程建设需求。

4. 编制实施计划

实施计划是指工程项目在其建设和今后运营方面涉及的实施方法、具体步骤、所需费用、进度安排、资源采购、设备供应、组织协调等工作的详细安排，是建设单位根据项目情况而编制的工程建设指导性大纲，也是施工单位、监理单位、供货单位以后编制工程项目施工方案和作业计划的指导性文件。对大型建设工程项目来说，工程实施计划可根据项目管理需求，在明确项目总计划的前提下，由各个参建单位制订相应的分级实施计划。

5. 落实项目资金

项目资金是工程建设最为核心的资源，不论是工程项目的前期准备还是后期实施，都将需要消耗必要的人力、物力和财力，因而，项目所需资金就成为项目建设所需资源的重中之重。对一般项目而言，可以通过银行贷款、国家拨付或企业垫资等方式来获得项目的部分或全部费用。但对大型或特大型建设工程项目而言，由于工程所需资金量非常大，往往仅依靠银行贷款或企业垫资是无法满足工程建设需求的，故很多工程就需要采取债券融资或股票发行或其他募集的方式来筹集大量的资金，因此，如何落实项目资金就成为大型建设工程项目准备阶段最重要也最为困难的工作之一。

6. 办理工程手续

在项目实施前，工程项目不仅需要人力、物力、财力等资源的准备，还需要按照国家的有关规定办理各种相关的手续，获得各级有关主管部门的支持。从工程建设程序可知，由于这些手续种类多、耗时长，再加上很多政府主管部门的办事效率低下，工程手续的办理就成为大型工程项目准备阶段另一项最为困难的工作。

2.4.3　实施阶段的管理内容

第一，工程项目的实施阶段是将工程计划与设想变为现实的阶段，在此阶段，工程项目各参建方将按照合同约定，履行各自的职能，在规定的时间内尽早完成各自的任务。但在有限的资源和作业条件下，可能发生各种各样的冲突与矛盾。因此，如何对项目各参与方进行有效的协调与管理将是大型建设工程项目首先管理的主要内容之一。

第二，在工程建设过程中，任何项目都必须在规定时间内，按照规定的要求完成预定的任务，这样，工程质量、进度和费用就成为项目管理的三大核心内容。但由于大型建设工程项目具有较多的不确定性，因此，安全与风险管理也成为其主要内容之一。

第三，工程项目的建设离不开各种资源与能源，若要确保工程项目的顺利实施，就必须使项目所需的各种资源按时供应到位，而如何达到这一目的并确保各类资源满足工程有关要求与规定就成为实施阶段必不可缺的管理内容。

第四，在工程建设过程中，各种因素的变化或干扰，或是新技术、新工艺、新材料的首次应用，都可能会给项目管理提出新的要求。在工程中如何通过科学的技术与方法消除各种问题，解决所遇到的难题就成为项目管理者预先需要考虑的管理内容。

此外，如果该项大型建设工程项目需要占用大量的土地，可能还会涉及住户拆迁、农作物赔偿、树木砍伐、坟墓迁移、地下管道改线等。因此，环境绿化、生态保护也成为大型建设工程项目必须管理的内容。特别是在当前低碳经济和可持续发展要求的背景下，绿色施工与绿色管理已成为工程施工的主流，绿色材料的大面积使用也成为必然的发展趋势。因此，大型建设工程项目在实施阶段所需管理的内容最多，也最为困难和复杂。

2.4.4　竣工阶段的管理内容

首先，竣工阶段通常是指在完成项目的各项任务之后，按照工程项目任务书和设计文件及相关法律法规对工程进行验收、移交和使用的阶段。在此阶段，建设主管单位和上级主管部门首先要做的工作就是组织设计单位、施工单位、监理单位、使用单位及其他相关部门的有关人员对已完项目进行全面的检查，检查的内容不仅包含工程实体，还包含工程相关资料、图片、文件、影像等。

其次，建设单位还要对工程项目的主要设备设施进行试运行，检查其运行状态是否满足设计要求。在工程主体和设备设施验收与试用过程中，如果发现若干问题，项目的施工方还须及时予以修理和完善。在确保工程项目满足设计要求并达到国家或相关规定的标准后，即可办理移交手续，移交使用单位接收使用。

最后，建设单位还需就项目费用与有关单位进行结算和决算，将工程建设资料进行移交和存档。对大型建设工程项目来讲，还需开展工程项目的后评价，对已投入运营项目的预期目标、实施过程、运营效益、相关影响等各个方面进行系统客观的总结、分析和评价，为后续工程建设提供宝贵的经验。

2.5　大型建设工程项目的现行管理模式

2.5.1　项目管理的基本模式

项目管理模式是项目开展工程各项工作的一种方式，也是对项目进行管理和控制的一种方式，这一模式不仅确定了项目各参与方所需分担的责任和义务，而且在很大程度上也影响着项目的进度、成本和质量等具体工作的方式。因此，在工程实践中，为了实现项目的预定目标，项目管理者会在结合项目特点的基础上，有针对性地采用不同的模式对项目进行管理和控制。目前，最具代表性的三种管理模式为直线型（职能型）、项目型和矩阵型。

1. 直线型管理模式

直线型管理模式也叫职能型管理模式，是最简单的一种项目管理组织结构模式，它按照职能原则来建立项目管理组织，是一种集权式的组织结构形式。其最为基本也最为突出的特点是组织中各种职务按垂直系统排列，每一个工作部门中的每一个工作人员都只有一个上级，各级管理人员对所属下级拥有直接指挥权，组织中每个人只能向直接上级负责。这种项目管理模式一般适用于小型简单的或单一专业型且不需要涉及许多部门的工程项目。其结构形式如图 2.2 所示。

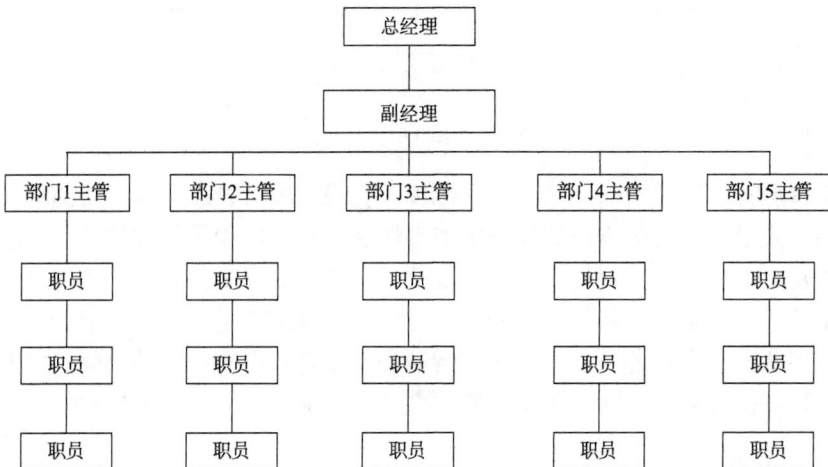

图 2.2　直线型管理模式

该管理模式的优点是结构比较简单、权力集中、责任分明、命令统一、联系简捷，项目人员具有较强的专业知识。缺点是若组织的规模较大时，所有的管理职能过于集中，可能会由于个人能力有限而给工作带来影响。对于大型、复杂、专业交叉较多的综合性工程项目有很大局限性，它不但在组织上具有管理层次多、监督协调困难、部门之间关系不易协调、难以调动各方的积极性等缺陷，还容易造成管理效率低下、管理成本过高、各部门多考虑自身利益等问题，也不利于项目各参与方目标和利益的统一。因此，为了提高管理效果，直线型管理模式要求组织结构的层次不要过多，否则会妨碍工程项目各参与方之间的信息沟通与协调。

2. 项目型管理模式

项目型管理模式是将项目的组织形式独立于公司职能部门之外，根据项目所需独立组织负责项目工作的一种项目管理模式。该模式结合项目的特点，专门组建项目管理所需的各个部门，抽调专人来负责项目的具体工作，项目的行政事务、财务、人事等在公司规定的权限内进行管理。对工程项目的管理具有完全的自主权，项目的具体工作由项目团队负责。其结构形式如图 2.3 所示。

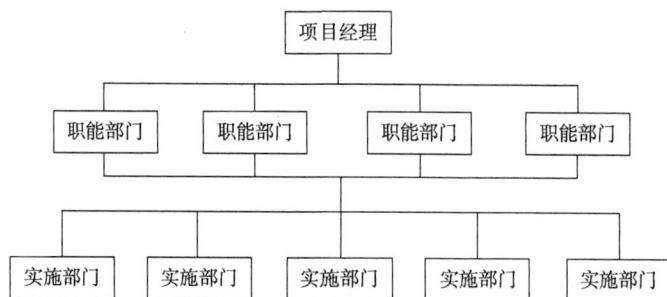

图 2.3　项目型管理模式

项目型管理模式的优点是工作目标单一明确，项目管理层次相对简单，对项目费用、质量及进度等方面的控制更加直接和容易，减少了外部的干扰。项目人员比较稳定，权力也相对集中，决策及时，有利于提高工作效率。该管理模式的缺点是项目组织是一个相对封闭的组织，容易出现配置重复、资源浪费等问题。同时，团队人员来自各个部门，内部沟通和高效合作需要一定的时间。因此，当工程项目规模较大、建设周期较长时，才采用这样的项目管理组织形式。

3. 矩阵型管理模式

矩阵型管理模式是大中型项目管理中应用最广泛的一种形式，它由纵横两套管理系统组成，一套是纵向的职能系统，另一套是横向的工程项目管理系统。在纵向职能管理基础上强调项目导向的横向协调作用，它吸收了直线型和项目型的优点，发挥了职能部门的纵向优势和项目组织的横向优势，把职能原则和对象原则结合起来形成了独具特色的组织形式。当组织实施一个大型项目时，采用这种方式可将项目分成多个体系，这些体系既可以自行运作，也有横向联系。在两个系统的集合处存在界面，需要具体划分双方的责任、任务，以处理好二者之间的关系。其结构形式如图 2.4 所示。

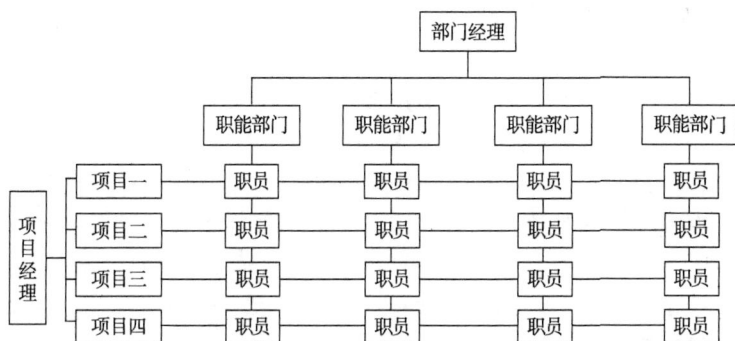

图 2.4　矩阵型管理模式

这种模式的优点是能够形成以项目任务为中心的管理模式，相对于直线型管理模式来讲，权力与责任关系趋向灵活，能在保证充分发挥各职能部门作用的前提下，使项目管理组织扁平化，减少了工作层次与决策环节，提高了工作效率与反应速度，对环境变化有比较好的适应能力，能够保证项目全过程和各子项目之间的连续性和稳定性。在资源方面，能协调和调配项目资源发挥更大的效益，使项目目标的实现进一步得到保证。在部门之间的相互合作方面，具有较大的机动性和灵活性，有利于工程问题的及时解决，但缺点是纵横向协调工作量大，处理不当会产生矛盾。同时，由于项目成员来自各职能部门且仍受职能部门控制，要接受两个或两个以上的上级领导，有可能造成管理秩序混乱，从而对工作产生一定的不利影响。为此，项目经理和部门经理还有可能产生冲突和争执。

这三种模式各自的特点和适用范围如表 2.1 所示。

表 2.1　项目管理模式的特点及其适用范围

管理模式	优点	缺点	适用范围
直线型	项目成员具有较强的专业知识；项目结束后不存在项目成员的去留问题	各部门之间相互配合较差，决策速度慢；对工程中出现的问题反应迟缓，不能以项目为中心，多考虑部门自身利益	规模较小、时间较短、技术性较强的工程

续表

管理模式	优点	缺点	适用范围
项目型	组织结构稳定，职能部门大而全；一切工作以项目为中心	部门职责存在交叉，界限不清；项目机构固定，缺乏灵活性，不易沟通；资源浪费	复杂的、工期较长的、大型特大型项目
矩阵型	项目成员的目标单一明确；避免资源重置；项目成员无后顾之忧	项目成员受双重领导，不易协调；职能部门领导与项目经理易发生争执；相互之间交流少、协调性差	规模适中、技术相对复杂的、大中型项目

2.5.2　项目管理的其他模式

为适应不同项目的管理需求，通过多年的实践与发展，项目管理逐步产生了如 DBB、CM、MC、DM、DB、Turn Key、EPC、BOT、Partnering 等多种不同类型的项目管理模式[①]。从实现应用的角度来看，每种模式都有其自身的特点，也有各自的应用范围，并且这些模式在现有基础上还在不断地完善和改进，因此，就项目管理运行模式而言，很难说哪种模式就完全能满足项目管理的所有需求。因此，在工程实际应用中，模式的选择还需要根据项目的特点、建设环境、风险状况及业主需求等因素来综合参考和确定。

1. DBB 模式

DBB 模式是国际工程项目管理模式之一，这种模式是由业主委托服务机构进行前期的各项有关工作，待项目评估立项后再进行设计，随后通过招标方式来选择和确定工程项目的承包商。

这种模式最突出的特点是强调项目的实施必须按照设计、招标、建造的顺序进行，只有一个阶段结束后才能开始另一个阶段的有关工作。采用这种模式时，业主与服务机构签订专业服务合同，在服务机构的协助下，通过竞争性招标方式将工程项目交给报价和质量都能满足要求且具有资质的投标人。DBB 模式的优点是参与项目的三方（即业主、服务机构和承包商）在合同的约定下，各自行使自己的权利，履行自己的义务，因此，这种模式可以使三方的责、权、利具体明确，避免其他行政部门的干扰，可以自由选择设计和监理人员，有较大的自由度。但这种模式在项目管理方面是按照线性顺序进行设计、招标和实施管理的，因此，建设周期长，投资成本容易失控，业主单位管理成本相对较高，特别是在工程施工过程中，常易发生设计变更，各方之间协调困难，容易引发各种冲突和矛盾。

---

① DBB：design-bid-build，设计-招标-建造；CM：construction management，建设管理；MC：management contract，管理合同；DM：design-management，设计-管理；DB：design-build，设计-建造；EPC：engineering-procurement-construction，设计-采购-建造；BOT：build-operate-transfer，建造-运营-移交。

2. CM 模式

CM 模式通常由业主和具有施工经验的 CM 单位和 CM 经理组成，他们共同组织和管理工程的规划、设计与施工，其目的是将工程项目的实施作为一个完整的过程来对待，并同时考虑设计与施工因素，力求使工程项目在尽可能短的时间内建成并投入使用。因此，CM 模式最大的优点就是可以缩短工程从规划、设计到竣工的周期，业主可以实现工程项目的提前营运并收回投资。同时，由于 CM 单位的早期介入，工程在设计方面得到了优化，有利于项目的顺利实施。但由于这种模式在设计的时间方面要求较紧，有可能出现后期的设计变更。在招投标选择承包人时，项目费用的估计也不一定全面，因而就有可能出现费用超支等问题。在施工过程中，由于施工组织过于紧凑和复杂，产生错误和失误的概率就会增加，安全管理也常常成为影响工程进度的一个主要因素，因此，采用这种模式对工程进行管理具有一定的风险性。

3. MC 模式

MC 模式是一种管理型的工程承包模式。在这种管理模式中，业主将选择一个具有丰富工程管理实践经验的公司来管理工程项目的建设，并委托该公司从工程的设计、施工到验收进行全过程监管。为了确保达到工程项目建设的目的，业主将与被委托的管理公司签订合同，合同中主要内容之一就是项目最终实现的目标与双方相应的利益与责任。但由于整个工程项目的管理是以管理公司为核心的，业主的意见在工程建设过程中有可能不易得到及时落实和反馈，工程成本一般也常出现超支现象；同时，由于管理公司的过早介入，管理费用也较高。MC 模式与 CM 模式的最大区别在于，在 MC 模式中，承包商与管理承包商签订合同，而在 CM 模式中，承包商直接和业主发生合同关系。

4. DM 模式

DM 模式是一种类似于 CM 模式的项目管理方式，所不同的是，它将 CM 模式中的 CM 经理和建筑师合并为一个设计-管理公司，即设计机构与管理机构合并为同一实体，业主只需签一份既包括设计又包括类似于 CM 服务在内的合同即可。在项目的实施过程中，设计-管理公司协助业主对工程进行监督和管理，业主随时都可以了解和掌握项目的实施状态，因此，这一管理模式在国际工程项目管理中越来越受到欢迎，其涉及的范围不仅包括私人投资项目，而且广泛运用于政府投资的基础设施项目。

5. DB 模式和 Turn Key 模式

DB 模式和 Turn Key 模式在工程项目管理模式中一般都被称为交钥匙模式。

DB 模式是一种由承包商全部负责工程项目的设计、施工和安装的总承包模式，是为了解决设计与施工分离的弊端而产生的一种新模式。这种项目管理模式的优点是，对业主而言，管理简单，只需要签订一份项目总承包合同，相应的协调组织工作量较小，总承包合同一经签订，项目总造价也就确定，有利于控制项目总投资，能做到项目各阶段的合理搭接，项目周期较短。但是对总承包单位而言，由于承担了项目总体的协调工作，加之总承包合同的签订在设计之前，之后的招标发包工作及合同谈判、合同管理的难度较大等，总承包商承担了较大的风险，所以签订的合同总价会因总承包单位的管理费及项目承包的风险费多而较高。在项目总承包管理模式中，质量控制的关键是做好设计准备阶段的项目管理工作，因为对工程实体质量的控制由项目总承包单位实施，而在招标时，项目的质量要求难以全面、明确、具体地描述，使得业主对项目的质量标准、功能和使用要求的控制较为困难，质量控制的难度大。

Turn Key 模式要求业主只需选定唯一的实体负责项目的设计与施工，其他要求和组织管理过程与 DB 模式基本相同。

6. EPC 模式

EPC 模式是在项目决策阶段以后，从设计开始，经招标，委托一家工程公司对设计-采购-建造进行总承包，因而又称为设计施工一体化模式。

EPC 模式不仅包括具体的设计工作，还可能包括整个建设工程内容的总体策划，以及整个建设工程实施组织管理的策划和具体工作。业主只要大致说明一下投资意图和要求，其余的工作均由 EPC 承包单位来完成，如材料和工程设备的采购等。因此，采用这种模式时，总承包商与业主的关系简单，组织协调工作量小。监理工程师主要与项目总承包单位进行协调。许多协调工作量转移到项目总承包单位内部及分包单位之间，使得建设工程监理的协调量大为减少。同时，由于设计与施工由一个单位统筹安排，两个阶段能够有机地融合，一般都能做到设计阶段与施工阶段相互对接。因此，对进度目标控制有利。在工程建设中，总承包单位通过设计与施工的统筹考虑，可以提高项目的经济性，从价值工程或全寿命费用的角度可以取得明显的经济效果，有利于控制工程投资。

但在工程建设中，也正是由于总承包商有较大的自主权，总承包商承担较大的风险，招标发包工作难度大，合同条款不易准确确定，容易造成较多的合同争议。如果分包方的管理能力较低，会使得总承包商在工程各项管理方面更加困难。

7. BOT 模式

BOT 模式是 20 世纪 80 年代后在国际工程承包市场上出现的一种带资承包方式，其涉及的领域一般是投资规模大、经营周期长、风险大的基础设施项目。该模式是政府通过特许协议，将应由政府出资营建管理的公共基础设施交给私营企业融资、建设、经营、维护，直至特许期结束后，私营企业将该设施完整无偿地移交给政府的一种模式。

BOT 项目涉及的工程相关各方主要有业主（一般为政府机构）、业主方项目咨询机构、设计-管理公司（项目公司）、总承包商、供应商。根据这几者之间的关系，BOT 模式可以分为两种，一种是业主方项目咨询机构、设计-管理公司（项目公司）和总承包商三方平等协调合作模式（图2.5），另一种是业主方项目咨询机构和设计-管理公司（项目公司）平等关系下的合作模式（图 2.6）。在第一种模式中，设计-管理公司只负责项目的设计和管理工作，而具体的建设工作交给总承包商完成，而在第二种模式中，设计-管理公司不委托其他承包商，项目的具体建设靠自身来完成。

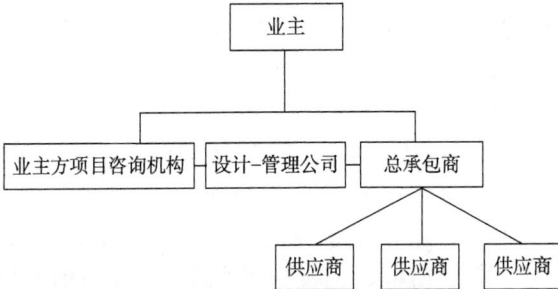

图 2.5　BOT 模式（一）

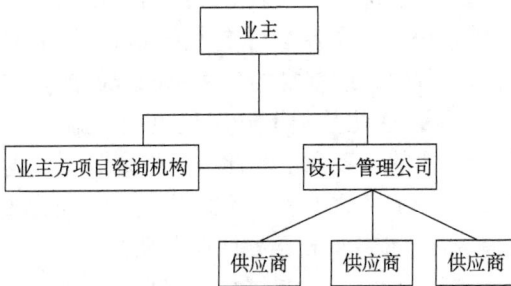

图 2.6　BOT 模式（二）

工程实践结果证明，利用BOT模式进行建设的项目不仅可以通过采取民间资本筹措、建设和经营的方式吸引各种资金参与到项目建设中，还在一定程度上缓解了基础设施建设不足与建设资金短缺的矛盾，而且由建设单位独自承担投资风险转换为投资风险由投资者、贷款者及相关当事人共同承担，有利于分散投资风险。在明确投资回报率和回报方式的前提下，有利于减少建设单位和承包单位间的纠纷。同时，由于在项目建设完毕投入使用后，由承包商根据特许经营协议在一定期限内经营和管理该项目并取得利润，以实现投资回报，因此，承包商在工程建设过程中会高度重视建设的质量和效率，有利于保障工程质量及先进技术和管理方法的不断改进与提升。

但是，BOT 模式也存在一些缺点。例如，公共部门和私人企业之间需要经过长期调查了解和谈判磋商，才能在项目的委托建设和特许经营方面达成协议，这使得项目前期工作过多、工程的建设周期更长、投标费用更高、投资方和贷款人风险过大、项目融资更加艰难。因此，是否选择采用 BOT 模式，还需要综合考虑 BOT 模式的优缺点及工程项目的实际情况。

8. Partnering 模式

Partnering 模式是 20 世纪 80 年代末在美国发展起来的一种工程项目承发包模式，是工程各参与方在相互信任、资源共享的条件下，并在充分考虑建设各方利益的基础上共同实现工程项目目标、共同分担工程风险的一种管理模式。

在使用这种模式和达成 Partnering 协议之前，需要在组织内部进行内部 Partnering，即进一步检查企业内部的相关程序和文件，使企业做好实施 Partnering 的准备，包括教育和培训公司员工有关 Partnering 事项等工作，是为了建立统一的思想，以达到与其他企业进行密切合作的目的。一般，Partnering 过程有 3 个阶段，即项目前期阶段、执行阶段、完成和回馈阶段。项目前期阶段要建立工作组并负责日常工作。这个小组通常由业主、设计师、承包商等相关人员组成，有时也包括法律及金融顾问、政府部门的代表等。之后应尽快举行研讨会，其目的是为今后的发展制定基础章程，实现各参与方从传统对立性的文化向双赢环境的团队精神转变。在项目执行阶段，最重要的是 Partnering 的参与方要就该项目业绩表现的评判标准达成一致，在此基础上开展项目的实施。在项目完成和回馈阶段，可以利用项目执行阶段的一系列正式评估报告来对项目成果和 Partnering 过程进行有目的的分析，发现成功之处和不足之处，总结经验教训，为进行下一个项目 Partnering 或发展成为战略 Partnering 伙伴做准备。

由此可以看出，Partnering 协议不是严格法律意义上的合同，而是对现有工程合同的一种有效执行方式。在实际使用中，Partnering 协议的主要功能之一就是通过特殊的激励或完善的团队领导，提高工作效率、降低成本、增加创新机遇及不断提高产品和服务的质量，它在各参与方之间建立起和谐的伙伴关系，成为合同顺利执行的"润滑剂"。

但是，要建立良好的 Partnering 关系，需要各参与方的共同努力，在建立 Partnering 模式的过程中，当出现对 Partnering 模式的错误理解、文化差异、承诺的不均衡、沟通障碍、相互不信任并缺乏解决问题的有效方法时，就可能对工程项目的工期、成本、质量等方面产生较大影响，合同纠纷可能会明显增加，项目各方利益可能也会受到损失，各方之间的关系也会受到极大的影响。因此，使用这种模式最大的前提条件是彼此间的相互信任与真诚合作。

2.6　大型建设工程项目的管理现状及存在的主要问题

2.6.1　大型建设工程项目的管理现状

进入 21 世纪之后，随着我国国民经济持续、稳定地快速发展，我国的工程建设也步入了高峰期，工程建设规模逐年扩大，工程项目的内外环境和复杂程度也远远超过了以往。在一大批高难度、高质量的大型、特大型工程项目相继建成的过程中，我国的工程技术和管理水平也得到了大幅度的提高。从总体上来看，我国大型建设工程项目的管理呈现出以下几方面的特点。

1. 从单体工程管理发展到对整个工程系统的综合控制

随着我国工程技术水平和项目管理水平的不断提高，我国的工程项目管理技术已从过去对工程的单体管理逐步扩展到了对整个工程系统的综合控制。在此基础上，通过对工程建设经验的不断总结与完善，又从对整个工程的综合控制逐步发展到了对工程项目的群体控制。同时，为了促进工程项目的可持续发展，使工程项目管理技术不仅为工程项目服务，也为人类更美好地生活而服务，为人类创造更美好的未来生活空间，逐步又从对工程项目的群体控制发展到了对项目整个生命期的管理和控制。在这个控制中，最明显的特点就是环境保护、节能降耗、循环经济和可持续发展等思想的不断融入。

2. 从单纯的静态管理发展到对整个项目的动态管理

过去，在项目管理者的意识形态里，工程项目是固定的、不变的、相对独立的，因此，项目管理者就常常用静态的思想和方法来分析和看待项目中存在的问题，致使对项目的管理始终处于被动状态，直到项目出现问题后才进行分析和判断，然后再制定相应的对策。但由于工程项目一次性的特点，项目一旦发生若干问题后就会出现不可挽回的损失，为此，通过大量的分析和研究，项目管理者从中发现了项目中若干问题的发生、发展和分布规律，以及诱发项目出现劣化状态的机理。这些科学的研究成果使人们逐渐认识到项目自身及其所处环境的内外因素与项目发展状态的关系，认识到了项目的动态性、可变性和相关性。鉴于此，为了对项目进行有效的管理，针对项目中存在的各种问题，逐步对项目从单纯的静态管理发展到对整个项目的动态管理，并提出了一些有针对性的预测技术、预警方法和诊断措施，并通过与现场监测、远程控制、数据传输和分析技术的有效结合，逐步实现了对工程项目的在线动态管理。

3. 从单一学科知识的应用扩展到了多学科知识的交叉管理

过去，人们对项目管理中存在的问题总是从工程项目管理的角度来思考和解决，人为地将项目的若干部分割裂开来，致使许多问题一直得不到很好的解决。为了有效地解决项目中存在的各种问题，项目管理者就尝试用其他学科领域中研究和解决问题的思想与方法来探索解决大型建设工程项目管理领域中若干问题的途径，这样，系统论、控制论、信息论、模糊数学、神经网络、遗传算法、博弈理论、优化理论、耗散理论、粗糙学、鲁棒学、循证医学、诊断学、行为科学等学科的知识就被不断引入进来，不仅扩展了研究者的思想和观念，避免了单一学科知识在解决问题方面的能力不足问题，还有效解决了大型建设工程项目管理中的许多其他问题，使得项目管理者和研究者的项目管理思想与水平都得到了很大程度的提高。同时，这些多学科知识的综合应用也极大地促进了工程项目管理科学的快速发展。从总体来讲，项目管理的发展已呈现出两个大方面：一是各学科领域都在积极探索如何通过项目管理技术来更加科学和系统地研究和解决本领域的若干问题；二是项目管理领域也在尝试和借鉴其他学科领域分析和研究问题的方法来解决本领域的问题。这种跨行业、跨专业、有理论、有实践的学科交叉与集成不仅促进了工程项目管理理论的科学发展，而且对整个科学技术的进步都具有十分重要的意义。

4. 从单维的项目管理转换到了综合性的集成管理

与过去相比，大型建设工程项目的施工环境与条件都发生了巨大的变化，其普遍特征可以从两个方面来概括：一是形态特征，集中表现在工程量大、工期紧、要求高、难度大和技术含量高方面；二是系统特征，集中表现在多重作业、多元集合、多级传递、多维管理和多种状态方面。基于这样一种特征，大型建设工程项目中呈现出的各种问题就具有了明显的综合性、复杂性和多样性；并且，随着工程项目规模的不断扩大，项目中所包含的因素也越来越多，涉及面也越来越广，需要分析、研究和解决的问题也越来越多，难度也越来越大。因此，对大型建设工程项目的管理也就逐步从过去的单维项目管理转换到了综合性的集成管理。

2.6.2　存在的主要问题

与过去相比，在大型建设工程项目管理中无论是使用的技术还是材料及工具，都发生了很大的变化，甚至是质的飞跃。但这些新材料、新技术的应用无论在工程的质量、进度、成本和安全等方面的要求上还是在工程的综合效益上都对大型建设工程的项目管理提出了新的要求。尽管我国目前在若干世界级的大型、特大型工程中拥有了世界一流的施工技术，但从工程管理的角度来看，我们却没有拥有世界一流的工程管理方法与水平，我国在国际上知名的工程管理专家也十分有限，尤其是工程项目的管理水平与国际上先进国家的管理水平相比，在整体上仍有很大差距。尽管其中的原因很多，但究其根本，主要还是在于对工程管理的认识方面存在着很大程度的片面性，尤其是与自然科学相比，二者的重视程度相差悬殊，特别是两个欠缺和两个不足已成为限制工程项目管理发展和工程项目管理水平的主要问题：两个欠缺分别表现在理论研究方面和教育培训方面，两个不足主要体现在思想认识与管理方法的创新方面。

1. 两个欠缺

在理论研究方面，由于工程管理科学具有源于实践但又高于实践的特点，因而，管理理论的凝练不仅需要多学科知识的综合和集成，更需要将研究建立在工程实践的基础之上。然而，目前的理论研究基本上都是引用性和思辨性的研究，这完全不符合国际上重视的问卷调查或现场收集实际数据的实证性研究方法。由于这种研究方式并没有充分建立在工程实际的调查基础之上，或者研究中所采用的数据未能满足研究所需的大样本需求，因而其研究结果就有可能未能有效反映出工程中研究对象的实际情况，其研究所得出的结论在实际应用中的价值也就值得怀疑。这种研究方法不仅不利于理论研究水平的实质性提高，也不利于我国工程项目管理水平的实质性提高。

在教育培训方面，在我国的工程建设中，一个很明显的特点就是使用大量农民工。有关研究资料表明，在众多的行业中，工程建设的人员素质是较低的，大量农民工缺乏工程建设所需的专业知识，而建筑业的劳动力人员稳定性低、流动性大，工程建设期约束性强，成本也有严格的限制等，因而很多建设单位没有足够的时间、人力、物力和财力去培训和教育从事本工程建设的农民工，因此，工程质量和安全意识就很难在他们的头脑中牢固地树立起来，质量和安全的有关制度规定也就很难贯彻到工程施工过程中的每一个环节，因而，这就给如何对工程实施有效管理提出了最现实的问题。

2. 两个不足

在思想认识方面，当前我国的工程管理实践中存在如下倾向：一是用自然科学或技术专家的判断取代管理科学或管理专家的分析与研究；二是用社会科学或长官意志取代管理决策行为；三是用一般工业化、商业化的管理理论和方法来包含和替代工程项目的管理理论，忽视工程建设的特殊性。这三种取代行为即使有了个别的成功的案例，但也加大了工程的建设成本，总体效益不佳。同时，在我国的工程建设过程中依然存在着贪大求全的行为，存在为了工期不顾成本，为了成本不顾质量，为了质量不顾安全和环保等多种非科学的管理行为，对这些问题的消除很难单从工程技术的角度去分析和解决，需要从始至终的科学理念去引导和管理，因此，从根本上深刻认识工程管理的重要性并赋予其应有的地位已成为保障工程建设顺利发展的必然。

在管理方法的创新方面，从现实条件上讲，与发达国家相比，我国无论是在工程技术的科技含量方面还是在工程管理水平方面都还缺乏明显的竞争力。尽管多年来我国的国民经济一直保持了持续性增长，但在国际上的科技排名并不高，同时，由于我国工程建设所耗资源与国外发达国家的先进水平存在很大的差距，因而，只能以劳动力的廉价优势来争夺一席之地。这表明我国在工程项目管理方面的创新能力存在明显不足。然而，全球经济一体化、产业国际化和市场全球化趋势的进一步发展，却不允许我们停滞在原有的管理水平上，经验式和粗放式的管理方法已无法满足我国工程建设健康发展的需要。同时，由于目前世界上许多国家的经济发展状况受金融危机的影响而处于迟滞状态，受中国市场高速发展的诱惑，国外许多公司必然会争相进入中国市场以抢占一席之地，面对这样的趋势和局面，如果我们不抓紧提高自身的素质和核心竞争力，那就可能逐渐成为世界生产链中的加工厂，而发达国家则有可能利用它们所拥有的大量知识产权和专利占据主要地位，而我们只有以廉价的劳动力来赚取微薄的利润。这样下去，中国就会成为外国工程技术的试验场，更令人担忧的是，这可能会使我们在国家发展的同时，失去在工程领域超越西方发达国家的宝贵机会。为此，在加快我国工程建设发展步伐的同时提高我国工程项目管理水平，大幅提高我国建筑产业在国际上的生存能力和竞争能力，就成为工程管理研究中一个急需思考和解决的问题。

特别是在具有自主知识产权的骨干型信息化应用方面，虽然近年来国内很多单位和研究部门开发了大量的工程信息化应用系统，但是真正的实用化信息系统还很欠缺。例如，在设计中，不得不大量使用国外的软件平台；在工程项目管理中，我们还没有可以和国际上成熟的工程管理系统相媲美的工程管理软件。在大型建设工程项目的信息化管理中，我们更缺乏较为完善的系统性管理软件，遇到工程中的重大管理与决策时，只能购买国外公司的产品，严重依赖国外的工程管理技术与管理方法。就目前而言，大型建设工程项目的计算机软件和硬件平台特别是图形和数据库软件、集成框架等以国外产品为主，我国还不能完全掌握某些关键技术，而产品更新换代速度又十分迅速，影响我国工程建设领域计算机软件的开发与应用。同时，由于我国工程建设领域计算机应用的标准化水平较低，尚未制定工程建设领域计算机开发与应用的标准体系，因此，不同开发商和制造商引进的软件和硬件产品往往不兼容，阻碍了集成应用系统的发展并造成低水平重复开发。因此，在管理创新方面亟待加强和改进。

2.7　大型建设工程项目管理的探新途径

工程管理科学是集自然科学和社会科学于一体的综合性交叉学科。由于工程管理科学在解决工程实际问题时需要以工程技术为平台，以管理方法为手段，这就决定了工程管理科学不仅要与自然科学密切相关，与社会科学亦不可分。鉴于此，许多研究者为了更好地解决大型建设工程项目管理中存在的问题，在深入了解和掌握其他学科知识的基础上，对项目中存在的问题进行了新的探索。在项目组织建设方面，引用普利高津的耗散理论研究了项目组织的行为机理，应用 Stacberg 模型描述和解决了项目组织人员的冲突行为，并提出了具有互适性的项目管理新机制；在工程质量管理方面，鉴于传统管理方法的局限性，提出了基于循证管理思想的双梯度质量管理新方法；在项目进度管理方面，提出了基于 Petri 网络的工时相依修正法；在项目的费用管理方面，提出了基于动因和神经网络的成本控制技术；在安全方面，在原有的基础上，结合工程项目的特点，引入了心理测量原理，这对于从理论上研究和探索并揭示文化影响安全行为的机理是一个全新的尝试；在项目资源管理方面，提出了有形资源与无形资源的新概念，并采用道格拉斯生产函数研究了资源的最佳配置，这对于充分挖掘项目资源、提高项目管理水平具有非常重要的意义。此外，有越来越多的迹象表明，工程项目管理专家们正以极大的兴趣关注着项目的"软"问题，诸如项目过程中的思维、行为、情感、适应性，项目管理中的交叉文化问题，项目经理的领导艺术等。同时，随着科学技术的迅速发展及人类社会的不断进步，人类在满足衣食住行的基础上开始逐渐认识到所属生存环境的重要性及所需资源的紧缺性，为此，针对工程建设中产生的一系列负面行为带来的灾害与疾病，开始了深刻的反思，逐渐将与自然和谐共存发展的理念形成共识，在工程建设中已将可持续发展、循环经济等思想融入进来，这样，环境学、生态学等与工程管理又有了新的联系，逐渐出现了工程绿色化管理、工程状态的健康诊断、工程生态管理等新的研究方向。更重要的是，这些研究的初步研究成果已表明，这种研究的思想与方法对促进工程管理的实质性进步具有重要的科学意义、社会价值及经济价值。由此我们可以看出，在今后的工程管理研究中，将会有更多的多学科知识融入进来，与工程项目管理一并发展与进步。

结合工程项目管理的研究现状，通过系统分析和总结可以得知，就工程项目管理方法的探新途径来讲，目前可以主要归结为以下四种。

（1）理论仿真模拟。

在此研究中，一个很重要的研究手段就是研究结果的仿真模拟，应该说，在未知管理和预测管理中，模型是一种较为理想的研究手段。研究人员可以通过模型的分析来研究和确定研究对象系统内部各部分的相互依赖关系以及它们对系统的整体作用与效应，也可以预测某些因素对研究对象整体的影响程度，因此，在理论研究中，应有效利用这一工具。

（2）现有方法改进。

这一方法主要是在总结和继承他人优秀研究成果的基础上，进行更深入的研究和探索，它不仅需要确认他人解决问题方法的正确性，而且更重要的是要发现其存在的问题，在积极汲取新的知识的基础上，再对发现的问题进行系统的研究。"学而不思则罔，思而不学则殆"是这一研究方法的指导方针。

（3）学科交叉集成。

在科学发展史上，无数的科学发现和事实已证明，相似的启发是科学创新的桥梁。大量的工程实践也已证实，相似规律的运用也是提高工程管理水平的有效途径，如将耗散理论、博弈理论与和谐理论集成而形成的具有互适性的建筑工程项目管理新机制，基于医学和循证管理思想所建立的工程质量管理新方法，以及将 Rough 理论和诊断学及医学相结合的健康状态评判方法等都已被实践证明是行之有效的工程管理新方法。因此，工程相似学的思想，打破了不同学科固有的界限，揭示了支配相似原理的一致性，因此，在相似学理论的指导下，不同学科的相互交叉与集成所带来的启发和融合应用已为工程管理理论的方法探新打开了又一扇大门。

（4）工程实践凝练。

工程建设最大的特点就在于它有很强的个性，特别是一些在特定条件下需要完成的工程项目更需要相应的特殊方法。从严格的意义上来讲，世界上没有两个工程完全一样，每个工程不仅与当时的建设环境紧密相关，而且与当地的人文地理也密不可分，虽然可以在设计上采用相同的图纸，但工程的组织模式、材料的运输方式、能源的引入路径等都需要依据当地的情况来解决，这无疑给工程项目管理方法的不断改进与创新留下了很大的自主空间。因此，在工程实践中，可以通过与工程实施环境的紧密结合来研究和探索具有针对性的项目管理方法。在此基础上，通过与原有方法的对比和科学的理论分析，提炼出具有普适性的工程项目管理新方法。

　　总的来讲，目前，项目管理的研究方法常有定性和定量两种，纯粹的定量研究可能会存在一些不可避免的缺陷，使人们过多地依赖具体的数据。由于工程管理含有大量的实践经验，因而纯粹的理论数据不一定能很准确地描述出含有管理者思想的行为取向和动机，而定性研究或模糊评判则可能在一定程度上弥补其不足，因此，定性与定量相结合，将会使研究结果更具有科学性和可靠性。同时，若能将理论推证与实际验证相结合、专家论证与仿真模拟相结合、微观分析与宏观评判相结合，则更有可能发现探索工程管理方法的新途径。

第3章　大型建设工程项目实施状态的分级管理

大型建设工程项目是一个复杂的系统工程，若要对之进行有效的管理，就必须及时了解和掌握大型建设工程项目的实施状态，即必须对大型建设工程项目各个阶段各个管理对象的各种情况有清晰明确的了解和全面准确的把握。很显然，要达到这一目的，就需要有一个科学有效的管理新模式。为此，本章将在明确大型建设工程项目实施状态管理内涵及特点的基础上，就如何实现对大型建设工程项目实施状态的有效管理进行分析与探讨，并提出对大型建设工程项目实施状态进行科学管理的新思想与新理念，为后续研究并实现这一思想与理念提供科学的理论性依据。

3.1　工程项目实施状态及其特点

3.1.1　实施状态

在汉字流源中，状态的本意是指物质系统所处的状况，常用一组参变量来表征，如物质的质量、物质的形状、物质的颜色、物质的所处位置、物质运动的速度等。当随着时间的推进，物质的质量、形态、颜色、位置等参变量未发生任何变化，而与前一段时间的情况完全一致时，人们认为它是处于不动状态或不变状态。如果这种不动状态或不变状态被它的管理者认为是可接受的，那么也被认为是处于正常状态。因此，一般而言，所有保持原来状态的物质就被认为是处于正常状态。

但世界上唯一不变的就是变化，任何物质都存在着不同程度的衰减，只是当其衰减而引起的变化足够微小时，特别是在一段时间内不足以引起视觉上的显著变化时，人们就认为物质没有发生变化。但世界上的任何物质都会受到来自自身或外部的作用与影响，当这些作用与影响可以促使物质在其质量、数量、颜色、外形、位置、密度等方面发生明显变化时，物质的状态也就发生了变化。从变化的动因来看，既有物质自身发生的变化，也有需要外部因素的作用而发生的变化。自身可以发生变化的物质，一般都具有生命力，即自身可以产生变化的能量而使自身发生需求性或适应性变革。需要外部力量或能源来发生改变的物质，一般认为是无生命力的，是指即使自身含有能量也不能改变自身的状态。对于此类物质，若要使之发生变化，就需要施加相应的能量。在大型建设工程项目中，工程项目的实施状态这一概念就是针对无生命物质而言的。

工程项目的实施状态就是指当项目中的物质或管理对象（既包含有形实体的硬物质和管理对象，如材料、设备、机具等；也包含无形虚体的软物质和管理对象，如技术、信息、安全等）在管理者组织下，为使之变成管理者所期望的形态或状态而施加能量的变化过程。在变化过程中，这些管理对象所发生的外形变化、质量变化、色彩变化、内部结构变化、成分变化等都是实施状态变化的内容。但需要注意的是，在有些情况下，即使管理对象获得了改变其现有状态的所需能量，也未必发生变化，或者变化的结果并非管理者所期望的。因此，若要使管理对象的变化结果达到预期的状态，就必须对管理对象的实施状态进行必要的管理和控制。

3.1.2 实施状态的特点

在工程项目中，项目实施状态变化的过程其实也是工程项目的演化过程，是从项目原先的设想，经过多个时段、多个步骤在多种资源的积累下变为现实的过程。因此，工程项目的实施状态具有以下几个方面的特点。

1. 过程性

工程项目的建成是从前期构想、可行性研究、决策分析等开始，经过项目立项、工程设计、招标投标、手续办理、物资采购、工程施工、人员监管、资源供给、进度控制、问题解决、工程建成、验收使用等多个时段的不同工作来逐步完成的。前一阶段的若干项工作是后一阶段其他相关工作的基础，后一阶段多项工作是前一阶段相关工作的延续，没有这些工作彼此间的连续性作业，项目就无法完成。因此，表示和描述项目各阶段各项工作的实施状态也就随即具有了过程性。

2. 累积性

工程项目实施状态的变化及其结果是项目不同阶段不同人力、物力和财力不断累积的结果。这个累积不仅包含项目从始至终的时间累积，还是各种资源的累积。当这些资源累积到一定程度，就会发生从量变到质变的显著变化，从而达到管理者所期望的目的，实现预期的目标。因此，工程项目实施状态也就有了累积性。

3. 渐变性

工程项目实施状态变化的结果是渐进形成的，它是一个从少到多或从小到大的变化过程，而不是突发性形成的，这就使得工程项目的实施状态具有了渐变性。正是这一渐变性的存在，才使得项目管理者可以对项目的实施状态进行过程性的观察与分析及管理与控制。否则，工程项目的实施状态就无法得到有效的监管和控制。

4. 不确定性

在工程项目实施状态的变化过程中，时常会受到来自系统内外多种因素的干扰，这些干扰可能使项目具有产生其他异态变化的倾向。在工程项目的实施过程中有很多项目管理者不可预测的因素，因此，工程项目实施状态的变化也就具有了不确定性。

5. 不稳定性

很显然，一旦不确定性因素在工程项目的实施过程中出现，就可能给项目预期状态的发展带来不同程度的影响，这个影响可能对预期结果的形成产生正面效应，也可能带来负面效应，这就使得工程项目实施状态的变化及其结果具有了明显的不稳定性，而这正是对项目实施状态进行全程动态管理的原因所在。

6. 多样性

工程项目实施状态不稳定性使得工程项目实施状态的变化及其结果具有了多样性，其结果可能与预期的结果相一致，但更可能与预期的结果具有较大的偏差，因此，实施状态也就具有了多样性的特征。

3.2 实施状态的分级管理内涵

大型建设工程项目是一个由多个子项工程组成的综合体，内含的子项工程之间不仅具有较强的相关性、层次性和互馈性，而且相互之间的综合作用对项目总体目标的实现也会带来明显的约束性。从项目整体角度来看，只有大型建设工程项目整体达到了预期的要求，项目才算实现预期的最终目标；从项目的个体角度来看，只有大型建设工程项目中内含的各个子项目都达到了预期的要求，才能为项目总体目标的实现奠定基础。因此，若要实现大型建设工程项目的预期目标，不仅需要对工程项目的实施状态进行宏观管理，更需要对各个子项工程及其所包含的每个具体管理对象实施状态进行管理。只有这样，项目管理者和决策者才能从项目的全局出发，既能详细了解各子项工程的具体状况，又能全面把握大型工程项目内各子项工程之间的相互关系；既能明确各子项工程的主次地位，又能分清各项工程的轻重缓急；既能关注到工程项目的局部利益，又能考虑到工程项目的整体利益；既能处理好项目内部的微观问题，又能把握好项目的宏观大局，并在综合考虑项目的质量状况、进展速度、材料供应、环境变化、政策调整、金融改革、自然灾害、突发事件及政治活动等各种内外因素的基础上，对项目资源进行总体调配和宏观控制，并为项目的进一步实施与顺利推进做出科学且正确的决策。由此可知，对大型建设工程项目实施状态的管理必须采用分层分级的管理。

3.2.1　实施状态管理

很显然，工程项目的实施状态是一个随时间变化的过程，且这个过程是一个渐进变化的动态过程。在这个过程中，一般情况下，如果管理对象受到的来自各个方面的作用与管理者所预期的基本一致，则实施中的变化状态和最终变化结果与管理者所期望的基本是一致的。反之，如果受到了管理者预想之外的干扰和影响，实施中的变化状态不仅会呈现出令管理者意外的形态，而且可能与管理者所期望的结果完全背离。为此，管理者若要使工程项目实施状态的变化结果与预期相一致，就不能等到变化结果形成之后再去管理，而必须在项目实施状态的变化过程中，及时了解和掌握项目实施状态的变化。一旦发现可能出现的预期结果偏离倾向，就要进行必要的介入，施加必要的干涉，使之始终朝着预期的方向发展，这就是对管理对象实施状态所进行的管理。

据此可知，对实施状态的管理也是一个动态管理的过程，是一个针对管理对象的变化状态不断进行调控的过程。这一调控和干涉的程度不仅与实施状态变化结果的变化程度直接相关，而且与干扰因素的影响力直接相关。当期望管理对象实施状态的变化结果发生显著变化时，实施状态管理的干涉和调控力度就较大，反之，就相对较小或不予干涉。同样，当实施状态的干扰因素的影响力越大时，实施状态管理的干涉和调控力度也就越大，至少干涉和调控所产生的影响必须完全消除干扰所带来的影响。为此，工程项目实施状态的管理就具有了计划性、组织性和预测性。其中，计划性是指对工程项目实施状态的管理要结合项目的具体情况，预先制订相应计划与对策，确保项目能够按照预计的计划来发展。组织性是指管理工程项目实施状态的计划应明确由何人在何时何地采用何种方法去执行，必须将计划落实到位，否则，所指定的计划就不再有任何意义和价值，也不会对工程项目的实施状态产生任何作用与影响。预测性是指在对工程项目实施状态进行管理的过程中，要预先明确实施状态的结果，而这一结果的形成是在预定条件、预定环境等前提下形成的，一旦这些实施条件和实施环境发生变化，项目管理者就应预测到工程项目实施状态可能发生异态变化，从而及时加以干涉，确保项目的实施状态朝着预定的方向发展。

3.2.2　实施状态的分级管理

在大型建设工程项目中，不同的子项工程对项目总体的影响程度及所产生的作用具有很大的差异，各子项工程中内含的多个具体管理对象对该项目的影响程度及所产生的作用也具有很大程度的不同。因此，若要对工程项目的实施状态进行有效的监管和控制，确保工程项目始终处于可控状态，在工程项目实施前，就需要项目管理者预先结合项目的具体情况、所需资源、所在环境、所需条件及实施状态发生变化后给项目带来的影响程度及其在工程中的重要程度对各个项目进行分层分级的划分，并根据分化结果，在项目的实施中赋予不同程度的介入和监管力度。这样，在工程项目管理中，对不同项目的管理就产生了差异，这种管理就是对工程项目实施状态的分级管理。

很显然，从工程项目实施状态的分级管理定义可知，对工程项目实施状态进行分级管理的主要目的就是要对不同工程项目在分清主次的前提下进行不同级别的分类管理，要让那些与项目目标紧密相关，一旦发生问题就事关全局的项目受到全程监控，并在项目资源配置方面予以特别的支持和关注，使这些工程项目的实施状态始终处于正常或良性发展状态。对那些一般性的工程管理对象，或是即使发生问题亦不会影响项目的全局或带来的影响非常小的项目给予正常的常规性管理与控制。甚至在特殊的情况下，为了确保工程项目总体目标的实施，还可使之做出暂时的让步和牺牲（如暂时的停工）。这样，从项目的整体来看，工程项目的实施状态就能在总体上得到有效的管理和控制。同时，更重要的是，对工程项目实施状态进行分级管理后，一方面可以使项目管理者实现对重点项目的重点管控，另一方面还可以针对当前工程中存在的易发问题进行针对的管理，实施重点监控，有重点、有步骤、有计划地改善工程的总体管理质量，确保工程项目始终朝着预定的方向发展。

结合工程实践，对工程项目实施状态进行分级管理一般可分为三个类别：第一类是全程监管，每项必控；第二类是重点监管，随机抽查；第三类是一般管理，终检验收。这三类可根据项目所属的重点类别和与项目总体目标的相关性来分级划分。但是，在工程项目实施状态的实际管理过程中，由于不同类型的大型建设工程项目所包含的内容不同，工程的重要等级不同，重点实施的对象不同，管理人员的监管能力不同，因而就需要结合各自工程的实际情况及施工企业的实际监管能力，对工程分级管理的内容进行不同等级、不同层次的划分，以满足工程项目实施分级管理的实际需求。特别需要注意的是，在工程项目的实施中，由于工程实施内容的不断变化，项目的主次关系也会随着项目进度的变化而变化，因而对项目实施状态的分级管理也应根据工程建设的实际情况不断地进行调整，及时地将工程项目的监管对象归入不同的管理层次，实施不同强度、不同频率的监督检查，使得不同的工程项目实施状态得到不同程度的监管和控制。

3.2.3　分级管理的依据

对工程项目实施状态实施分级管理，不仅可以使大型建设工程项目所包含的所有子项工程得到进一步细化和可控化，而且更重要的是可以结合工程项目的实施状态即时做出适当的调整，实现对重点项目的重点管理，并可对那些对工程目标可能会产生重大影响的当前工程中存在的易发问题进行针对性的监管和控制，及时处理项目实施中出现的各种问题和隐患。但在对大型建设工程项目的所有管理对象进行分级管理划分时，其内含的哪些子项工程是重要的、哪些是次要的，就需要有相应的规则或规定来作为大型建设工程项目实施状态分级管理的依据。

一般来讲，尽管不同工程的建设规模不一，建设内容不同，建设条件与环境差异较大，但以下文件作为项目分级管理的依据是必不可缺的。

（1）项目立项文件。

（2）项目可行性研究报告。

（3）工程设计文件和设计方案。

（4）工程中各类已签署的合同文件。

（5）其他与工程紧密相关的经济技术文件。

（6）与工程紧密相关的有关规定、标准和规范。

（7）项目投资者和主管部门的预先要求。

（8）项目特殊的约束条件。

（9）工程项目的施工方案。

（10）项目总目标与各阶段的分目标，包括对工程总项目和分项目的质量、进度、费用的具体要求。

（11）各项目参与单位的具体情况，包括施工资质、技术能力、人员组成、资金储备、施工器具等。

（12）该项目其他需要考虑的事项。

3.3 实施状态的分级管理内容

大型建设工程项目是一项含有多项目、多层级、多目标、多需求的综合体，在项目的不同阶段，不仅有重要程度不同的子项工程需要分级管理，而且有不同的主次工作需要分级监管。即使在不同的子项中，不仅有不同的管理目标需要区别对待，而且有不同的管理对象需要予以管控。因此，从不同的角度来观察和分析大型建设工程项目实施状态的分级管理内容就会有不同的结果。

3.3.1 按项目阶段划分

从工程项目的生命期来看，大型建设工程项目的整个建设过程可被分为决策阶段、准备阶段、实施阶段和竣工阶段。很显然，不同阶段有不同的重点管理对象，因此，仅从工程项目自身的角度来分析和确定工程项目的分级管理对象，可能会更为清晰和有条理。

1. 决策阶段

工程项目的决策阶段实际上是项目的孕育阶段，这个阶段的工作主要是对项目的构思、识别和选定，编写项目建议书，并对项目进行必要的调查和可行性研究、判断、决策及项目立项，因此，这一阶段的工作内容也就主要集中在项目的前期调查、项目分析、建议书上报、可行性研究、项目审批和立项决策等几个方面。

2. 准备阶段

在工程项目的准备阶段，主要的工作是在项目立项后组建项目管理机构，通过招投标选取工程设计和地质勘查单位后，开展工程设计，绘制工程施工图，编制工程招投标文件，确定工程施工单位、监理单位、材料供应单位等并签订有关合同。与此同时，同步开展征地拆迁、办理工程有关手续、编制工程施工计划等工作，为下一阶段工程项目的顺利实施做好各项前期准备工作。

3. 实施阶段

实施阶段是工程项目的具体化阶段，包括在完成施工现场七通一平、人机料到位之后，按照设计要求对工程质量、进度、费用、材料、人员、设备、安全、信息、现场环境等进行统一的管理，协调运作，直至完成项目的全部内容。在实施阶段，由于项目处于开放性较强的时期，不仅需要有外部大量资源的支持、保障和供给，而且需要项目内部各部门之间的相互协调与配合，是工程项目实施状态进行重点监管的主要时期。

4. 竣工阶段

在竣工阶段，工程项目的主要工作是按照工程验收规范，组织工程项目验收，进行设备设施试运转，并在符合有关规定和要求的前提下，移交使用方，同时进行工程结算、付款和项目后评价。同时，项目进入竣工阶段也意味着项目部的有关成员将返回各自的原属部门或投入新的工程项目中去，承包商和监理单位也将寻求新的生存空间和发展方向，因此，这种趋向将潜在地离散项目成员的凝聚力和向心力，明显地表现出寻求各自目标的倾向性，因而也必然会分散项目成员的工作精力，影响他们的工作效率，因此，如何提高各方的工作效率和合作效率也是项目管理的重点工作之一。

3.3.2　按管理对象划分

从大型建设工程项目管理的内容可知，将项目管理的目标、组织、条件、资源四要素分解后，项目管理的对象包含项目的目标、计划、组织、进度、质量、资源、风险、信息等多个方面。若从这一角度来分析和确定工程项目的分级管理对象，不仅便于项目管理者分清工程项目管理对象的所属类别，而且更便于明确管理对象之间的主次关系。

1. 目标管理

项目目标决定了项目管理者必须实施哪些工程和完成哪些任务，因而这就给该项目划定了一个管理和实施的具体范围，而其他与此无关的任务或工作则不被或暂时不被包含在这一项目中。因此，在各级项目的目标管理中，它所包括的内容就有各级子项目的目标确定和目标逐层分解。很显然，若要实现项目的总目标，就必须实现所有的子目标，而各级子目标必将与各级子项工程紧密联系在一起，因此，这就为大型建设工程项目的目标管理提供了科学依据。

2. 计划管理

在将大型建设工程项目分解为多个子项目后，若要实现对子项目的有效管理，就必须预先编制相应的实施计划。从计划的角度来看，各项目的计划不仅包含项目的方案策划、可行性研究、项目评估、投资计划、施工方案、组织规划等项目前期计划，还包含项目实施中的质量计划、进度计划、费用计划、资源供应计划等。

3. 组织管理

分级后的各个项目需要由不同的单位去管理和实施，而这些单位也需要根据项目管理需求和项目管理模式，设立相应的管理部门并组织完成相应的任务。因此，各级项目组织管理的内容就包含各级子项工程项目管理组织机构的建立、管理人员的岗位编制、各岗位的职责制定、各岗位的人员安排、管理制度制定、管理体制和运行机制的设计等。

4. 进度管理

大型建设工程项目能否按期完成预定的任务取决于其所含各子项工程能否按期完成各自的任务。因此，为实现这一目标，各级子项目在何时达到何种程度就必须得到有效的管理和控制。据此，各级项目的进度管理就含有对各级子项工程项目的进度分析、进度监管、进度调整和进度控制等内容。

5. 质量管理

与进度管理类似，为了达到对工程质量的有效管理和控制，各级项目质量管理的内容就包含各级子项工程项目的质量分析、质量监管、质量评定、质量验收和质量控制等内容。

6. 资源管理

对大型建设工程项目来说，为了确保工程项目的按时完成，时常采用并行作业的方式组织多项目的施工作业。但面对有限的项目资源供给，就需要项目管理者从工程项目的全局角度出发，对工程项目的资源进行合理的调整与配置，并使项目资源效应最大化。因此，项目资源管理的内容就包含各级子项工程项目的材料供应、材料检测、设备管理、人员调配、资源配置、资源优化、资金支付、能源供应等管理内容。

7. 风险管理

对大型建设工程项目来说，风险具有更多的不确定性。为此，不仅需要从宏观角度对项目风险进行全面的分析与判定，更需要随着项目的进展，就具体工程可能潜在的风险进行分析与识别，为工程项目的顺利实施提供保障。因此，项目风险管理的内容就包含各级子项工程项目的风险识别、风险评估、风险监控、风险对策及安全管理与控制。

8. 信息管理

信息已成为工程项目管理必不可缺的资源。为此，很多工程项目专门建立了信息管理系统，以便对工程中的各类信息进行有效的处理和利用，为工程管理提供服务。但对大型建设工程项目来说，由于多项目之间具有高度的相关性，项目信息管理的内容不仅包含各级子项工程信息管理系统的建立、信息收集、信息分析、信息处理、信息分类、信息编码、信息整合、文档管理、资料整理等自身工作内容，还包含各项工程之间的信息互传、信息共享、信息发布等共性工作内容。

9. 其他管理

除了上述管理内容外，大型建设工程项目还有其他很多的管理内容，如组织协调、设计变更、现场管理、环境管理、团队建设、制度完善、规章制度的落实与监管、资源的招标投标及项目内外各种冲突与矛盾处理等，所有的这些管理内容都需要结合具体的工程项目来予以确定。

3.3.3　按管理层级划分

大型建设工程项目实施状态分级管理的目的是要使项目按照预期的计划顺利完成各项任务，实现项目的总目标。如果将这个总目标按项目管理层级进行分解，不仅包含项目的宏观目标，还包含项目的中观目标和微观目标。因此，从工程项目目标管理的角度来分析和确定工程项目的分级管理对象时，即可分为宏观、中观和微观三个层级。

1. 宏观系统

在项目的宏观层面，项目管理的主要内容是项目的目标管理、项目的总体进展情况、项目的总体质量状况、项目的安全状况及项目可能存在的风险等问题。此外，对大型建设工程项目来说，还需考虑项目给社会带来的影响，社会对项目的评价，以及项目对周围环境、自然生态等造成的影响等。

2. 中观系统

在项目的中观层面，项目管理的主要内容包含每个子项的质量、进度、费用、安全、资源、能源等使用情况。同时，为了确保项目的顺利进行，与该项目紧密相关的其他方所处状态、参与方相互之间的合作情况、与该项目紧密相关的其他项目进展情况、实施中可能遇到的风险等问题都是中观层面实施过程中的具体管理对象。

3. 微观系统

在项目的微观层面，管理的主要内容则是每一个管理对象中所有的具体细节。在质量管理方面，包括材料的质量是否合格、多种材料的组合方式是否符合设计要求、组合结果是否满足规范规定、作业条件是否具备、作业环境是否达标、作业方式是否正确、质量监管人员是否到位、监管措施是否制定等具体问题。由此可知，如果将工程的进度、费用、安全、风险、资源、能源、信息、技术、合同等管理内容全部包含进来并进行详细分解后再进行分级管理，那么，微观管理的工作量是巨大的。

3.3.4 按管理需求划分

在大型建设工程项目的实施过程中，处于不同层级的管理单位有着各自的管理重点，他们将针对自身确定的管理重点，对工程项目的实施状态进行监控。例如，建设主管单位在众多的工程项目管理内容中，对工程项目能否按期完工、项目质量能否得到有效保障、工程项目的目标能否按期实现等予以高度的重视；施工单位则对项目是否可以盈利、存在哪些风险、安全是否得到有效的保障等问题予以更多的关注；监理单位则将工程的质量是否达标、材料是否合格、工程设计变更是否合理、工程项量变化是否属实等作为监管的重点；设计单位将工程设计是否满足工程施工要求、是否与工程实际相符、是否可以尽量减少设计变更等作为重点管理的内容；材料供应单位则将按时保供材料且确保工程材料满足质量要求作为管理重点；政府主管部门则重点检查工程项目建设的手续是否齐全、是否合规合法、是否存在违章违法等内容。因此，从工程项目管理需求角度来分析和确定工程项目的分级管理对象时，可能会更便于项目者抓好各自的工程项目管理工作。

通过上述分析可知，从不同角度对大型建设工程项目的分级管理内容进行划分是比较明确的，但在工程实际中，这些内容却不易分清，如项目各方工作的范围将通过合同方式来明确，工程进度将在项目计划中做出安排，成本将在工程预算中进行编制，质量将在多方的合作中予以保障，组织将在制度下建立，风险将在措施中落实，资源将在计划的指导下进行采购和配置，工程项目需要在预定的时间内、在不超过预订费用的前提下保质保量地组织和实施。由此可以看出，大型建设工程项目的各级管理目标、管理范围、管理对象就在项目的实施过程中融合在一起，使得大型建设工程项目各个分级管理对象的实施状态监管也变得复杂。

3.4　实施状态的分级管理方法

3.4.1　分级管理的一般性方法

实践已证明，对工程项目实施状态进行分级管理不仅可以协助项目管理者全面了解和掌握工程项目的实施状况，及时发现和处理项目中存在的有关问题，还可以使项目管理者将很多复杂问题简单化，实现对工程项目所处状态的有效监管。为此，很多工程项目也在其管理中不同程度地采用了分级管理方法。但很多工程项目建设规模较小、建设内容单一、结构组成简单，因而所采用的分级管理方法也十分简单。其中，最为普通也最具代表性的一般性的管理方法是在明确项目目标之后，采用 WBS（work breakdown structure）分解技术对工程项目进行分解，然后将分解后的工作包作为分级管理的对象，具体步骤如下。

（1）明确项目的总目标和总目标下所包含的项目内容，并将项目总目标作为工程项目分级管理的顶层。

（2）在综合考虑各种因素的基础上，制定项目分级管理的规则。按此规则将大型建设工程项目的总目标分解为若干个分目标（或子目标），且每个分目标（或子目标）具有相对的独立性。

（3）以分目标为基准，将工程项目分解成若干个具有相对独立性的单位工程。将这些工程项目作为项目的第二层，既可作为工程设计的独立整体，又可作为招标投标的单个主体，还可作为今后对项目实施监管和控制的单体系统工程。

（4）若每一个单位工程中都含有多个子项工程，则可以每个单位工程的目标为顶层目标，继续划分为若干个相对独立的子项工程，且每个子项工程也具有相对的独立性，并可作为项目总体的第三层整合到系统的分级管理中。

（5）若需要更为深化具体的分级管理，可将每一个子项工程进行再分解，确定分解出的每个子项工程包含的功能模块。每个模块可作为子目标的分目标，并成为工程项目分级管理的具体目标，并可作为项目总体的第四层或更低层整合到系统的分级管理中。

（6）对工程现场的具体管理对象而言，还可以将每个功能模块再分解为便于组织实施和现场管理的工作包。每个工作包可以使项目实施者通过具体的工具、材料和设备在计划、质量、时间和费用等具体约束下完成工作。最后得到的工作包应便于确定相应的实施者、管理者和责任人，并有一定的独立性。工期不宜太长、成本不宜太高、质量控制易于实现，不存在和其他工作包的重复和交叉。工作包可以用名称、编号、实施内容、完成时间、约定费用、质量标准、技术要求、操作工艺、预防问题、安全措施、前提条件、后续项目、实施者、管理者、责任者、相关者来具体明确和定位。

这样，在完成全部工程项目从上至下、由粗到细的逐层分解后，即可形成系统的梯级结构。对于不同类型的建设工程项目，尽管按项目的目标划分便于项目的管理，但也可以按其他的方法来划分，如可按项目的阶段来划分，也可按照项目的实施顺序来划分，也可按照管理程序来划分，亦可按项目的组成要素来划分（如给水、排水、采暖、通风、电气、通信等）。在完成这一项目的分级分解后，便可根据项目的目标重要性来对项目的具体管理对象实施分级管理，如在工程设计、招标投标、材料采购、选取施工单位和监理单位等工作中，根据项目的重要性，划定不同的要求，这样便可达到对工程建设项目实施分级管理的目的。

在很多工程中采用这一方法对工程项目的实施状态进行分级管理，主要是由于采用该方法对工程项目进行分解后，不仅可以保证工程项目原有系统的完整性，分解后的项目系统框架结构清晰、层次分明、主次关系明确，便于检查是否存在分解后项目内容的遗漏等问题，而且便于项目的逐层控制和整体控制。若有特殊要求，还可便于对分解后的模块进行单独管理。因此，该方法在当前许多建设工程项目特别是中小型建设工程项目的分级管理中的应用十分广泛，并取得了非常好的效果。

3.4.2 大型工程项目的分级管理方法

与一般中小型工程项目相比，大型建设工程项目不仅建设规模相对较大、建设工期相对较长、包含子项工程相对较多，而且项目参与方之间、子项与子项之间、项目内部与外部之间、项目与社会环境及自然环境之间的关系也相对较为复杂。就项目本身而言，不仅包含着与项目总体目标直接紧密相关的若干主体工程，还包含着若干与项目总体目标间接相关且必不可缺的配套工程。很显然，尽管从项目宏观管理的角度看存在项目的主次之分，但其中任何项目的失败都可能引发项目的整体失败。因此，若要实现对大型建设工程项目的有效管理，不仅需要对各个子项工程实施科学有效的分级管理，而且由于这些子项工程之间具有多重作业、多元集合、多级传递、多维管理和多种状态的多维关系，还必须在分级管理中采取与一般分级管理不同的管理方法与特殊手段。

通过对大型建设工程项目分级管理的内涵及其管理内容的分析可知，大型建设工程项目常常含有多个层级，这些层级之间不仅具有显著的包含关系，而且具有显著的递阶关系，即上一层级是下一层级的主干，下一层级是上一层级的分支，所有下层的组合和集成才能全面系统地表达和描述出所属上一层级的整体内涵与状态。一般情况下，大型建设工程项目至少可分为三个层级状态，即项目的宏观状态、中观状态和微观状态。中观状态是包含所有微观项目实施状态的综合与集成，而宏观状态则是包含所有中观项目实施状态的综合与集成。因此，若要了解和掌握大型建设工程项目实施状态的总体状况，不仅需要全部了解和掌握各个子项的微观状况，而且还需要通过各个子项微观状态的综合与集成来分析和推断出项目的中观状态。在此基础上，再通过各个项目中观状态的综合与集成来分析和推断出项目的宏观状态。然后，通过项目各级状态的分析结果与预先确定的工程项目实施状态判定标准的对比，即可得知大型建设工程项目不同层级所处的状态。

从这一分析可以看出，大型建设工程项目实施状态的分级管理要比一般中小型工程项目的分级管理复杂得多。若要了解和掌握大型建设工程项目不同层级的实施状态，需要在全部了解和掌握各个子项工程微观管理对象的基础上，逐层逐级地分析和推断出上一级的实施状态，并且项目各层级处于何种状态还需要经过基于预定标准的对比才能判定。这就意味着，大型建设工程项目实施状态的分级管理必须通过对项目不同层级的分级诊断和综合评判才能实现，因此，如何实现对大型建设工程项目实施状态的分级诊断和综合评判就在工程项目的分级管理中凸显其意义与价值。

3.5　实施状态分级管理模式及其构建

3.5.1　分级管理模式分析

近年来，为满足国民经济的发展需求，我国的大型建设工程项目越来越多，规模也越来越大，在大型建设工程项目的建设过程中，采用的管理模式也多种多样，如 CM、BOT、Parterning、集群、业主+工程监理等模式。在这些模式中，对工程项目实施状态的分级管理也有多种方法，如 WBS 分解法、模块法、层次需求法、多层累积法等。尽管这些方法各有其特点，但在如何对大型建设工程项目的实施状态从宏观到中观、从中观到微观进行全过程、多方位、全系统的有效监管和控制方面，这些模式普遍存在着管控力度比较薄弱、针对性不强及分析结果无法反映多方相关性影响等问题。这个问题主要表现在两个方面：一是在大型建设工程项目的宏观和中观分析与管控方面，存在随着项目发展变化而无法全面了解和掌握项目总体所处状态的问题。二是在项目的微观管理方面，存在不能及时有效发现项目中出现的各种异常状态等问题。特别是在当项目的实施状态呈现出若干问题后，引发这些问题的主次根源有哪些，这些问题给项目在中观和宏观方面带来哪些影响，影响的程度有多大等主要问题至今还未得到有效的解决。这些问题的存在，显然给大型建设工程项目的分级管理带来一定程度的不利影响。因此，针对当前大型建设工程项目实施状态在此方面存在的问题，有必要针对性地提出一种新的管理方法与模式，以满足管理者对大型建设工程项目实施状态进行有效分析和诊断并做出科学判定的管理需求。

从大型建设工程项目实施状态分级管理的内容和管理方法可以得知，若要实现对大型建设工程项目实施状态的有效分级监管，就必须从不同角度分别明确大型建设工程项目在项目各个阶段不同管理对象的各级管理需求，其含义是，对于大型建设工程项目所包含的所有管理对象要分别从宏观、中观和微观三个层次就其在工程项目的决策阶段、准备阶段、实施阶段和竣工阶段所具有的重要程度进行划分（图 3.1）。在确定大型建设工程项目所包含的所有管理对象的层级及其主次关系后，就可先从微观层面来进行具体的、细致的、深入的分析，并全面了解和掌握该管理对象的实施状态及其相关因素所带来的影响。在此基础上，如需了解和掌握某一中观管理对象的实施状态，即可将该中观管理对象所包含的全部微观管理对象的实施状态信息进行汇集，通过对所有微观信息的综合性处理与集成，即可获知某一中观管理对象的状态。与此相同，如需了解和掌握某一宏观管理对象的实施状态，即可将该宏观管理对象所包含的全部中观管理对象的实施状态信息进行汇集，通过对所有中观信息的综合性处理与集成，即可获知某一宏观管理对象的状态，其相互间的关系如图 3.2所示。

这样，基于这一分析结果，即可提出一种对大型建设工程项目实施状态进行分级管理的新模式，该模式可称为多层多级管控模式，其中，多层是指大型建设工程项目的宏观、中观和微观层面，多级是指在每个层面内，由不同级别的管理人员对不同级别的管理内容进行的管理与控制。

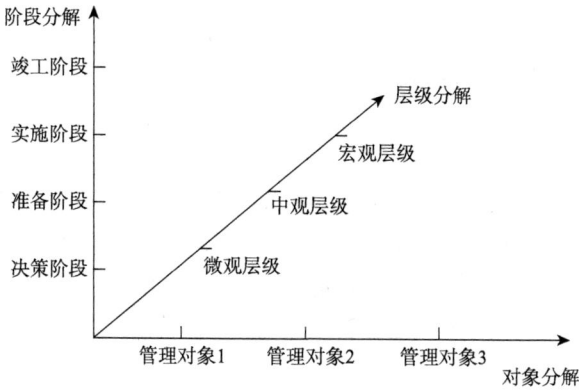

图 3.1　工程系统项目管理需求层级划分

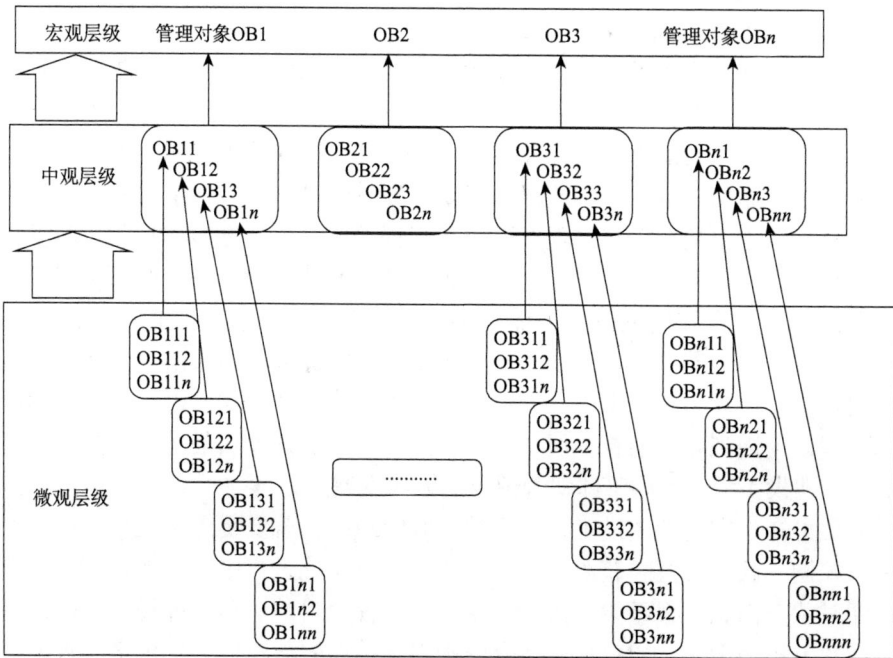

图 3.2　工程系统项目实施状态层级关系

3.5.2　分级管理模式构建

通过上述分析可知，多层多级管控模式是在分析现有项目管理模式的基础上，结合大型建设工程项目实施状态管理需求提出的一种专门解决现行分级管理问题的新方法，这种方法不仅可以满足各层级不同管理人员的管理需求，而且具有严谨的系统性和逻辑性，可以全面系统、科学有效地反映大型建设工程项目不同层级不同管理对象的实施状态。

1. 宏观层面

从大型建设工程项目分级管理职能的角度讲，宏观层面的管理主要是对项目实施总控，对整个工程建设过程及各子项工程建设过程之间的界面问题进行总体策划与控制，为实现项目在投资、进度、质量等方面的总目标提供决策性支持。

目前，在大型建设工程项目的宏观管理层面，管理单位主要是由建设单位或投资单位组建的项目部或工程建设指挥部。由于项目的一次性特点，这些项目部或工程建设指挥部就成为一个临时性的组织，且工程指挥部或项目部的领导者大多由企业的高层领导来兼任。因此，对于此类基本缺乏必要的工程管理专业知识和工程建设经验的管理者来讲，如果在进行管理决策时，对工程项目的宏观状况缺乏必要了解和全面的把控，那就可能会给工程项目的科学决策带来不利影响。

但采用这一多层多级管控模式后，宏观管理层面的管理者和决策者就可以依据下属各个层面的各单位工程项目所提供的即时信息，通过一定的科学方法来对相关信息进行全面的分析与处理，以获知工程项目在某一方面的状况或项目整体的实施状态。然后通过与项目实施状态预先制订的计划相比较，即可发现项目当前出现的偏差和存在的问题，进而全面了解和掌握大型建设工程项目的宏观状态。同时，还可随着项目的进展，进一步了解和掌握哪些项目由次要转为主要，哪些项目需要得到更多的重视，需要给予更多的协调并及时予以指导，将相应的意见和建议反馈到相应的管理层，为项目总目标的实现做出最佳的资源配置，以确保大型建设工程项目的整体朝着预定的方向发展。

由此可知，在大型建设工程项目的宏观管理中，若要实现对工程项目的宏观把握与控制，就需要及时获取大型建设工程项目实施过程中所有项目所有管理对象的即时状态信息。很显然，由于大型建设工程项目的子项工程较多，项目管理内容和数量较为庞大，所有项目所有管理对象的即时状态信息量也会非常大，与之相应的信息分析与处理工作量也就不是仅仅依靠人工方式就能得到有效处理的。为此，这就需要借助于现代化的管理手段来解决这一问题，即在项目的各级管理中，建立一个统一的信息管理系统（Information Systems Management，ISM）工作平台，项目宏观管理则需要在统一信息工作平台的基础上对项目总体和各子项工程实施过程中的信息进行综合处理，即可获知想获取的信息，并即时了解和掌握工程项目的实施状态。同时，统一建立的信息工作平台必须与各层级各子项工程的分级管理相匹配，为实现项目分级管理的信息共享提供保障。为了达到这一目的，在多层多级管控模式下，就必须建立由下至上的项目信息逐级汇总、输入和报告制度，规定各级报告的内容、时间、格式及方法，以利于工程信息的快速采集与传输，确保项目实时状态的各种信息能够及时地传递到项目管理的各个层面，为项目的宏观管理与决策提供科学的依据。

2. 中观层面

从大型建设工程项目分级管理职能的角度讲，中观层面的管理主要是对项目各子项工程或单位工程实施全方位和全过程的管理，以确保各子项工程的各项目标达到预期要求，为项目总目标的实现提供有力的保障。

在大型建设工程项目的中观管理中，各工程建设管理单位都有自己的工程项目管理部，并且项目经理也具有较为丰富的工程管理实践经验。项目部的各类成员一般也具有一定的工程管理经验，并具有相应的专业管理知识。因此，在工程项目若干问题的处理方面具有较强的工作能力和技术水平。

采用这一多层多级管控模式后，中层管理者可以通过信息管理系统工作平台及时获取所管工程的各种信息，并可及时了解和全面掌握所管工程的各个分项工程及重点管理对象的实施状态。同时，还可通过这一信息平台，了解和掌握与所管工程紧密相关的其他工程的实施状况，为工程各种问题的有效处理提供相应的解决方法和针对性的管理措施。由此可知，中观管理层面不仅需要处理好自身的大量工程管理工作，还担负着对宏观层面的上传和对微观层面的下达的中间任务。因此，必须对工程项目各级信息及其实施状态有着准确的了解和把握，为工程项目的顺利实施提供有效的支持和保障。

3. 微观层面

大型建设工程项目的微观层面是工程项目管理方面最为基础也是最为主要的方面，它的管理对象主要是工程项目的各个分项工程及完成工程项目实体的具体工作包。管理的内容不仅包含工程项目的质量、进度、费用、安全、风险、环保、合同等具体工作，还包含各项工作之间的相互协调、相互配合、冲突与矛盾的解决、实施过程中的技术指导、操作程序的制定、现场问题的处理等大量繁杂工作。为此，微观层面的分级管理常由工程项目部的不同管理和技术人员来负责完成。与宏观和中观层面相比，项目管理者所面临的问题将更加的具体化，但因此也会直接获得大量的工程项目实时状态一手信息与资料。

在工程项目实施状态的分析与管理中，微观层面的信息主要来源于两个方面：一是源于工程项目的各个施工对象在实施中所产生的各种信息；二是各个施工对象在实施中周围环境或其他相关工作对其施加影响后所产生的有关信息。项目管理者在综合这些信息后，即可制定出相应的实施方案并付诸行动，并通过实施中所产生的信息或各种问题表象来分析和判断实施对象的所处状态。

　　同时，在项目的施工过程中，为了确保项目的顺利进行并实现预定的质量、进度、费用等各项目标，项目管理者也需要及时了解和掌握与管理对象紧密相关的其他信息。这样，各工程项目管理部也需建立相应的项目信息管理系统，利用现代信息技术，项目管理者既能把收集到项目实施状态即时信息上传到项目的中观和宏观层面，又能及时得到中观和宏观层面所提供的其他相关信息，能最大限度地实现项目信息共享，并及时获得上级管理者和决策者的指导，以确保工程项目的各种问题得到及时有效的解决。

　　按照上述分析结果及项目各层级分级管理所确定的职能，构建的大型建设工程项目实施状态多层多级管理模式的结构模型如图 3.3 所示。由该模型可以看出，大型建设工程项目宏观和中观实施状态的分析与判定必须源于工程项目的微观诊断结果；而大型建设工程项目微观实施状态的分析与判定必须源于工程的实施状态即时信息。因此，由此获得的大型建设工程项目各级实施状态都是真实可信的，据之对项目所有管理对象进行的管理与控制也将是有效的。

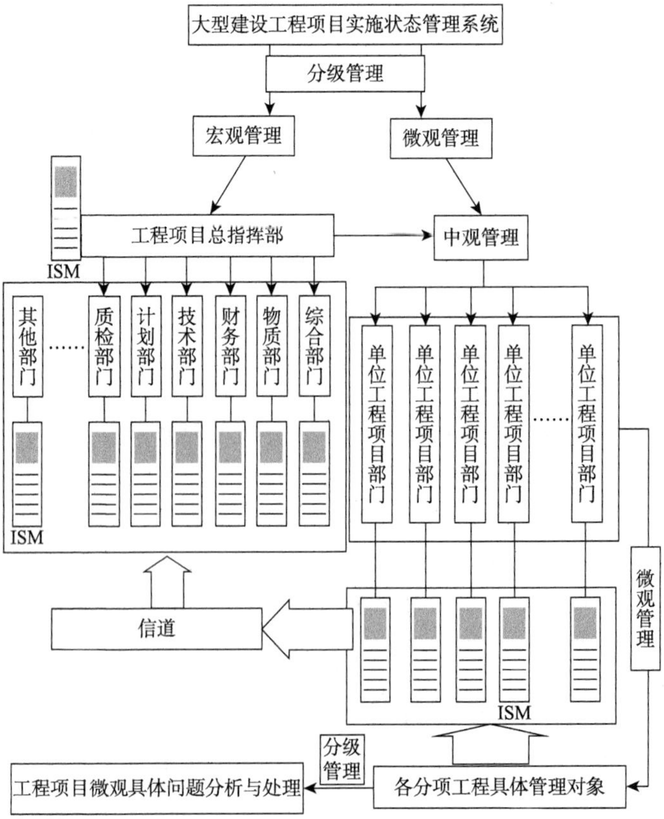

图 3.3　大型建设工程项目实施状态多层多级管理模式

3.6 分级管理界面及其对项目实施状态管理的影响

3.6.1 分级管理界面

由对大型建设工程项目分级管理模式的分析可知，尽管大型建设工程项目建设规模较大，内含子项较多，但在完成所有项目的分解之后，每个工程就将由相对独立的建设单位去完成。按照项目之间的逻辑关系，这些项目实施的顺序一般有两种方式：一种是并行作业方式；一种是依序渐次方式。对于相关性较低的项目，在项目内外条件允许的情况下，一般采用并行作业方式；对于相关性较高的项目，在项目内外条件不允许的情况下，一般采用依序渐次方式。因此，在大型建设工程项目的多层多级管理模式中就同时存在着先后和并行两种作业方式。

从表面上来看，所有项目按照原定计划和作业方式予以实施即可保障大型建设工程项目的顺利进行，但在实际工程中并非如此。在项目的实际实施过程中，很多项目的实施多是按照先后顺序进行的，原因如下：一是从项目的全过程来讲，项目具有鲜明的系统特征，项目先是从决策阶段开始，然后按照项目准备、实施和结束的顺序依次进行；二是在项目实施的过程中，各项工作有客观上的逻辑关系和前后顺序，前一项完成的项目一般常是后一项项目的基础，后一项的项目开展则是前一项项目的深化和延续。每一个项目都以某种可交付的成果作为该项目结束的标志，并且这种成果在项目中担负着承上启下的作用。由此可知，各子项和各项工作之间便存在着相互依存、前后衔接的关系。这个相互之间的衔接关系在项目管理中便被称为项目分级管理的界面。

在大型建设工程项目管理中分析分级管理的界面问题的出现，主要是因为在工程项目的实施中，多种不确定因素的存在和随机性出现，原定的多项目并行作业或次序作业无法实现，并在项目参与方之间引发了多种冲突与矛盾，进而使得大型建设工程项目的实施无法得到有效的保障。例如，原定的多个并行作业项目由于所需资源的短缺，只能优先供给大型建设工程项目中那些相对重要的子项，而那些可以并行作业的次要项目就可能会暂时停工。尽管这会对暂停并行作业的施工方带来一定程度的不利影响，但通过作业内容的临时调整，可能不会给大型建设工程项目的整体带来非常严重的全局性影响。但对于基于次序关系作业的项目则不然，一旦出现某种原因导致项目的停工，就可能给后续的一系列项目带来不利影响，不仅会引发各项目参与方之间的相互冲突与矛盾，或者利益赔偿，甚至还会给大型建设工程项目整体带来非常严重的全局性影响。此时就出现了项目间分级管理界面的问题，正是由于这一问题的存在，项目多方在相互合作中一旦发生彼此合作的不愉快，便可能产生彼此之间的抱怨和指责；在问题没有被有效解决或者解决不彻底且已给对方带来其他损失的情况下，就可能在项目的其他合作中继续产生其他管理界面的问题。例如，验收时拒绝接受，移交时不予配合等。由此可以得知，大型建设工程项目中多项目之间的界面关系如果处理不当，不仅会给大型建设工程项目的分级管理带来更多的问题，也会给工程项目各级实施状态的及时分析与处理带来困难，并在以下三个方面进一步将问题扩大化和严重化。

（1）在工作内容方面，由于多种原因，大型建设工程项目一个阶段的工作内容包含了属于其他阶段工作内容的部分内容，各阶段的工作内容出现交集。交集部分不仅对双方或多方都具有约束力，还可通过交集内容相互反馈和制约，使项目的顺利实施受到一定程度的阻碍和约束。

（2）从利益和责任方面讲，大型建设工程项目的不同阶段有不同的管理者对项目实施的内容负责。由于工作的职责，他们必须关心和重视与自身利益紧密相关的不同阶段的工作内容和成果，从而也引起他们在不同阶段的介入跨度，如图 3.4 所示。这些管理者都希望通过对其他阶段相关子项的干涉，使项目朝着有利于自身利益的方向发展，这种干涉在对方不接受的情况下便可能产生矛盾。同样，也就给工程项目的顺利实施带来不同程度的不利影响。

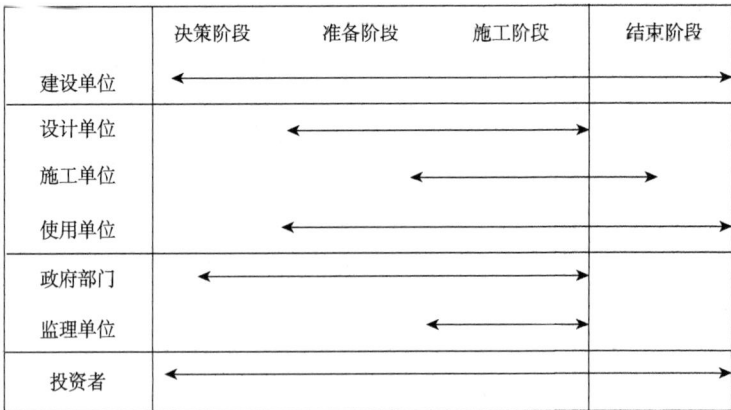

图 3.4　不同的利益者在项目不同阶段的介入跨度图

（3）从时间方面讲，由于大型建设工程项目中若干项目需要相互交叉和紧密配合，这就使得大型建设工程项目的各个阶段已没有了特别明确的工作起点和终点。也就是说，在工程项目的实施中，大型建设工程项目各阶段的相互关系并不完全是在上一阶段的所有项目全部完成后才进行下一阶段的其他项目，而有可能不等到上一阶段的 N 个项目全部完成，可能就会有 H 项提前进入了下一阶段

（H≤N），在此称之为提前介入。这种提前介入大多是具有前置性的，尤其在并行工程项目中频繁发生。由于这种提前介入必然要占用该阶段相应的资源，至少占用该阶段的空间资源，而这种资源本来是不属于提前介入方的，因此，这种提前介入便导致了下一阶段的非正常启动，也使得各阶段之间的关系更加复杂。如果这种提前介入是在被上一阶段其他项目的管理者所接受并在无其他约束的条件下进行的，这种介入便有可能实现，否则，就有可能发生类似资源竞争的冲突和矛盾，给整个大型建设工程项目的实施带来非常不利的影响，甚至搅乱原定的计划与目标。

但工程实际同时证明，并非项目中所有的提前介入都会产生矛盾。例如，若下一级项目管理者早已准备好对上一级完成阶段成果的承接，如果上一级管理者未按时完成，下一级项目管理者可能就会有所怨言并有可能发生冲突；而当下一级项目管理者还没有做好承接上一阶段成果的准备时，则可能即使上一级项目未按时完成，下一级项目管理者也不会有所追究，从而避免了原本可能发生的冲突与矛盾。从这一点可以看出，大型建设工程项目中，处理好项目之间的界面问题是非常重要的。

3.6.2　对项目实施状态管理的影响

大型建设工程项目多项目之间分级管理的界面问题是一个较为复杂的问题，这个问题的产生不仅是多种因素综合作用的结果，而且具有很强的不确定性。正因如此，这一问题的存在就可能给大型建设工程项目分级管理的各方或项目参与各方的相互合作与和谐高效的协调与配合带来一定的不利影响。很显然，如果出现此类问题，就必然会在多层多级的大型建设工程项目分级管理中出现信息流通不畅、信息延迟、信息短缺、信息不能共享的问题，这必然会对分级诊断和综合评判大型建设工程项目的各级状况带来严重的影响。如果无法达到这一目的，不仅会给微观项目的管理者及时发现项目中存在的问题并有效进行处理带来不便，而且会给大型建设工程项目的中观管理者和宏观决策者了解和掌握工程项目的总体状况并做出科学决策带来困难。为此，要解决这一问题，就需要在大型建设工程项目分级管理初始，制定出相应的管理制度，这一制度中不仅要对项目参与各方的职能职责做出明确的规定，还要对项目中任何一方对其他项目所进行的干涉范围和干涉程度及责任与后果做出相应的规定。这样从项目一开始，工程项目整个系统及所有参与者就可在明确的职责、权力和工作范围指导下开展各自的工作，避免由于职责不清、界线不明、工作交叉、目标重叠等引发冲突，并给项目整体带来不利影响。

同时，为了确保这一分级管理模式运行的有效性，还必须对这一分级管理模式的运行规则做出相应的规定，这些规定主要包含了以下几个方面。

（1）对项目信息必须实行定期通报制度，即将项目的每周进展、主要事件、存在问题、需求援助、冲突预报、相关建议、奖优罚劣等都要按规定的时间公布于众，以确保项目各方通过项目管理系统可以及时、准确地了解和掌握项目的最新实际状况，特别是资金拨付、资源供应等情况，以便项目管理人员及时把握项目的发展状况，对项目实施动态管理。

（2）公示的所有项目信息必须按统一的格式，使用统一的系统软件进行编辑、提报、复制、打印、传送，必须按照统一的规定对信息进行分类和编码，防止信息在转换或传输中发生乱码，导致误解而引发冲突。

（3）项目管理信息系统将给项目的所有参与方提供一个公开化的公示栏或信箱，项目各方对项目的意见或建议都可通过管理系统的公示栏或信箱随时进行传递，并在公示栏上明确提出相关要求，以督促各方提高工作效率。这样，就迫使项目部的每一位成员必须在项目规定的时间内完成自己的工作并按照项目管理的有关规定提报和公示有关信息。如果该项工作的相关者未尽心尽责地按时完成规定的任务或经常出错，其行为将被项目公众及时发现，其也要承担相应的责任，因而，这将对所有的项目参与方产生较强的约束力，特别是对上级领导、项目经理和职能部门领导实现更有效的监督，并将极大地促使他们快速决策，提高工作效率。同时，这一方法还将极大地提高项目信息的透明度，实现信息流的扁平化和项目管理的重心下移，并有利于项目参与各方及时进行信息交流与协作。

第4章 大型建设工程项目实施状态的分级诊断

4.1 实施状态分级诊断内涵

大型建设工程项目是一个含有多个子项目且每个子项目又含有多个分项目并具有多层分级管理特点的综合性工程，不同层级的管理者有不同的职责，并有不同的管理对象和内容。为了实现大型建设工程项目的最终目标，各层各级的管理者都必须在规定的时间内保质保量地完成相应的任务。为此，各层各级的管理者在工作中，需要全面了解和掌握所管对象的实施状态。在此基础上，才能对出现的问题或可能出现的问题进行针对性的分析，制定相应的对策，施加必要的监管和控制，促使所管对象朝着预定的方向发展并实现最终目标。因此，这就意味着，若要达到对大型建设工程项目实施全面有效管理的目的，不仅宏观层级的管理者和决策者要对大型建设工程项目宏观层面的管理对象进行全面的分析与诊断，中观层级的管理者和决策者也要对大型建设工程项目中观层面的管理对象进行全面的分析与诊断，同样，微观层级的项目管理者也需要对大型建设工程项目微观层面的管理对象和具体问题进行全面的分析与诊断。只有这样，各层各级的管理者才能全面了解和及时掌握大型建设工程项目的全部实施状况，为工程项目的全面管理提供有效的依据。这就是大型建设工程项目实施状态分级诊断的内涵与定义。

分级诊断的图例描述如图 4.1 所示。

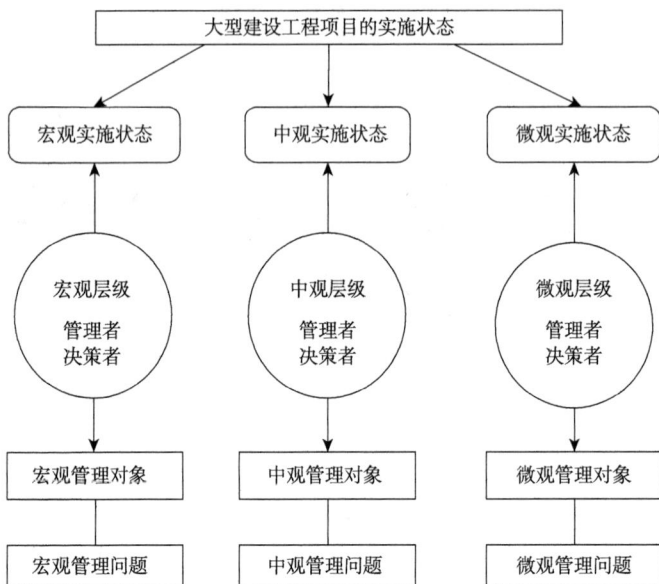

图 4.1 分级诊断的内涵

4.2 实施状态分级诊断内容

4.2.1 宏观层级的诊断内容

宏观层级是大型建设工程项目实施状态诊断的最高层级，这一层级的项目参与者主要是工程建设的投资者或主管者，因此，他们需要对项目所有阶段的各种状态都要有着全面的了解和把握，只有这样，才能对大型建设工程项目实施中出现的各种问题进行科学的分析并做出正确的决策。因此，该层级的诊断内容就包含了大型建设工程项目实施过程所包含的决策阶段、准备阶段、实施阶段和竣工阶段四个阶段的所有主要内容。

1. 决策阶段

在项目的决策阶段，项目管理者主要进行的就是项目的策划，最终的目的就是将拟建项目立项，获得上级主管部门的建设批文。因此，这一阶段的实施状态诊断内容将围绕这两项工作逐层展开。

2. 准备阶段

在项目的准备阶段，建设主管单位以项目立项批文为主要依据，就如何将大型建设工程项目的建设构想予以落实进行全方位的准备工作。这些工作主要有组建工程管理机构，组织或委托工程招标投标，确定工程设计、监理、施工和材料供应等单位，开展工程设计，落实项目资金，办理工程建设手续等。这些工作的实施状况与进展情况也就成为这一阶段实施状态的主要管理内容。

3. 实施阶段

就工程项目本身而言，工程项目的实施阶段是项目最为主要的阶段。这一阶段各项工作的实施效果的好坏将直接关系到项目的成败。特别是工程质量、进度、费用、安全等工作是否达到项目的预期目标，是否存在有碍于项目顺利实施的风险等问题将是宏观层级最为关心的问题，因而也就成为这一阶段实施状态的主要内容。

4. 竣工阶段

在工程竣工阶段，项目建设已基本完工，需要开展的主要就是工程验收、工程移交、工程结算等工作。因此，这些工作就成为宏观层级的主要管理内容。

4.2.2　中观层级的诊断内容

中观层级是大型建设工程项目实施状态诊断非常重要的管理层级，这一层级的项目参与者主要是工程建设的主要管理者，他们不仅要对负责的子项工程进行全面的管控，还要对工程建设中的若干重大具体问题进行处理，因此，这些管理者不仅要对项目的具体实施情况有着全面且详细的了解和把握，还需要对宏观层面的上级决策有着很好的领悟，并在上级的领导下，指挥该项工程的所有参建者保质保量地完成工程建设任务。

从工程建设的实际情况来看，中观层级的管理一般是从项目准备阶段开始介入。在明确具体的工程建设任务后，在工程准备阶段，需要组建自己的工程项目部，全面了解和掌握工程设计的内涵及技术，落实项目建设所需的各种材料、设备、机具和经费，积极开展工程开工前的各项准备工作并全部落实到位，而这些工作也就成为中观层级在项目准备阶段所需管理和诊断的主要内容。

在项目的实施阶段，需要就工程质量、进度、费用、安全、风险等工作从技术角度和管理角度予以全面落实，并责任到人，落实到位。还需要就如何确保工程项目的顺利实施之所需资源、可能存在的风险、可能遇到的阻碍与困难、冲突与矛盾等进行分析和预测，并制定相应的措施予以协调和解决。这些工作就成为中观层级在项目的实施阶段的主要分析与诊断内容。

在项目的竣工阶段，这些工程的项目管理者需将已建设完工的工程报请建设主管单位和有关部门组织验收，进行项目的试运行和项目移交等工作，同时完成工程的费用结算工作。这些工作就成为中观层级在项目竣工阶段的主要管理内容。

4.2.3　微观层级的诊断内容

微观层级是大型建设工程项目实施状态诊断管理与应用中最为主要的层级。由于这一层级的项目管理者主要是工程建设的现场技术人员、监理人员、设计人员及施工人员等，他们对项目实施过程中出现的各种问题有着直接的接触和感受。因而，面对工程项目实施中出现的大量问题，这些管理者只有在全面、深入、细致、准确地了解和掌握工程项目实施状态的基础上，才能有效解决工程中出现的各种问题。因此，微观层级的诊断内容最为具体，也最为繁杂和复杂。

一般来讲，微观层级的工作内容主要集中在项目的实施阶段，但也含有准备阶段和竣工阶段的少量工作，如准备阶段的技术交底、竣工阶段的问题处理、资料移交、设备试运行、费用的结算等。但大量的工作集中在工程的实施阶段。在这一阶段，大量的问题表象主要源自项目的实施过程，因此，不论是工程质量的监管，还是工程进度的监控及工程安全的管理等，都需要事无巨细地落实到位。就工程质量而言，不仅包含工程建设实体的质量，还包含所用材料的质量、设备设施的质量、材料组合体的质量、工程施工环境的质量、所用工具的质量、检测效果的质量、质量管理的质量、质量管理的效果等。由此可以看出，如果把工程的施工进度、安全管理、材料供应、水电能源、环境保护、风险预防、技术服务、人员管理等各种工作内容包含进来，那么，微观层级的管理内容将非常多。因此，工程项目实施状态所需分析和诊断的内容也非常多。

更重要的是，由于微观层级的诊断结果是大型建设工程项目中观和宏观层级对工程项目实施状态进行诊断的基础性依据，这一阶段工程项目实施状态的诊断结果将在所有的各级诊断中占据更为重要的地位。

4.3　实施状态分级诊断方法及其模型

4.3.1　分级诊断方法

目前，就实施状态的诊断方法而言，不论是对大型建设工程项目实体对象的诊断还是对虚体对象的诊断，都可归结为两大类：一类是基于理论模型的诊断方法；另一类是基于对象特征的诊断方法。划分这两种方法的规则是把具有数学表达式和解析表达式的诊断方法归为模型诊断，把基于知识与经验对管理对象进行诊断的方法划归为特征诊断。

1. 模型诊断方法

基于理论模型的诊断方法主要是以数理逻辑控制为理论基础的诊断方法，这种方法把研究对象的诊断过程看作一个具有一定输入与输出关系的系统动态行为，当给模型输入系统状态的相关信息与数据后，系统便按照模型所确定的逻辑关系直接给出输出结果，而不需要任何其他干涉。因此，这种方法最大的特点就是只要能够确保所建模型的科学性和输入数据的正确性，便可确保诊断结果的客观性与有效性。但大量的工程实例应用结果已表明，这种方法也有很多不足之处。一是由于大型建设工程项目中的各个管理对象具有明显的非线性特征，并时常受到其他相关因素的耦合影响，时变性也较强，因而项目中出现的许多问题具有非线性特征，故完全采用纯理论的数理模型来分析和诊断具有显著随机性和非线性的大型建设工程项目实施状态就必然会出现与工程实际不符的情况。二是由于在大型建设工程项目的实施中，很多项目信息含有较多的冗余成分，信息的真实性、有效性及完整性并不完全符合诊断模型的信息分析和处理要求。因而，一旦输入的信息存在问题，基于模型的诊断结果就会受到质疑。此外，还有一个更为重要的问题是，尽管基于理论模型的诊断方法在追求求解问题的精确性和严谨性及程序化方面具有特殊的优越性，但由于分析和诊断的算法或函数及分析过程有时过于复杂，限定的约束条件也很多，信息转化为模型所需的数据也较为烦琐和复杂，需要的精确信息时常得不到满足，因而也不易获得解集。因此，从理论上讲，这种完全理论化和模型化的方法不能完全满足大型建设工程项目实施状态分级诊断管理的实用性需求。

2. 特征诊断方法

与基于理论模型的诊断方法相比，基于管理对象特征诊断方法的最大特点就是解决了理论模型诊断方法中不易处理的非线性和时变性问题。采用这种方法时，分析和诊断大型建设工程项目管理对象实施状态的诊断指标主要是源于对各种问题表象特征的分析结果，因此，对项目实施中管理对象所出现的问题表象信息特征能否进行有效的分析和正确的判定就成为诊断结果能否正确有效的关键所在。为此，在工程项目实际问题的处理中，当遇到表象特征较为复杂的问题时，就常常采用专家法来进行分析和处理，以避免缺乏经验的项目管理者不能深刻了解和把握管理对象问题表象的实质，在对问题表象进行分析和诊断时做出错误的决定。但也正因如此，采用这种方法也常会出现一些与实际不相符合的现象与问题，这主要是因为即使是专家，其个人的经验对于整个工程项目所包含的所有管理问题而言也是微不足道的，因此，这种方法也就存在不足之处。

但从辩证的角度来看，这两种方法却各有独特之处，如对于基于理论模型的诊断方法而言，一旦能够确保诊断模型和输入数据的正确性，则结果的输出是非常快速稳定的，诊断结果的客观性也较强，因此非常便于诊断分析的程序化和高效化；而对于特征诊断而言，却能结合管理者的实践经验有效解决工程中较多的非线性和时变性问题。因此，如果能将二者结合起来对大型建设工程项目进行分级诊断，那么在理论和实践两方面都将有非常重要的意义与价值。

4.3.2　分级诊断模型

由对大型建设工程项目实施状态诊断内容的分析可知，在大型建设工程项目实施状态的管理中，大量的问题表象主要源自项目的微观状态。从这些表象所呈现的外在形态来看，它们不仅具有明显的随意性和多样性，而且表示这些问题表象的信息也具有明显的不完整性和模糊性，且附带或含有较多的信息冗余。因此，若要通过这些问题对大型建设工程项目的实施状态进行分析和诊断，基于管理对象特征的诊断方法就凸显其可行性和实用性。但由于大型建设工程项目中各层各级所需诊断的问题非常多，且大型建设工程项目中观和宏观层级的管理对象实施状态诊断需要以大量的微观诊断结果为依据，仅采用基于管理对象特征的人工诊断方法显然满足不了对大型建设工程项目实施不同层级的分级诊断管理的需求，因此，基于理论模型的诊断方法就需要考虑并纳入进来。

基于这一分析结果，从大型建设工程项目实施状态不同层次的分级诊断需求与特点出发，结合基于理论模型的诊断方法和基于管理对象特征的诊断方法的特点，提出一种能够有效分析和诊断大型建设工程项目实施状态的分级诊断新方法，基本思想如下：当分析和诊断微观层级的工程项目管理对象实施状态时，由于所分析的问题主要是大量的非线性和时变性问题，问题的呈现形式也主要是表象型信息而非数据型信息，因而，就以特征诊断方法为主，最大限度地发挥特征诊断在分析非线性和时变性问题表象中的作用。当分析和诊断中观层级和宏观层级的工程项目实施状态时，由于它们的诊断是完全建立在微观诊断结果的基础之上的，因而以模型诊断方法为主，充分利用该方法严谨的数理和逻辑推证作用，使诊断结果建立在工程实证依据的基础之上，确保中观和宏观层级诊断结果的科学性、客观性和有效性，从而实现对大型建设工程项目实施状态的分级诊断。具体诊断步骤如下。

（1）首先通过对管理对象问题表象的特征分析，提取和确定出各级管理对

象的诊断指标 α_{ijk}^m 。其中，m 表示诊断指标所在的层级，i 表示该层级的第 i 个管理对象，j 表示第 i 个管理对象中所包含的第 j 个管理内容，k 表示第 i 个管理对象中所包含第 j 个管理内容的第 k 个具体问题。

（2）然后对所有的诊断指标进行权重分析，确定出不同指标在分析和诊断管理对象中的相应权重 β_{ijk}^m 。

（3）将分析管理对象的指标值 α_{ijk}^m 与其权重 β_{ijk}^m 结合起来，构建起分析某一管理对象总体状态 ω_{ijk}^m 的诊断模型，即 $\omega_{ijk}^m = \alpha_{ijk}^m \beta_{ijk}^m$ 。

（4）采用已建立的基于工程实际的信息管理系统获取工程项目管理对象的实施状态信息，并通过信息系统对信息冗余进行处理和规整后，将之转换为诊断模型所需要的数据信息。并根据诊断模型推算出该管理对象实施状态的诊断结果。

（5）在完成微观诊断并获取相应诊断指标值的基础上，依据不同层级的诊断指标值及相应的权重，即可进一步推算出中观和宏观层级所需管理对象的实施状态诊断值。

（6）将管理对象的实施状态诊断值与实施状态判定标准进行对比，即可得知管理对象所处状态。

由此可知，在大型建设工程项目实施状态分级诊断中，诊断指标及其权重是实现分级诊断必不可缺的管理要素。

4.4　实施状态分级诊断指标的提取与确定

4.4.1　指标的概念

指标是一个内涵极为丰富的词语，根据分类方法的不同，可以分成多种类别。例如，根据指标表述对象的不同，可将指标分为定性指标和定量指标；根据用途不同，可将指标分为管理指标和技术指标；根据领域划分，可将指标分为土木、医学、机械、社科、航天、电力、地理、教学等多种多样的类别；根据级别不同，可将指标分为一级、二级、三级等多级指标；根据层次的不同，可将指标分为宏观指标和微观指标等。但不论如何划分，任何指标都具有以下几个方面的共同特性。

（1）描述性：任何一个指标都是对其相应分析对象的值描述，这个值可以是文字，可以是数值，也可以是其他类型。更重要的是，该描述也是该指标内涵的定义。

（2）度量性：每个指标都应有相应的标准，只有有了指标标准，才能用指标对其分析对象做出比较和判断。

（3）针对性：每个指标都有相应的分析对象，且该指标在分析和描述某一问题方面最为合适。

（4）有效性：每个指标都应能反映其相应分析对象的内涵和实质，否则，这个指标就不具有什么价值。

从这些特性中可以看出，指标是标示其所指对象在某一方面所具有的特征与相应标准相比实际具有的程度，这个程度不仅描述了分析对象在某一方面所处的实际状态，还包含着分析对象在该方面的潜在强弱与发展趋势。因此，指标一般是由指标名称、指标数值和数值量纲三部分组成，也可称为指标的三要素，它体现了事物质的规定性和量的规定性。

4.4.2　指标的提取原则

从对指标概念的分析中可以得知，指标是对管理对象某一方面特性所具有程度或所处状态的标示。如果从管理对象本身来分析，任何管理对象一般不只具有一个特性，且在现实中该管理对象所呈现出的问题表象也不一定与其所具有的特性一一对应。但是，决定管理对象本质的特性却常常是其中的个别特性。这就意味着，若要实现对管理对象进行有效分析和诊断，就需要在充分了解管理对象的基础上，针对管理对象所呈现的外在表象及特征来挖掘出与其本质对应的特性。据此，所提取出的指标才可能具有针对性和有效性。按照这一思想，在指标的提取中，就应遵循以下几个方面的原则。

（1）提取的指标必须反映管理对象的实际，即必须通过对管理对象的实际调查，在获取其外在表象和特征的基础上来分析和提取管理指标，否则，指标的提取就缺乏可信的依据。这一点也是指标提取的最重要依据。

（2）提取的指标必须具有客观性，即在指标的提取过程中，必须从管理对象所处的实际状态出发，使提取出的指标能够客观反映管理对象某一方面的特征，真实代表管理对象某一方面的特性。

（3）提取指标的方法必须具有科学性，即在指标的提取中，既要基于实践，又要在科学理论的指导下进行，而不能仅凭经验或参考借鉴，以避免指标提取中的主观臆断；同时也不能仅依靠理论而脱离实践，指标的提取要将理论的科学性与实践的真实性有效地结合起来。

（4）提取的指标必须具有全面性，即在指标提取的过程中，不能单独孤立地提取和确定管理对象某一特征的指标，而应从系统的角度来分析，使提取出的指标能够全面反映管理对象各方面的特性。

（5）指标的提取过程必须具有正确性和完整性，即在指标的提取过程中，要按照科学的步骤去实施，以避免相同指标的重复或不同指标的漏缺，为构建科学、全面、有效的指标体系奠定基础。

（6）提取的指标必须具有针对性和有效性，即提取的指标必须能够有效反映管理对象的最主要的本质，且在分析和诊断管理对象某一特征问题方面具有针对性。

（7）提取的指标必须具有可用性，即在使用该指标对管理对象某一特征问题进行分析时，该指标易于使用，所需数据便于收集。

4.4.3　诊断指标的提取方法

指标的提取方法不仅是当前工程项目管理领域的研究重点和难点问题之一，也是急需研究和解决的且具有很高研究价值的热点问题之一。鉴于这一问题的重要性，国内外很多学者从不同角度、采用不同方法对之展开了多种多样的不同深度的研究，从相关文献来看，所提出的方法可谓种类繁多、途径各异，如文献归类法、专家调研法、问卷调查法、主成分分析法、因子分析法和聚类分析法等。其中，文献归类法主要是通过参阅大量相关文献，并对这些文献进行汇总和总结，找出其中的共性并为满足自身研究所需而确定管理指标，因此，该方法也叫参考法。专家调查法和问卷调查法基本属于同一类型，都是通过调查和访谈来获取管理对象的指标，但专家调查法主要侧重于专家的建议，而问卷调查法则取决于调查问卷的分析结果。主成分分析法则是从管理对象众多的特征中抽取若干主要成分，通过对这些主要成分的分析来提取管理对象指标的方法。因子分析法则是通过分析和寻找影响管理对象的因子并将这些因子转化为管理对象诊断指标的方法，也可以是几个因子组合而集成后的少数几个指标。聚类分析法则是通过对管理对象外在表象的聚类分析，从中寻找出最能有效反映管理对象的问题，并将之转化为该管理对象指标的方法。从实际应用效果来看，文献归类法、专家调研法和问卷调查法的效果并不是很理想，极易引起争议，尽管该方法基于实践，源于实践，并征询了有关专家的建议，但提取的指标具有较强的主观性，因而，这些方法仅能作为修正和改进指标的辅助方法。主成分分析法、因子分析法和聚类分析法等方法尽管有其理论性的一面，尽可能地避免了指标提取中的主观性，但这些方法并非专门用于分析和确定指标的专用方法，并且在指标分析的过程中，也未能全面、精确、有效地反映出管理对象的本质特征，因此，采用这些方法所确定的指标仍然极易引起其他研究者的质疑。

就指标的提取方法来看，目前，国内外最为科学也较为得到公认的方法是基于循证科学的 Rough 法。该方法首先针对管理对象在工程中出现的问题表象，通过信息约简和知识逻辑分辨，对管理对象问题表象及其特征进行分析，寻找管理对象表象的特征与其参数之间对应关系。在此基础上，鉴于以参数为基础来分析指标在研究本质上的同胚性，把指标和参数分别看成两个集合，即指标集 I（index set）和参数集 P（parameter set），然后按照集合论中的映射原理，提取和确定出每一个管理对象的外在表象和与其相应的管理指标。其推证原理和模型是，设参数集为 P，则 $P \supseteq KP$，$\{AP \cup BP \cup CP \cup DP\} = KP$。其中，$A$、$B$、$C$、$D$ 分别代表工程项目决策、准备、施工和竣工的四个阶段。若设指标集为 I，那么，指标集合有 AI、BI、CI 和 DI，即应有 $\{AI \cup BI \cup CI \cup DI\} = KI$ 存在，$I \supseteq KI$。这两个集合的映射不仅具有一种双射（bijection）关系，还应具有相同的集合势，即它们应当是一对等价集合。若令：

$$\left\{\bigcup_{j=1}^{na} AP_j\right\} \Rightarrow_{df} \mathrm{dom}\left(R_A\right) \quad \left\{\bigcup_{j=1}^{nb} BP_j\right\} \Rightarrow_{df} \mathrm{dom}\left(R_B\right)$$

$$\left\{\bigcup_{j=1}^{nc} CP_j\right\} \Rightarrow_{df} \mathrm{dom}\left(R_C\right) \quad \left\{\bigcup_{j=1}^{nd} DP_j\right\} \Rightarrow_{df} \mathrm{dom}\left(R_D\right)$$

$$\because f: AP_j \xrightarrow{\mathrm{inj}} AI_j \Rightarrow \mathrm{dom}\left(R_A\right) \xrightarrow{\mathrm{inj}} \mathrm{ran}\left(R_A\right)$$

$$f: BP_j \xrightarrow{\mathrm{inj}} BI_j \Rightarrow \mathrm{dom}\left(R_B\right) \xrightarrow{\mathrm{inj}} \mathrm{ran}\left(R_B\right)$$

$$f: CP_j \xrightarrow{\mathrm{inj}} CI_j \Rightarrow \mathrm{dom}\left(R_C\right) \xrightarrow{\mathrm{inj}} \mathrm{ran}\left(R_C\right)$$

$$f: DP_j \xrightarrow{\mathrm{inj}} DI_j \Rightarrow \mathrm{dom}\left(R_D\right) \xrightarrow{\mathrm{inj}} \mathrm{ran}\left(R_D\right)$$

$$\therefore \mathrm{ran}\left(R_A\right) \in \left[I_A\right] = \left\{\bigcup_{j=1}^{na} AI_j\right\}, \quad \mathrm{ran}\left(R_B\right) \in \left[I_B\right] = \left\{\bigcup_{j=1}^{nb} BI_j\right\}$$

$$\mathrm{ran}\left(R_C\right) \in \left[I_C\right] = \left\{\bigcup_{j=1}^{nc} CI_j\right\}, \quad \mathrm{ran}\left(R_D\right) \in \left[I_D\right] = \left\{\bigcup_{j=1}^{nd} DI_j\right\}$$

$$\mathrm{fld}\left(S\right) \overset{df}{=} \mathrm{dom}\left(R_A, R_B, R_C, R_D\right) \cup \mathrm{ran}\left(I_A, I_B, I_C, I_D\right)。$$

以此为依据，就可以建立起与管理对象问题表象及其特征对应的诊断指标，具体步骤如下。

（1）对工程项目进行项目对象分解，明确各项工程各阶段的管理对象。

（2）对管理对象进行分解，获取具体的工作内容和工作目标。

（3）基于工程实践，获取管理对象在工程实践中问题表象的大样本。

（4）通过知识逻辑分辨，对管理对象的问题表象样本进行信息去噪和冗余约简。

（5）通过 Rough 理论中的合取计算 ∧（conjunction）和蕴含运算 →

（implication），获取管理对象的特征及参数。

（6）构建管理对象的参数集。

（7）将所有参数符号化。

（8）按照上述指标提取模型，映射相应的指标。

（9）明确指标的相应名称，并赋予相应的编码。

由此可知，对大型建设工程项目及其所包含的任何子项工程来讲，只需要先将大型建设工程项目应用 WBS 分解为多个单项工程，然后按照上述步骤即可提取工程项目各级管理对象实施状态的诊断指标。

4.4.4　大型建设工程项目实施状态诊断指标

在明确工程项目实施状态诊断指标提取原则和提取方法之后，如果能够获得研究对象在工程实际中问题表象的大样本，就可以按照诊断指标的提取方法提取所有管理对象的诊断指标。因此，以前期研究的成果为基础，利用这一提取方法提取了大型建设工程项目各阶段各层级内所有管理对象的诊断指标。但在完成指标的提取后，若要确保指标的实用性，还应结合工程实际，进行指标的有效性辨析。现以该指标提取结果为基础，就大型建设工程项目各阶段的主要管理对象与其所对应的管理指标进行论述，为后续构建起大型建设工程项目实施状态的诊断指标体系奠定基础。

1. 决策阶段的诊断指标

工程建设的前期决策阶段主要是指在工程项目的建设初期，建设单位形成投资意向，通过对投资机会的分析和研究，形成书面文件并上报主管部门进行审批立项的过程。由对该阶段主要管理对象的分析可知，这一阶段的主要管理对象包含三个方面：一是工程项目策划；二是项目的可行性研究；三是项目的报审，其最终成果是项目被批准立项。因此，这三个管理对象就应包含如下相应的管理指标。

1）工程项目策划

工程项目的策划就是工程项目的筹建单位根据国民经济和社会发展的长远规划、行业规划、产业政策、生产力布局、市场所在地的内外部条件等，经过调查、预测分析后，提出的某一具体工程项目的建议文件——工程项目建议书的过程，它不仅是基本建设程序中最初阶段的主要工作，也是对拟建工程项目的框架性设想，更是政府选择工程项目和可行性研究的初始依据。由此可知，工程项目建议书的主要作用就是推荐一个拟建项目的初步说明，论述它建设的必要性、重要性、条件的可行性和建成的可能性，供政府选择和确定是否可以进行下一步工作。从这些工作中可以看出，在项目的初始构思中，工程项目的筹建单位不仅需要获取大量的相关信息，还需要对这些资料进行全面的分析并且尽可能地考虑周全。同时为了尽快抓住机遇，以便实现预定目标，就需要高效地工作并尽快按程序提报项目建议书。因此，在项目策划方面，与项目构思对应的所需信息获得率和资料分析完善率，以及与项目建议书有关的报告编写工效比就成为该项工作的主要诊断指标。

2）项目的可行性研究

项目的可行性研究是指在项目建议书提报并被批准之后，通过调查、分析和研究与项目有关的社会、技术、经济等方面的条件和情况，对可能存在的多种方案进行比较论证，同时对项目建成后的经济效益进行预测和评价的一种投资决策分析方法和科学研究活动。

对项目进行可行性研究时，主要是对工程项目在技术上是否可行和在经济上是否合理进行科学的分析和论证。在分析过程中，通过对工程建设项目在建设规模、建设内容、建设标准、建设地点、占地面积、投资估算、融资方案、风险分析、环境影响、财务盈亏、经济效益、社会效益等方面的分析和评价，给出工程项目在技术和经济方面的建议和意见，并提出相应的科学的、合理的、系统的建设方案。从这些工作中可以看出，在项目的可行性研究中，进行可行性研究需要的资料不仅要全面、真实、可靠，而且对这些信息的分析还必须科学正确。在此基础上，编写的可行性研究报告才有价值。因此，在项目可研方面，与可研所需条件对应的所获资料可靠率、可研条件具备率和报告编写工效比，以及与可研分析有关的可研方法正确率、可研内容全面率就成为该项工作相应的诊断指标。

3）项目的报审

根据《国务院关于投资体制改革的决定》，不论是政府投资项目还是私人投资项目，都必须按照国家有关规定分别进行审批、核准和备案，只有项目符合规定且被批准之后，方可组织工程项目的实施。因此，在可研报告编写完成之后，工程项目筹建单位即可提交书面的可行性研究报告文本，上报上级主管部门审批。但是，在报告的审批和决策过程中，有关部门常常会出现效率低下、不能按时批复等问题。为达到最终目的，有关建设单位常常用一些非正常手段，因此，在工程项目的决策审批中，项目决策和项目审批的工效比，以及项目审批中的违规问题就成为该项工作的主要管理指标。

2. 准备阶段的诊断指标

工程项目的准备阶段是项目实施前非常重要的工作阶段，其所含各项工作内容的完善与否不仅将直接影响到工程项目今后能否顺利进行，而且可能会事关工程项目的成败。由对该阶段主要管理对象的分析可知，这一阶段的主要任务有工程勘察、设计、筹建机构、组织招标、签订合同、办理手续、落实资金、整理现场这几个方面，因而，这几个方面也就成为这一阶段的主要管理对象。由这几个主要管理对象所包含的工作内容及相关研究成果可知，这些工作应包含如下相应的诊断指标。

1）机构组建

在项目批准之后，建设单位为了立即开展此项工作，就需要按照项目管理需求建立一个临时性的项目管理组织并招募有关人员。但在组建项目管理机构的过程中，常常存在机构设置不合理、人员配置不恰当、制度职责不完善等问题，致使工作效率不高或人浮于事。同时，在项目组织筹建期间，有关部门为了自身的利益而在人力、物力和财力等方面不予全面的支持，这就使得项目的顺利实施受到了不同程度的阻碍和约束。为此，在该阶段的项目组织管理方面，在组织机构设置方面机构设置得是否合理有效、配置的人员是否符合条件和在组织制度建设方面的规章制度是否健全完善等就成为该项工作的主要管理指标。

2）工程设计

工程设计是工程项目建设过程中最为重要的工作内容之一，从表面看，它不仅是拟建工程建设计划的图像化，是对拟建工程在技术上和经济上进行的全面且详尽的科学安排，也是整个工程项目在施工组织和技术指导方面的核心依据。为此，设计单位在设计前必须充分了解和掌握建设单位的设计意图，在国家有关政策和法律法规的指导下，依据工程现场环境和工程建设的要求，组织有关部门和人员进行设计。但在工程设计中，由于不同管理者和设计者以及建设方个人能力的差异和信息交流中存在的多种问题，常常会出现设计考虑不周、设计深度不够、专业之间缺乏协调、设计指标不达标、设计方案不合理、设计图纸出错和返工、设计工作效率低下等多种多样的问题。从宏观角度来看，这些问题主要集中在设计管理和设计质量这两个方面，因此，设计依据的可靠率、所有图纸专业之间的配套率、图纸会审的合格率和设计图纸的工作效率就成为设计管理方面的主要诊断指标。在设计质量方面，设计方案的优化率，图纸设计深度的达标率，各项指标的达标率，出错率等就成为该项工作相应的诊断指标。

3）招标投标

在工程项目招标投标过程中，建设单位或业主一般通过自行组织或委托代理机构，通过招标或比选等方式择优选定设计单位、勘察单位、施工单位、监理单位和设备供货单位等。在明确这些单位后，即可按照有关规定与他们签订设计合同、勘察合同、施工合同、监理合同和设备供货等合同。

在招标初始，招标单位应按照有关规定公开项目招标要求，对投标单位进行资质审查等工作。但实际上，很多单位为了各自的利益，就采用各种非正常手段来回避招标中的约束条件。此后，同样是为了各自的利益，在合同的签订和管理中，又常常故意规避风险，去除一些条款和规定，使得合同内容不完善，签订的合同不规范。一旦发生问题，违约且不履行职责的问题也就成为该项工作中常出现的问题。从总体看，这些问题一是出现在工程项目的招标投标过程中，二是出现在合同管理过程中，因此，在工程招标投标中，招标规定标准的公开率、招标投标程序的违规率就成为招投标管理的主要管理指标，而合同内容的完善率、合同签订的规范率、履约过程的违约率就成为合同管理方面的主要诊断指标。

4）资源准备

在项目的前期准备中，另外一项较为重要的管理对象就是资源准备。资源准备不仅包含项目资金、机具设备、项目施工的管理人员、现场整理等硬资源，还包含施工方案编制、费用计划、技术交底和信息交流等软资源。如果这些资源不到位，就会直接影响项目的顺利实施。因此，在项目准备阶段，资源管理中的项目资金、机具设备和项目人员的到位率，现场整理的完成率，编制的预算、施工方案的完善率，建立的信息系统和各方技术交底的有效率等就成为该项工作的主要管理指标。

5）其他工作

在项目前期准备中，除了机构组建、工程设计、招标投标和资源准备工作外，还有一项重要的管理对象就是工程手续的办理。按照国家工程建设的有关规定，工程项目在建设之前必须取得城市建设主管部门的规划许可证、土地使用权证、拆迁许可证、施工许可证、环境影响评价等文件方可施工。由于这些证件和手续的办理中涉及大量的相关政府职能部门，因而这一工作的顺利与否不仅与建设单位的自身准备完善与否有关，更与这些政府部门单位之间能否相互协调与配合以及他们的工作是否有效率有关。因此，工程项目准备阶段中除了以上各管理对象所包含的管理指标外，工程手续办理中的开工手续的完善率、开工手续的违规率、相关部门之间相互支持配合的协调率、准备工作的效率等指标就成为该阶段不可缺失的辅助性诊断管理指标。

3. 实施阶段的管理指标

实施阶段的主要任务就是将设计蓝图和施工计划变成工程项目实体或是说将工程设计转化为实体产品的过程。在这一过程中，不仅需要投入大量的人力、物力和财力，而且耗时长、部门多、涉及面广，也是工程项目中发生问题的高峰时段。因此，在这一时段，需要项目管理者充分利用各种资源和工具，及时了解和掌握工程项目的实施状态，分析项目中存在的问题，预测项目的发展趋势，针对可能出现的风险来制定相应的对策，在规定的时间、质量和费用范围内，按照工程设计、施工合同条款及施工组织设计等要求，在保质保量保安全的前提下，高效益地完成项目的预定任务，实现工程项目的预定目标。基于此，这一阶段的主要管理对象包含了工程项目的质量管理、进度管理、费用管理、安全管理、环保管理、资源管理、风险管理及其他辅助工作等多个方面。由这些主要管理对象所包含的工作内容及相关研究成果可知,这些管理对象就应包含如下相应的管理指标。

1)工程质量

工程质量是工程项目实施阶段最为主要的管理对象之一,它的管理内容不仅有对工程建筑、设备设施、材料构件等有形实体的质量管理,还包含对质量标准、质量目标的管理,以及如何发现质量问题、如何制定措施来确保工程质量等。针对这一管理对象所包含的工作内容,有关文献通过研究后发现,工程质量管理方面的问题主要集中表现在质量管理不到位和检测评价不严谨这两个方面。其中,质量管理不到位主要体现在工程质量管理中的质量目标不清晰、不具体,质量保障措施缺乏针对性,或者制定的措施没有落实到位等方面。检测评价不严谨主要出现在工程实体、安装的设备设施、使用的材料和构件等检测工作中。据此,在工程质量管理方面,质量目标是否分解、质保措施是否落实、措施监督是否到位就成为质量管理方面的管理指标,而工程主体的达标率、安装设备的达标率、设施功能的达标率、构件性能的达标率、使用材料的达标率就成为工程质量分析和监测评价方面的分析指标。

2)工程进度

在工程项目的进度管理中,若要实现对工程进度的有效管理:一是要有科学的进度实施计划和相应的计划保障措施;二是要对项目实施中的真实进度进行及时分析,以便及时发现并解决问题,确保项目进度计划的如期推进。特别是在工程项目的进度分析中,既需要对分部分项工程的进度进行分析,又需要分析局部进度调整后对整体进度的影响,因此,对工程进度的管理就含有对分部分项工程进度和整体进度是否与计划一致进行分析的偏差率,在进度管理方面的进度计划是否制定分解的计划分解率,以及进度保障措施是否落实到位的到位率。

3)工程费用

与工程的质量管理和进度管理一样,若要实现对工程费用的有效管理,一是需要有科学的费用实施计划和相应的费用保障措施,二是要对项目实施中发生的费用情况进行及时的分析。据此,费用目标计划是否制定分解的计划分解率、管理控制措施是否落实到位的到位率就成为工程费用管理的指标。在工程项目费用的分析中,由于工程费用主要由直接费和间接费组成,因此,工程直接费用和间接费用与原计划进行对比分析的偏差率就成为费用分析的主要指标。此外,由于工程中一旦发生特殊事件,会给工程费用带来较大的影响,因而,不可预见费的增减率也应成为工程费用分析中的诊断指标之一。

4）施工安全

施工安全管理是指在工程施工活动中，针对职工身体健康、机械设备以及使用材料和防护设施等建立的保障制度和采取的规定措施。由于安全问题的重要性，国家安全管理部门专门制定了《建设工程安全生产管理条例》。根据该规定，施工单位必须执行国家有关安全生产和劳动保护的法规，建立安全生产责任制，加强规范化管理，进行安全技术交底、安全教育和安全宣传，严格执行安全技术方案，定期检修、维修各种安全设施，做好施工现场的安全保卫工作，建立和执行防火管理制度，切实保障工程施工的安全。因此，在安全管理方面，在工程施工前，分析安全管理的规章制度是否制定完善、安保措施是否予以落实、安全监管人员是否合理配置、安全所需经费是否落实到位就成为工程安全管理的部分指标。在施工过程中，对项目实施安全管理和监督施工人员的违规率、设备机具保护装置的完好率、施工防护设施的有效率和施工现场环境的达标率所进行检查和分析的这些指标就成为安全管理的另一部分指标。

5）环境保护

环境保护是指施工单位必须遵守国家有关环境保护的法律法规，对工程项目所产生的各种粉尘、污水、废气、噪声、振动、垃圾等对周围环境和树木植被造成的不利影响而进行的管理工作。工程的实践已证明，若要使工程项目在环保方面获得良好的管控效果，达到预期的管理目标，不仅需要制定详细可行的环保计划和环保措施，并保障环保所需费用的供给，而且还需要在此基础上，采用科学的分析和监测手段来及时发现和处理环保中存在的问题。据此，在工程项目的环保管理中，环保计划是否制定明确、环保措施是否落实和环保费用是否到位就成为工程项目实施前环保管理的主要指标。在工程项目实施过程中，对粉尘排放进行有效管理和控制的控制率、污水和废气排放的合格率、施工垃圾有效处理的处理率、噪声和振动传播的达标率、周围自然环境和树木植被是否发生毁坏的损坏率所进行的诊断指标就成为环保监测管理方面的主要管理指标。

6）工程资源

工程资源是一个内涵十分丰富的管理对象，它不仅包含计划、制度、措施、信息、技术、服务等软资源，也包含劳力、设备、材料、工具、能源等硬资源，也正因如此，工程项目也就成为各种资源的组合体，同时也就成为工程项目施工过程中极易引发各种冲突和矛盾的集中体。因此，若要实现对工程资源的有效管理，不仅需要将资源的计划措施是否落实的落实率和资源保障制度的完善率作为管理指标对项目资源进行分析，而且工程资源所涉及的劳务人员的配置率和利用率，所需能源的保供率和利用率，工程材料的保障率和利用率，反馈信息的合格率和有效率，设备机具的完好率和利用率，施工技术指导和服务的保障率及项目资金的保障率就都将成为工程资源管理中必不可缺的管理指标。

7）工程风险

若要对工程项目的风险进行有效管理，首先要做的就是风险识别，只有识别出项目中存在的风险，才能采取针对性的措施来化解风险。由于工程项目的风险既有来自项目外部的，也有来自项目内部的，因此，对项目内部和外部风险的识别率就成为风险识别管理方面的两个管理指标。在此基础上，若要化解项目风险，就需要针对存在的风险进行深入细致的分析并根据分析结果制定出相应的风险对策，继而组织实施。据此，风险分析是否正确有效的有效率和制定的风险措施是否落实到位的落实率就成为监管风险的主要诊断指标。

8）其他方面

在项目的实施过程中，除了以上几方面外，还需要项目各方之间积极有效的相互配合才能保障工程项目顺利实施，而在此方面常发生的问题主要有项目参与方之间协调配合不积极、冲突争议常发生、配合工作效率低、工作行为有违规。因此，分析项目相关各方能否协调配合的协调率、部门成员是否发生违规违纪的违规率和能否按时完成各自工作的工作效率就成为项目实施阶段必不可少的辅助性管理指标。

4. 竣工阶段的管理指标

当工程项目按照施工图纸和设计文件的要求全部完工后，工程项目便进入了竣工验收阶段。在这一阶段，工程项目的竣工验收不仅需要全面检验工程设计和施工质量，而且也是通过工程决算来审核工程费用的使用情况。在工程项目全部检验合格并符合使用要求后，即可进行工程项目的移交，使工程项目发挥其应有的作用。因此，这一阶段的管理对象就主要有工程验收、工程决算、工程移交，以及为这三项工作服务的其他工作。同样根据这些主要管理对象所包含的工作内容以及相关研究成果可知，这四个管理对象就应包含如下相应的管理指标。

1）工程验收

按照国家有关工程验收的标准和规定，在工程验收中，不仅应检查工程的实体质量和配套设备设施的运行情况以及相应的工程技术资料，在验收中还应严格按照规定的验收程序来执行，并高效率地完成验收工作。据此，在工程项目的验收管理中，验收内容所包含的工程质量达标率、配套设施完善率、验收资料完整率和验收管理中的验收程序合格率、验收过程工作效率就成为工程验收管理工作中诊断这些工作效果的管理指标。

2）工程决算

工程项目完工后，建设单位必须及时分析工程所耗费的资金情况，编制工程竣工决算，并报请主管部门进行审查。特别是在工程决算的过程中，由于在工程实际的施工过程中不可避免地会发生各种各样的变更，因而，建设单位和施工单位既要认真依照国家的有关规定对工程项量进行清算，也要结合实际进行必要的修正。在此过程中，针对不同的意见，既要以工程设计、合同规定和工程变更等客观事实为依据进行工程计算，又要相互协商，在不违反原则的前提下相互给予支持与帮助，力争高效率地完成工程决算工作。因此，工程决算中结算依据是否可靠的可靠度，结算结果是否正确的正确率，结算内容是否漏缺的漏缺率和结算过程的工作效率就成为竣工决算的管理指标。

3）工程移交

在工程项目验收合格后，工程项目的移交工作是一个看似简单实则责任重大的工作。大量的工程实例已表明，在工程项目的移交中，经常出现一方希望及时接收，而另一方不愿移交的现象。尽管原因很多，但从总体来看，主要集中在工程实体还有若干问题未处理完善、工程资料不齐全、现场环境杂物未清理等问题上。为此，在工程项目的移交中，经常出现移交双方相互扯皮、相互推诿，工作效率低下，移交过程不认证、不严谨等现象。据此，在工程移交方面，管理指标就应含有分析移交资料是否齐全完整的资料达标率，分析移交实体与移交环境是否合格的达标率，分析移交过程中移交程序是否正确的合格率和移交工作的效率这几项指标。

4）其他工作

在工程项目的竣工阶段，尽管工程项目的各项工作已基本完成，但各种矛盾依然不断发生，甚至有些矛盾更为激化。究其原因，主要是因为建设单位和使用单位都希望工程项目尽快投入使用，而施工单位、材料供应商等单位希望在拿到全部余款之后再进行交接，以避免建设单位的长期拖欠。为此，在工程验收、工程决算和移交过程中，就常常出现项目参与各方工作效率低下、协调配合较差、遗留问题不处理、工程余款不支付等现象。因此，分析项目参与各方在工程竣工阶段的协调配合率和工作效率、工程遗留问题能否得到及时的保修处理的保修率和工程费用是否存在拖欠的资金拖欠率就成为项目竣工阶段项目管理中必不可少的辅助性管理指标。

4.5　诊断指标体系的构建

在完成大型建设工程项目管理对象诊断指标的提取与确定之后，这就为各级项目管理者利用诊断指标对工程项目的各级管理对象及其相应可能发生的问题进行分析和诊断提供了有力的管理工具。但与此同时还应看出，由于大型建设工程项目分有不同的层级，每个层级又有不同的管理指标，指标的种类繁多，因此，这就需要预先构建一个科学系统的诊断指标管理体系，使得不同阶段不同管理对象的诊断指标不仅便于使用，而且更有利于工程诊断智能化的实现。

4.5.1　诊断指标体系的构建原则

科学的指标体系是对管理对象实施有效分析的前提基础和必要保障。为了使构建的工程项目诊断指标体系在分析和诊断管理对象中发挥其应有的作用，就需在诊断指标体系的建立过程中遵循一定的原则。一般来讲，这些原则主要有系统性原则、科学性原则、整体性原则、层次性原则、目标性原则、客观性原则和正交性原则。

1. 系统性原则

指标体系内所有的指标都是对管理对象某一方面问题的所指与描述，所有指标通过相应体系的集合，才能系统、全面地描述出管理对象的总体状态，才能全面有效地诊断出某一管理对象出现的各种问题。因此，构建的指标体系是系统的、完整的。

2. 科学性原则

指标体系的科学性是指在所有指标的设置与分类过程中，不仅能够与专业领域的现有管理模式相一致，满足专业领域的管理和使用要求，而且在指标的名称、内容、范围、计量等方面也能科学地归类，并符合管理统计学的要求。

3. 整体性原则

整体性原则是指在指标的汇总方面不仅应包含所有的管理对象诊断指标，而且给指标编写的代码、编号、单位、符号等也应是系统完整的，不应存在漏缺。

4. 层次性原则

面对大量的管理指标，为了便于诊断指标的管理和使用，构建的指标体系要分阶段、分层次地反映出管理对象的不同状况，层次之间既要相互适应并保持目标方向的一致性，又要具有相应的导向作用，即每项上层指标都是下层指标的集成，每项下层指标都是上层指标的具体，从低到高的层次要有递阶性。

5. 目标性原则

目标性原则是指指标体系中每一层次的指标都有其相应的分析和诊断对象，

并在与同族其他诊断指标进行组合应用时，能更好地分析所针对的问题。因此，构建的指标体系在考虑指标间相互关系的同时，指标体系整体功能与目标也必须保持高度的一致。

6. 客观性原则

客观性原则是指为了使指标体系能够在分析和诊断问题的过程中发挥应有的作用，建立的指标体系要与所管理的工程需求相一致，反映出工程管理的实际状况，而不能照抄照搬其他工程管理指标体系的模式。

7. 正交性原则

指标体系中各阶段、各层次、各类别的指标都应是研究对象不同性质的有效反映，而不仅仅是相互之间的补充。指标体系中设置的指标要避免相同和相似或高相关度指标的存在，每一个指标都有其各自的专门指向和代表。

4.5.2 诊断指标体系的构建方法

目前，指标体系的构建方法可以说是种类繁多，特点各异，不同的研究者在分析和构建管理对象的指标体系时，鉴于自身所具有的知识、经验，以及管理对象的管理需求差异等因素而采用了不同的方法，如结构层次法、树状法、主次关系法、分类分析法、聚类划分法等，可以说，这些研究方法为有效解决这一问题发挥了积极的作用。但是，不论哪种方法，研究者必须明确和清楚的是，管理指标体系的构建是为了实现科学且有效的管理，因此，与工程项目的管理体系相匹配，更好地为工程管理而服务，才是选择指标体系构建方法之根本，而不能仅仅从理论研究的角度单纯地去分析和构建工程项目管理指标体系。

按照这一思想，从当前大型建设工程项目的管理状况与管理需求出发，由于大多数大型建设工程项目管理已实现了计算机化管理，对管理指标的提取和使用更多的是通过计算机来实现的，因此，对指标体系的构建就应基于当前所用的工程管理系统，结合所用系统的信息处理模式、数据库的架构、信息的输入与输出方式、信息之间的传递方式，以及工程管理系统模块之间的相关要求等因素来综合考虑指标体系的构建模式。以大型建设工程项目实施状态诊断管理需求为例，在完成大型建设工程项目各个阶段各层级管理对象诊断指标的提取和确定之后，就应结合大型建设工程项目管理系统的整体管理功能设置要求，特别是诊断信息与诊断指标之间相互转化的特殊要求来对大型建设工程项目各个阶段各层级所有管理对象的诊断指标进行层级划分和代码编制，使每一个指标具有了唯一的可识别计算机代码。因此，本书采用五层五位的分层分级数位码编写方式，即大型建设工程项目各个阶段各层级所有管理对象的诊断指标都可按照其所在层级与所处位置的不同，获得能够有效标示其所在位置的唯一指标代码，只要管理者在管理系统输入其代码就可获得与之相应的管理指标；反之亦然。当所有指标获得唯一的有效代码后，每一指标就有了唯一的不同的含义，这为计算机快速识别与提取及利用各层各级管理对象的诊断指标提供了良好的条件。这五层五位的代码含义见图4.2。

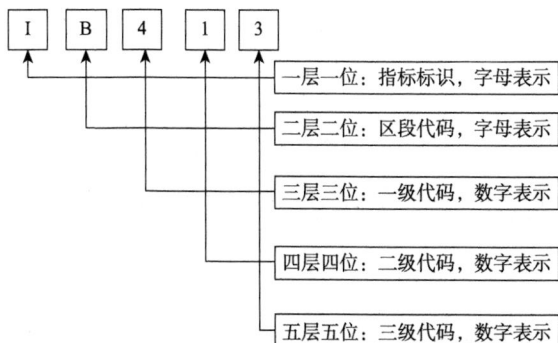

图 4.2　五层五位指标编码模式

4.5.3　大型建设工程项目实施状态诊断指标体系的构建

大型建设工程项目是一个含有多层多级的巨系统，因而，所构建的实施状态诊断指标体系也必然是一个多层多级的巨系统。在依据各级管理对象的问题表象及其特征参数提取和确定了相应的实施状态诊断指标后，按照系统还原理论，即可根据工程项目各阶段各个管理对象之间的隶属关系，明确大型建设工程项目各层各级管理对象及其所含内容与要素之间的递推关系。在将所有管理对象与管理指标进行一一映射后，即可建立起清晰完整的大型建设工程项目实施状态诊断指标体系。以本书研究所提取和确定的大型建设工程项目实施状态诊断指标为例，按照指标的分级和编码模式，采用系统管理对象还原指标映射这一模式，即可建立起如表4.1所示的大型建设工程项目实施状态诊断指标体系。

表 4.1　大型建设工程项目实施状态诊断指标体系及指标代码

项目阶段	一级指标及其代码		二级指标及其代码		三级指标及其代码	
	指标	代码	指标	代码	指标	代码
决策阶段 A	项目策划	IA1	项目构思	IA11	所需信息获得率	IA111
					策划分析完善率	IA112
			建议提报	IA12	报告编写工效比	IA121

续表

项目阶段	一级指标及其代码		二级指标及其代码		三级指标及其代码	
	指标	代码	指标	代码	指标	代码
决策阶段 A	可研报告	IA2	可研条件	IA21	所获资料可靠率	IA211
					可研条件具备率	IA212
					报告编写工效比	IA213
			可研分析	IA22	可研方法正确率	IA221
					可研内容全面率	IA222
	决策审批	IA3	项目决策	IA31	项目决策工效比	IA311
			项目审批	IA32	项目审批违规率	IA321
					项目审批工效比	IA322
准备阶段 B	机构组建	IB1	机构设置	IB11	机构设置合理率	IB111
					人员配置合格率	IB112
			制度职责	IB12	规章制度完善率	IB121
	工程设计	IB2	设计管理	IB21	设计依据可靠率	IB211
					设计任务工效比	IB212
					专业图纸配套率	IB213
					图纸审核合格率	IB214
			设计质量	IB22	设计方案优化率	IB221
					工程设计出错率	IB222
					设计深度达标率	IB223
					设计指标达标率	IB224
	招标投标	IB3	招标管理	IB31	招标规则公开率	IB311
					招标投标违规率	IB312
			合同管理	IB32	合同内容完善率	IB321
					合同签订规范率	IB322
					合同履行违约率	IB323
	资源准备	IB4	资源保障	IB41	项目资金到位率	IB411
					设备机具到位率	IB412
					项目人员到位率	IB413
					现场准备完成率	IB414
			技术保障	IB42	预算编制有效率	IB421
					施工方案完善率	IB422
					技术交底有效率	IB423
					信息管理有效率	IB424
	相关工作	IB5	工程手续	IB51	工程手续完善率	IB511
					办理手续违规率	IB512
			其他问题	IB52	部门人员协调率	IB521
					准备工作工效比	IB522

续表

项目阶段	一级指标及其代码		二级指标及其代码		三级指标及其代码	
	指标	代码	指标	代码	指标	代码
实施阶段 C	工程质量	IC1	质量管理	IC11	质量目标分解率	IC111
					质保措施落实率	IC112
					措施监督到位率	IC113
			质量分析	IC12	主体质量达标率	IC121
					设备安装达标率	IC122
					设施功能达标率	IC123
					构件性能达标率	IC124
					材料检测达标率	IC125
	工程进度	IC2	进度管理	IC21	进度计划分解率	IC211
					保障措施落实率	IC212
			进度分析	IC22	局部进度偏差率	IC221
					总体进度偏差率	IC222
	工程费用	IC3	费用管理	IC31	费用计划分解率	IC311
					保障措施落实率	IC312
			费用分析	IC32	直接费用偏差率	IC321
					间接费用偏差率	IC322
					不可预见增加率	IC323
	施工安全	IC4	安全管理	IC41	规章制度完善率	IC411
					安全措施落实率	IC412
					安检人员配置率	IC413
					安全费用到位率	IC414
			安全检查	IC42	项目人员违章率	IC421
					设备机具完好率	IC422
					防护设施有效率	IC423
					作业环境达标率	IC424
	环保状况	IC5	环保管理	IC51	环保计划明确率	IC511
					环保措施落实率	IC512
					环保费用投入率	IC513
			环保内容	IC52	粉尘排放控制率	IC521
					污水排放达标率	IC522
					废气排放达标率	IC523
					施工垃圾处理率	IC524
					施工噪声控制率	IC525
					振动控制有效率	IC526
					树木植被保护率	IC527

续表

项目阶段	一级指标及其代码		二级指标及其代码		三级指标及其代码	
	指标	代码	指标	代码	指标	代码
实施阶段C	工程风险	IC6	风险识别	IC61	内部风险识别率	IC611
					外部风险识别率	IC612
			风险监管	IC62	风险分析有效率	IC621
					风险对策落实率	IC622
	资源保障	IC7	资源管理	IC71	规章制度完善率	IC711
					计划措施落实率	IC712
			劳力调配	IC72	劳务人员配置率	IC721
					劳务人员利用率	IC722
			材料管理	IC73	材料供应保障率	IC731
					材料综合利用率	IC732
			能源管理	IC74	能源供应保障率	IC741
					能源综合利用率	IC742
			设备机具	IC75	设备机具完好率	IC751
					设备机具利用率	IC752
			资金支付	IC76	项目资金保障率	IC761
			技术保障	IC77	技术服务保障率	IC771
			项目信息	IC78	信息反馈达标率	IC781
					项目信息利用率	IC782
	其他工作	IC8	协调管理	IC81	项目各方协调率	IC811
			行为管理	IC82	有关人员违规率	IC821
					各参与方工效比	IC822
竣工阶段D	工程验收	ID1	验收内容	ID11	工程质量达标率	ID111
					配套设施完善率	ID112
					验收资料完整率	ID113
			验收管理	ID12	验收程序合格率	ID121
					验收过程工效比	ID122
	工程结算	ID2	结算内容	ID21	结算依据可靠度	ID211
					结算结果正确率	ID212
			结算管理	ID22	结算内容漏缺率	ID221
					结算过程工效比	ID222
	工程移交	ID3	移交内容	ID31	移交资料达标率	ID311
					移交实体达标率	ID312
					移交环境达标率	ID313
			移交管理	ID32	移交程序合格率	ID321
					移交过程工效比	ID322

续表

项目阶段	一级指标及其代码		二级指标及其代码		三级指标及其代码	
	指标	代码	指标	代码	指标	代码
竣工阶段 D	其他工作	ID4	过程管理	ID41	各方工作协调率	ID411
					各方工作工效比	ID412
			善后工作	ID42	工程问题保修率	ID421
					工程费用支付率	ID422

4.6　诊断指标权重的分析与确定

由对大型建设工程项目实施状态分级诊断模式的研究可知，诊断指标及其权重是实现分级诊断必不可缺的管理要素，因此，在完成各层级所有管理对象诊断指标的提取和确定并构建诊断指标体系后，若要使诊断指标发挥其应有的作用，还需解决的一个问题就是确定指标的权重。

4.6.1　指标权重的内涵

从词语的本意讲，权重是指权力的大小和程度，是在某一范围内可支配和控制的能力。当多个指标同时用于分析和评价某一管理对象时，指标就会有主有次，因而就需要用权重来标示指标在整体评价中的相对重要性，因此，在指标体系中，指标权重就是管理对象在被分析和评价方面所具有的重要程度之量化分配，是同族指标间对评价对象影响程度的一个相对比较度。

在工程中，指标的权重占据着非常重要的地位，也发挥着不可替代的作用。无论是在具体问题的分析中，还是在研究结果的判定中，指标权重的调整都会不同程度地影响着研究的结果，并对若干问题的决策起着不同程度的指导作用。指标权重值不仅体现了该指标在指标体系中对研究对象的影响程度，还会对分析、预测或评价研究对象的结果产生直接的影响。由此可以得知，指标只有置身于指标体系中时，才存在权重的问题。

但是，指标的权重若要在管理问题分析和诊断中发挥应有的作用，就必须与诊断指标在其各层各级的重要程度结合起来。从工程实际中的使用情况来看，指标的权重在很多情况下是人为确定的，因而，确定的指标权重不仅含有较多的主观性，而且与工程实际具有一定的偏差，甚至有时偏差很大。为此，定量地分析和确定指标的权重就成为指标体系研究中一项非常重要的内容。目前，在指标的权重分析与应用中，虽然引入了模糊数学、灰色理论、层次分析、多元统计等数学方法，指标权重的分析和确定有了质的提高和显著的进步，但在实际工程应用中仍较为复杂，都存在不同程度复杂化和过于理论化的问题，因而，在工程实际应用方面就受到了一定程度的限制。

4.6.2　现有指标赋权法及其特点

为了解决指标权重的科学设定与配置问题，国内外很多学者针对指标权重的赋权方法进行了不同程度的深入研究，从总体来看，目前，指标权重的赋权方法主要有层次分析法、序关系法、分档法、变异系数法、粗集法、离差组合赋权法、灰色关联赋权法、集成法等几种方法。这些方法在理论上有其各自的分析原理与计算程序，因而也有各自的特点和适应范围，在实际使用中应予以区别对待。

1. 层次分析法

层次分析法是工程中较为常用的方法之一，其基本原理是根据分析和研究问题的要求，将同类中相互关联的不同指标构建成一个多层结构体系，将每一层次的所有指标按某一预定规则进行量化比较后，组成一个指标间的比较矩阵，通过求解矩阵的最大特征根及其所对应的特征向量，即可求出各个指标间的相对权重。在此基础上，通过计算比较矩阵的特征根和特征向量的一致性，即以 CI、RI、CR 分别代表一致性指标、平均随机一致性指标、随机一致性比例及它们之间的函数关系，来确定出所有指标的权重。公式如下：

$$CI = \frac{\lambda_{max} - n}{n - 1}$$

$$CR = \frac{CI}{RI}$$

一般地，当 CR < 0.10 时，比较矩阵具有令人满意的一致性；而当 CR ⩾ 0.10 时，就需要调整比较矩阵，直到满意为止。

从使用角度看，层次分析法原理简单易懂，可将定性与定量相结合，满足了人们对同时包含许多定性与定量因素的复杂问题进行决策的需求。但在权重标度的确定方面，还没有被认为是一种公认的理想方法，这主要是因为其分析过程缺乏足够的物理性，因而，分析结果也缺乏足够的说服力。

2. 序关系法

序关系法是依据某评价准则的重要程度对所有指标进行量化分析的一种方法。使用该方法时，当指标 x_i 的重要性程度大于 x_j 时，则记为 $x_i \rhd x_j$。若设指标 x_{k-1} 与 x_k 的重要度之比 w_{k-1}/w_k 为 r_k，即 $w_{k-1}/w_k = r_k$，即可给出 x_{k-1} 与 x_k 相对重要

程度的量化判断。当 m 较大时，由序关系函数即可求解出所有指标的权重。序关系函数为

$$w_m = \left(1 + \sum_{k=2}^{m} \prod_{i=k}^{m} r_i\right)^{-1}$$

从序关系法的原理可以看出，该方法简洁明了、直观易懂、计算量小、便于应用。但只考虑了点赋值的情况，并没有考虑区间赋值的问题。对于群决策问题，采用序关系法所得的赋权结果易受到标度选择的影响。

3. 分档法

分档法是从几何角度出发，将 n 个需确定权重的指标看成构成指标的 m 维评价空间中的 n 个点，然后把这 n 个点向一维空间做投影使得各个需确定权重指标之间的差异尽量拉大。此时，设 y 为系统的综合评价函数，$W = (w_1, w_2, \cdots, w_m)^T$ 是 m 维权重向量，$x_i = (x_{i1}, x_{i2}, \cdots, x_{im})^T$，$i = 1, 2, \cdots, n$ 为被评价系统的状态向量，则：

$$y = \begin{bmatrix} y_1 \\ y_2 \\ \vdots \\ y_n \end{bmatrix}, \quad A = \begin{bmatrix} x_{11} & x_{12} & \cdots & x_{1m} \\ x_{21} & x_{22} & \cdots & x_{2m} \\ \vdots & \vdots & & \vdots \\ x_{n1} & x_{n2} & \cdots & x_{nm} \end{bmatrix}$$

使函数 $y = AW$ 对 n 个系统取值的方差 s^2 最大化，即

$$s^2 = \frac{1}{n} \sum_{i=1}^{n} (y_i - \overline{y})^2 = \frac{\boldsymbol{y}^T \boldsymbol{y}}{n} - \overline{y}^2$$

$$ns^2 = \boldsymbol{W}^T \boldsymbol{A}^T \boldsymbol{A} \boldsymbol{W} = \boldsymbol{W}^T \boldsymbol{H} \boldsymbol{W}$$

此时，指标权重的确定便转化为线性规划模型的求解问题，由此即可解决指标权重的确定。即

$$\max \boldsymbol{\omega}^T \boldsymbol{H} \boldsymbol{\omega}$$
$$\text{s.t.} \ \boldsymbol{\omega}^T \boldsymbol{\omega} = 1, \boldsymbol{\omega} \geqslant \boldsymbol{0}$$

由此可以看出，分档法在权重的确定方面虽然不带有主观性，也与指标采样顺序无关，但在实际应用中的难度却很大。

4. 变异系数法

变异系数法是根据各个指标在其对管理对象的分析中所占地位的变异程度来对其赋权的一种方法，它通过计算各个指标的标准差 σ_k 来表示各个指标的绝对变异程度，即

$$\sigma_k = \sqrt{\frac{1}{n} \sum_{i=1}^{n} (x_{ik} - \overline{x}_k)^2}, \ k = 1, 2, \cdots, m$$

其中，$\bar{x}_k$ 是第 k 个指标的平均数。然后，计算各个指标的变异系数 c_k，$c_k = \sigma_k / \bar{x}_k$。在将各个指标的变异系数进行归一化处理后，求得各个指标的相对权重，即

$$w_j = \frac{c_j}{\sum_{j=1}^{m} c_j}$$

5. 粗集法

基于粗集理论的赋权方法是近年来兴起的一种方法，使用该方法时，需要将相关指标 D 对 C 的依赖程度 $r_c(D)$ 和 $r_{c-|c_i|}(D)$ 计算出来。在确定指标集合 $U/\text{ind}(C)$，$U/\text{ind}(D)$，$U/\text{ind}(C-\{c_i\})$ 后，导出条件集合正域 $\left[\text{pos}_c(D), \text{pos}_{c_{|c_i|}}(D)\right]$，求出集合的基数 $\left[\text{card}(\text{pos}_c(D)), \text{card}(\text{pos}_{c-|c_i|}(D))\right]$，然后根据条件属性对于决策属性的重要程度 $\sigma(c_j)$，即可得出各指标的相对权重。有关计算公式为

$$\sigma(c_i) = r_c(D) - r_{c-|c_i|}(D)$$

$$\omega_i = \frac{\sigma(c_i)}{\sum_{j=1}^{n} \sigma(c_j)}$$

$$r_c(D) = \frac{\text{card}\left[\text{pos}_{c-|c_i|}(D)\right]}{\text{card}(U)}$$

$$r_c(D) = \frac{\text{card}\left[\text{pos}_{c-|c_i|}(D)\right]}{\text{card}(U)}$$

从理论角度看，粗集法不带有任何主观色彩，具有较强的数理逻辑特点，但赋权过程比较复杂，赋权结果易受原始数据离散方法的影响，选择不同的离散化方法得到的赋权结果有可能不同。

6. 离差组合赋权法

离差组合赋权法是依据多属性决策理论进行的指标赋权分析。该方法将指标构建的矩阵进行一致化处理，得到规范化矩阵 A，$A = (a_{ij})_{m \times n}$。然后，分别求得各指标权重向量 W_l，权向量分块矩阵 W_l^* 及综合集成权向量 W，$W_l = (\omega_1, \omega_2, \cdots, \omega_n)^T$，$W_l^* = (W_1, W_2, \cdots, W_k)$，$W = W_l^* \theta = (\omega_1, \omega_2, \cdots, \omega_n)$。其中，向量 $\theta = (\theta_1, \theta_2, \cdots, \theta_k)^T$ 为各种赋值法所分配的权系数向量。之后，再求得 m 个离

差平方和 Z，并构造基于离差平方和的最大的优化模型 $\max Z$：

$$Z = \sum_{i=1}^{m}\sum_{k=1}^{m}\left(\sum_{j=1}^{n}\left(a_{ij}-a_{kj}\right)\omega_j\right)^2 = \sum_{j_1=1}^{n}\sum_{j_2=1}^{n}\left[\sum_{i=1}^{m}\sum_{k=1}^{m}\left(a_{ij_1}-a_{kj_1}\right)\left(a_{ij_2}-a_{kj_2}\right)\right]\omega_{j_1}\omega_{j_2}$$

$$\max Z = \max\sum_{j_1=1}^{n}\sum_{j_2=1}^{n}\left[\sum_{i=1}^{m}\sum_{k=1}^{m}\left(a_{ij_1}-a_{kj_1}\right)\left(a_{ij_2}-a_{kj_2}\right)\right]\omega_{j_1}\omega_{j_2} = \max\ W^{\mathrm{T}}A_lW$$

由此可得，

$$\max Z = \theta^{\mathrm{T}}W_l^{*\mathrm{T}}A_lW_l^*\theta$$

$$\text{s.t.}\begin{cases}\theta^{\mathrm{T}}\theta = 1\\ \theta \geqslant 0\end{cases}$$

显然，$W_l^{*\mathrm{T}}A_lW_l^*$ 是对称矩阵。由矩阵理论可知，上述模型存在最大值，且 $W_l^{*\mathrm{T}}A_lW_l^*$ 的最大特征根所对应的特征向量为该模型的最优解。通过对解值的排序即可获得各指标的权重。但该方法计算过程冗长繁杂，只在纯理论研究中有所应用，而应用到工程实际中还需进一步的完善和简化。

7. 灰色关联赋权法

灰色关联赋权法是一种将定性分析与定量分析结合在一起的方法，它将各个指标的专家经验判断权重向量与由专家经验判断权重的最大值组成的参考序列向量进行量化比较，根据指标彼此差异性的大小分析确定专家群体经验判断数值的关联程度，即关联度。关联度越大，说明专家经验判断趋于一致，该指标在整个指标体系中的重要程度就越大，权重也就越大。每个指标的权重判断值与参考值的关联度 $r_{0,i}(j)$、指标与参考序列的关联度 $r(X_0,X_i)$ 的计算模式为

$$r_{0,i}(j) = \frac{\min\limits_{i}\min\limits_{j}\left|x_0-x_i^j\right| + \zeta\max\limits_{i}\max\limits_{j}\left|x_0-x_i^j\right|}{\left|x_0-x_i^j\right| + \zeta\max\limits_{i}\max\limits_{j}\left|x_0-x_i^j\right|}$$

$$r(X_0,X_i) = \frac{1}{m}\sum_{j=1}^{m}r_{0,i}(j)$$

其中，$\zeta \in (0,1)$，一般取 $\zeta = 0.5$。
各个指标的权重为

$$\omega_i = \frac{r(X_0,X_i)}{\sum\limits_{i=1}^{n}r(X_0,X_i)}$$

灰色关联赋权法基本原理简单，但鉴于若干参数确定的不易性，在工程实际中也较少使用。

8. 集成法

集成法是针对某一指标在主客观赋权结果相乘的基础上，对其进行归一化处理而得到指标权重的一种方法，即

$$\omega_j = \frac{p_j q_j}{\sum_{j=1}^{m} p_j q_j}, \quad j = 1, 2, \cdots, m$$

其中，p_j 与 q_j 是利用主客观赋权法得到的指标权重。从计算分析公式中即可看出，集成法计算原理简单，计算过程简便易行，是将各种赋权方法所得的指标权重进行折中的一种方法，其效果接近于简单的算术平均运算，因此，最终的综合权重会因采用不同的主客观赋权法而有所差异。

4.6.3　现有指标赋权法的共性问题

通过对现有各种指标赋权法及其特点的论述可以得知，这些方法不仅在理论上有其各自的权重处理方法，而且给出了相应的指标权重计算模型和计算规则。因此，仅从指标权重的分析与确定方面来看，这些方法都具有一定的可行性。分档法、变异系数法、粗集法、离差组合赋权法都具有较为严谨的理论基础，主观性较低，指标权重的分析结果比较客观，具有较为严谨的分析和过程，但这些方法的指标权重性分析和计算过程本身并不能反映出指标的价值和作用，缺乏物理性；而且在权重的分析过程中，需要较多的样本来支撑，分析数据具有较强的依赖性和再现性，指标权重随着指标和样本的变化而显著变化，可变性较强。特别是当分析样本稍有不同时，指标权重的最终值就可能出现显著的差异，因此，常使得使用者对其分析结果产生怀疑。但最主要的问题还是这些方法在工程实际应用中理论过于复杂，工程实践无法满足其相关的若干约束要求，或若干参数的理论转化很难实现，因而这些方法在工程实际中的应用受到了很大的限制。

层次分析法、集成法、序关系法、灰色关联赋权法则与上述这些纯理论的方法有些不同，这些方法所确定的指标权重不是仅仅体现各个评价指标自身的相对重要性，而是尽可能地体现评价对象间的整体差异。这是因为用这些方法分析权重时应用的数据主要源于大量被调查者和研究者对所有研究对象的主观信息。尽管这些方法在指标赋权的过程中也都需要经过一定的数理推证，都需要对所处理的信息和数据进行规定条件下的归一化或标准化处理，也有预先设定的计算模型，但由于在分析的数据中含有过多的经验参数，而且在权重的计算中不同程度地融入了含有较强主观性的调整系数，因此，得出的结果极易引起争议。特别是在处理不同指标权重可区分度或分辨系数的划分方面，当区分度的区间划分或分

辨系数的等级划分存在较大差异时，即使是对同一工程同一等级的同样指标进行赋权分析，结果也会有一定的差异，因此，这些方法还需要进行不断的改进和完善。

综合以上分析可知，各类指标赋权法有其各自的特点，含有较强实践性经验的层次分析法、集成法、序关系法、灰色关联赋权法虽然简洁易用，在工程实践中有较大的实用价值，也能很好地反映和融合研究者或工程项目管理者与决策者的知识结构、工作经验及个人偏好，但由于它们在指标赋权的过程中可能含有一定的主观性，并且指标赋权的结果会因为采用不同的主观信息的量化标准而有所差异，因而其研究结果仍需要改进，否则，指标的权重就与实际需求存在较大的差异，且不能满足工程管理的实际需求。含有较强理论性的分档法、变异系数法、粗集法、离差组合赋权法虽然过程严谨，具有比较完善的数学理论基础，但忽略了决策者或评价者对于指标价值的理解，使其与工程实际相符的物理性较差，因而，在一定程度上与工程实际需求也产生了较大的差异。更重要的是，这些方法在理论上过于复杂，计算过程过于冗长，可操作性和实用性差，无法满足工程实际需求，因而，也需要进一步的改进和完善。

4.6.4　基于差异度排比技术的指标赋权法

通过对现有各种指标赋权法的分析可知，若要使管理对象的指标权重得到较为理想的结果，不仅需要严谨的数理分析与推证，更需要与工程实际的紧密结合。这就意味着，只有将理论与实际有效地结合起来，才能把指标在工程实际中的真实状况反映出来，并在工程项目管理中发挥其应有的作用。为此，在积极汲取各种指标赋权方法优点的基础上，本书提出一种将理论与工程实际结合起来，给大型建设工程项目实施状态诊断指标赋权的新方法，即基于差异度排比技术的指标赋权新方法。

1. 差异度

差异度通常是指两个向量之间的差异程度，也称差比度。目前，向量之间的差比分析常常采用非常成熟的距离差比法和差比函数法。距离差比法是用两向量之间的距离度量其差异程度，若设任意两向量 x、y，二者的距离为 $d(x, y)$，则 $d(x, y) = |y - x|$。对于多个向量存在时，就有 $d(x, y) = \sum |x_i - y_i|$。差比函数法是通过函数的方法计算两向量之间的差异程度。在其函数的确定方面，国内外学者已提出了多种计算方法，如夹角余弦法、广义 Dice 系数法、广义 Jaccard 系数法、相关系数法等。其中，夹角余弦法在几何意义、计算过程等诸多方面具有明显的优势，因此得到较为广泛的应用。其几何意义是在 N 维空间中，在对两个向

量进行非负预处理的基础上，这两个向量夹角的余弦值被限定在[0,1]域内，且其值越大，表明向量之间的夹角越小，则二者的差异程度也就越小。其主要计算公式为

$$\text{sim}(x, y) = \cos(x, y) = \frac{(x, y)}{\|x\| \|y\|} = \frac{\sum_{i=1}^{n} x_i y_i}{\left(\sum_{i=1}^{n} x_i^2 \sum_{i=1}^{n} y_i^2\right)^{1/2}}$$

二者相比，由于距离差比法数理简单，计算方便，直接清晰，不论在理论研究中还是工程实践中，其都得到了广泛的应用。

2. 差异度排比技术

在明确差异度概念的基础上，如果要利用这一物理意义非常明确的方法来获得诊断指标的权重，就需要获得各个指标的向量值x或y。此时，即可将工程实际联系起来，发挥源于工程实际的作用。要实现这一目标，可从广义 Likert 量表出发，通过对指标重要度等级的预先设定，并通过所有指标基于工程实际的调查结果来获取。广义 Likert 量表的模式如表 4.2 所示。

表 4.2 广义 Likert 量表

调查问题陈述	重要度判断				
	非常重要	较重要	一般	次重要	不重要
问题陈述 1					
问题陈述 2					
问题陈述 3					
...	...	...	...	...	...
问题陈述 n					

在获得所有分析对象的重要度判断结果后，即可将多项值组成其相应的集合 S。通过对该集合所有数值的归一化处理，即可得到该对象的向量值。在此基础上，对于任何两个或两个以上的同族指标，都可以利用多向量的差比分析模式来获取其差异度 r_{ij}，即

$$r_{ij} = \sum \left| x_{ik} - x_{jk} \right|$$

在完成这一工作后，便可在指标权和总值归一化的前提下求得各个指标的相对权重 w_i，即 $w_i = \sum_{i=1}^{n} r_{ij} / n$，其中，$n$ 为同类指标域内指标的个数。这样得到的各个指标权重即可反映各个指标在工程实际中的所处位置及其重要性，由于是基于理论的严谨分析而推导得出，得出的指标权重具有很高的实用价值。

4.6.5　大型建设工程项目诊断指标的权重确定

按照差异度排比技术这一指标赋权新方法，本书研究利用广义 Likert 量表对表 4.1 中的大型建设工程项目实施状态所有诊断指标进行调查分析，获得了源于工程实际的 3 253 份分析样本。再将这些样本进行统计分析后，获得了所有诊断指标的权重分析向量值。在此基础上，利用多向量的差比分析模式获取了所有指标在其同族内的差异度 r_{ij}，并在指标权和总值归一化的前提下求得各个指标的相对权重 w_i。如图 4.3 所示。

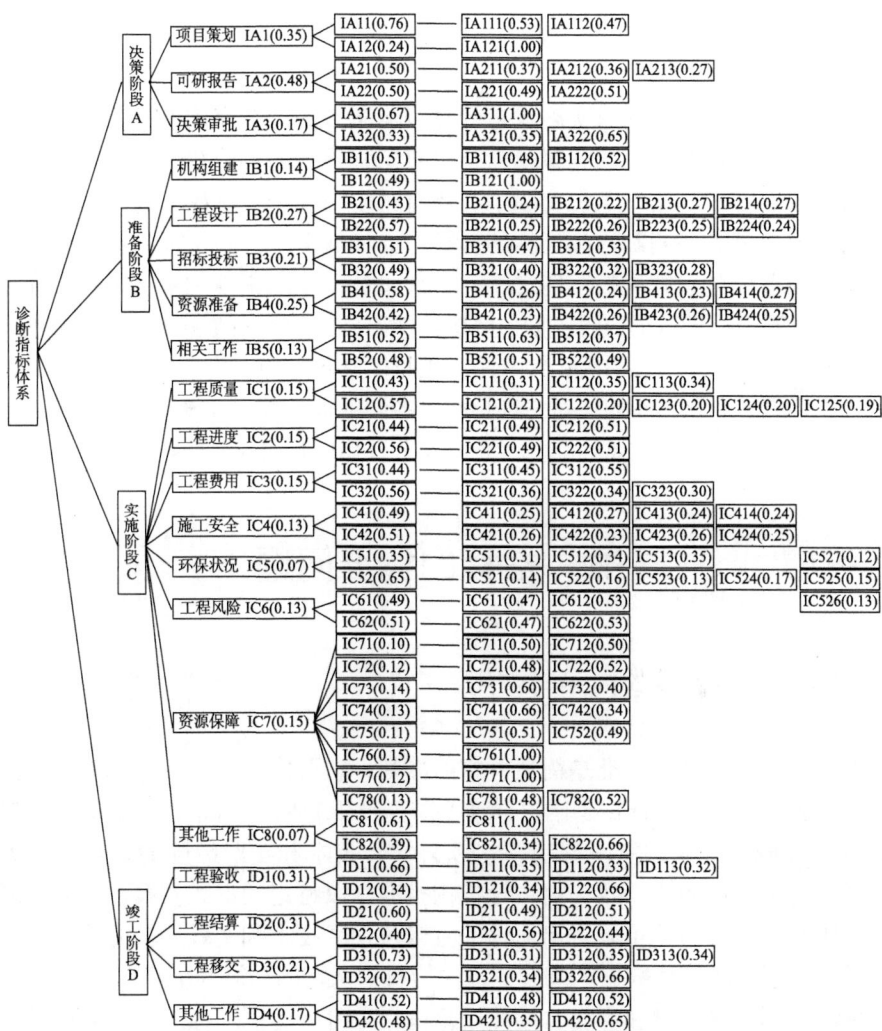

诊断指标体系

决策阶段 A
- 项目策划 IA1(0.35)
  - IA11(0.76) → IA111(0.53)　IA112(0.47)
  - IA12(0.24) → IA121(1.00)
- 可研报告 IA2(0.48)
  - IA21(0.50) → IA211(0.37)　IA212(0.36)　IA213(0.27)
  - IA22(0.50) → IA221(0.49)　IA222(0.51)
- 决策审批 IA3(0.17)
  - IA31(0.67) → IA311(1.00)
  - IA32(0.33) → IA321(0.35)　IA322(0.65)

准备阶段 B
- 机构组建 IB1(0.14)
  - IB11(0.51) → IB111(0.48)　IB112(0.52)
  - IB12(0.49) → IB121(1.00)
- 工程设计 IB2(0.27)
  - IB21(0.43) → IB211(0.24)　IB212(0.22)　IB213(0.27)　IB214(0.27)
  - IB22(0.57) → IB221(0.25)　IB222(0.26)　IB223(0.25)　IB224(0.24)
- 招标投标 IB3(0.21)
  - IB31(0.51) → IB311(0.47)　IB312(0.53)
  - IB32(0.49) → IB321(0.40)　IB322(0.32)　IB323(0.28)
- 资源准备 IB4(0.25)
  - IB41(0.58) → IB411(0.26)　IB412(0.24)　IB413(0.23)　IB414(0.27)
  - IB42(0.42) → IB421(0.23)　IB422(0.26)　IB423(0.26)　IB424(0.25)
- 相关工作 IB5(0.13)
  - IB51(0.52) → IB511(0.63)　IB512(0.37)
  - IB52(0.48) → IB521(0.51)　IB522(0.49)

实施阶段 C
- 工程质量 IC1(0.15)
  - IC11(0.43) → IC111(0.31)　IC112(0.35)　IC113(0.34)
  - IC12(0.57) → IC121(0.21)　IC122(0.20)　IC123(0.20)　IC124(0.20)　IC125(0.19)
- 工程进度 IC2(0.15)
  - IC21(0.44) → IC211(0.49)　IC212(0.51)
  - IC22(0.56) → IC221(0.49)　IC222(0.51)
- 工程费用 IC3(0.15)
  - IC31(0.44) → IC311(0.45)　IC312(0.55)
  - IC32(0.56) → IC321(0.36)　IC322(0.34)　IC323(0.30)
- 施工安全 IC4(0.13)
  - IC41(0.49) → IC411(0.25)　IC412(0.27)　IC413(0.24)　IC414(0.24)
  - IC42(0.51) → IC421(0.26)　IC422(0.23)　IC423(0.26)　IC424(0.25)
- 环保状况 IC5(0.07)
  - IC51(0.35) → IC511(0.31)　IC512(0.34)　IC513(0.35)　IC527(0.12)
  - IC52(0.65) → IC521(0.14)　IC522(0.16)　IC523(0.13)　IC524(0.17)　IC525(0.15)　IC526(0.13)
- 工程风险 IC6(0.13)
  - IC61(0.49) → IC611(0.47)　IC612(0.53)
  - IC62(0.51) → IC621(0.47)　IC622(0.53)
- 资源保障 IC7(0.15)
  - IC71(0.10) → IC711(0.50)　IC712(0.50)
  - IC72(0.12) → IC721(0.48)　IC722(0.52)
  - IC73(0.14) → IC731(0.60)　IC732(0.40)
  - IC74(0.13) → IC741(0.66)　IC742(0.34)
  - IC75(0.11) → IC751(0.51)　IC752(0.49)
  - IC76(0.15) → IC761(1.00)
  - IC77(0.12) → IC771(1.00)
  - IC78(0.13) → IC781(0.48)　IC782(0.52)
- 其他工作 IC8(0.07)
  - IC81(0.61) → IC811(1.00)
  - IC82(0.39) → IC821(0.34)　IC822(0.66)

竣工阶段 D
- 工程验收 ID1(0.31)
  - ID11(0.66) → ID111(0.35)　ID112(0.33)　ID113(0.32)
  - ID12(0.34) → ID121(0.34)　ID122(0.66)
- 工程结算 ID2(0.31)
  - ID21(0.60) → ID211(0.49)　ID212(0.51)
  - ID22(0.40) → ID221(0.56)　ID222(0.44)
- 工程移交 ID3(0.21)
  - ID31(0.73) → ID311(0.31)　ID312(0.35)　ID313(0.34)
  - ID32(0.27) → ID321(0.34)　ID322(0.66)
- 其他工作 ID4(0.17)
  - ID41(0.52) → ID411(0.48)　ID412(0.52)
  - ID42(0.48) → ID421(0.35)　ID422(0.65)

图 4.3　大型建设工程项目实施状态诊断指标的权重

第5章 分级诊断中相关问题的
分析与处理

根据大型建设工程项目实施状态的分级诊断方法，在完成诊断指标及其权重的确定后即可根据所确定的各级诊断指标对工程项目的实施状态进行分级诊断和分析。但若要将之应用于工程实际中，还有很多问题需要解决。首先，若要确定诊断指标值，就需要明确诊断指标的标准，而如何确定诊断指标的标准就成为分级诊断方法首先必须解决的问题之一。其次，各种诊断指标的量纲不一，在将同族的多个诊断指标进行集成时，如何解决这些指标的量纲问题就成为分级诊断必须解决的另一个主要问题。最后，随着工程项目实施状态的变化，诊断指标及其权重也会发生相应的变化，而如何对之进行相应的调整也是大型建设工程项目实施状态分级诊断中所需解决的主要问题。因此，本章就如何解决这些问题展开论述。

5.1 指标的标准问题

5.1.1 指标标准的内涵与作用

按照词典的定义，标准是衡量事物的准则，它可作为一个参考基准，为同类事物的比较或核对提供依据。国家标准 GB/T 3935.1-83 对标准的定义如下：对重复性事物和概念所做的统一规定，它以科学、技术和实践经验的综合结果为基础，经过有关方面协商一致，由主管机构批准，以特定的形式发布，作为共同遵守的准则和依据。由此可以看出，标准宜以科学、技术和实践经验的综合成果以及经过验证正确的信息数据为基础，以主管机构认定的结果为准则。

标准有不同的类型和层级，按使用范围划分可分为国际标准、区域标准、国家标准、行业标准、地方标准和企业标准；按内容划分可分为基础标准、产品标准、辅助标准、材料标准、方法标准；按成熟程度划分可分为法定标准、推荐标准、试行标准和标准草案。国际标准由国际标准化组织审查与颁布。在中国，国家标准由国务院标准化行政主管部门制定，行业标准由行业主管部门制定并报有关部门备案。由此可知，标准是由一个公认的机构制定和批准的文件，它对活动或活动的结果规定了规则、导则或特殊值，供多个共同题反复使用，以实现在预定领域内最佳秩序的效果。因此，标准就成了为在一定范围内获得最佳秩序，经协商一致制定并由公认机构批准，共同使用和重复使用的一种规范性文件。很显然，若要用指标分析问题，指标本身也需要有一个相关各方认可的标准，然后将指标分析的结果与之相应的标准相对比，就可得知研究对象处于何种状态或何种程度，因此，指标的标准就成为指标分析的基础和判断研究对象所处状态与程度的依据。

实际上，从标准的实用效果来看，标准不仅可以用来分析和判定一个管理对象的所处状态与程度，在工程实践中还可以促进工程管理水平的提高，避免发生重复性错误，使工程项目在有秩序的基础上组织和实施。更有意义和价值的是，随着科学技术的发展，生产的社会化程度越来越高，生产规模越来越大，技术要求越来越复杂，分工越来越细，生产协作越来越广泛，这就必须通过预先制定的标准来保证各生产部门的活动在技术上保持高度的统一和协调，以保障生产的正常进行。从工程项目实施状态诊断的角度来看，利用诊断指标对项目进行分级诊断和综合评判的过程实质上也是一个将研究对象与其相应标准进行对比分析的过程，因此，若要实现对工程项目实施状态的诊断与分析，首先就是要明确确定诊断指标的标准。

5.1.2　确定指标标准的原则

既然标准是衡量研究对象或管理对象的准则，那么，这个准则就必须科学、正确、合理、实用，不仅应当有利于合理利用国家资源、推广科学技术成果、提高经济效益、保障安全和人民身体健康、保护环境、有利于工程项目各产品的通用互换及标准的协调配套等，还需得到工程参与各方以及上级主管部门的一致认可。从工程项目实施状态诊断标准这一角度来看，所确定的标准不仅应满足工程问题的定性分析，更应尽可能地定量化，满足定量分析的要求。更重要的是，若要使问题分析结果得到各方的认可并有效解决工程实际问题，在问题的分析中不仅要客观、正确和全面地反映问题的实质，更要确保指标标准的科学性、正确性和有效性。因此，确定指标的标准时就应遵循一定的原则，主要有以下几点。

（1）标准的选取应以国家公布的有关标准、规范、规程等为基准。

（2）指标标准要具体、明确且定量化。

（3）指标标准应用具体的数值来表示，当无法给出具体数值而以数值范围表示时，也须给出明确的阈值。

（4）对于只能进行定性分析的问题，应有明确的语言描述做参考。

（5）标准要以明确肯定的语言来定义和表述，标准中不得使用多义性词语。

（6）在确保与国家有关规定相一致的前提下，结合诊断的实际需要，确定出具体的参考标准。

（7）新确定的指标标准必须得到上级主管部门或有关专家的一致认可。

（8）指标标准的单位应尽可能使用国际通用单位。

（9）同一工程的所有单位所使用的标准必须一致。

5.1.3　指标标准的确定方法

目前，就指标标准的确定方法而言，国内外仍没有一个统一的定式，常常是结合研究对象的具体形态以不同的方式来针对性地解决问题。例如，在医学中，健康诊断指标的标准是通过对已收集到的足够数量的、已确诊的并有完整记载病例的统计分析和有关试验来建立起人体各项功能的健康诊断指标标准；在机械故障诊断中，设备在其制造前已通过大量的实验或现场试验确定出其正常运行的各种特性参数值，而这些参数值就成为判断设备后期运行是否正常的标准和依据。但在工程实践中，确定指标标准的方法常有以下几种。

1. 生产经验法

这是一种在对工程实践经验和相关资料加以总结的基础上确定研究对象指标标准的方法。采用这种方法时，为了获得指标标准的确定依据，常常需要收集大量的相关资料并对之进行初步的整理和归类，然后在相关理论的指导下进行统计分析并总结其内在的规律，以确定出研究对象的指标标准和有关参数。由于这种方法多以工程实践结果为依据，因而，参考的依据具有一定程度的可靠性和真实性。但由于其中的一些数据不易获得，一般采用文献查阅、问卷调查和现场调查等方法来弥补确定标准过程中的依据不足。另外一个问题就是在采用这种方法的过程中可能会出现数据转化困难的问题，这时可能就需要通过修改系统边界和数据表达模式或使用替代数据来解决这一问题。

2. 生产试验法

生产经验法虽然有源于实际、反映实际的独特优点，但只能适用于普通数据的收集和一般性的研究对象，这主要是由于任何个人的经验或局部的试验数据在工程建设的海量数据面前都微不足道，都无法涵盖事物的全面。但是，在确定指标标准的过程中，当出现部分指标数值缺失的问题，而这些数值又没有可参考和借鉴的依据时，在明确研究对象及其假设条件的前提下，就可通过适当的实验来获取研究所需要的有关数据。因此，这种方法在一些专项问题的研究中能得到较好的结果，但缺点是需要一定的实验设备且实验时间可能过长。

3. 计算分析法

计算分析法是建立在理论分析基础之上的一种方法，它把各种因素通过数学关系模型来加以分析，以此来推算出指标标准的有关限值。在分析和计算过程中，假设与限制是简化研究工作的必要手段，其原则是不影响分析或评价结果的正确性。一些在现阶段无法获得的数据，可以根据实际情况做出一些假设，如可用一个容易获取数据的相似单元来替代那些不容易获取数据的单元，或者以一些平均值和经验值来代替某些具有高度不确定性和难获取性的数据等。通过一些阶段和单元过程数据的替代、简化、删除或适当的假设来优化计算的过程与结果，并达到建立研究对象指标标准的目的。

4. 标准引用法

该方法是在指标标准研究中最常用的方法之一，特别是当国家或本行业的管理部门已有了与研究对象紧密相关的若干指标标准时，由于这些标准具有很强的公认性，因而也经常被研究者作为判定研究对象具体形态的权威性依据。但是，如果所研究的问题具有较强的前沿性，则已存在的公认性标准可能已不能反映研究对象的最新状态和趋向，那么，现有的标准就不再具有很高的参考价值，此时，就需要采用其他方法来解决这一问题。

5. 问卷调查法

由于研究中的一些问题涉及范围较广，涉及因素较多或具有较强的不确定性与多样性，仅凭研究者个人或极少数人无法建立起研究对象的具体形态，此时，解决这一问题最常用的方法就是把研究对象转化成一个相应的问答框架，并以问卷的形式向有关专家和同行发放，征询他们的意见，然后根据得到的调查结果再进行分析和调整并形成相应的指标标准。利用这一方法一般能够快速得到有关专家的先验知识和他们的认可，也能更好地与实际相结合。但由于每个人的观点不同，答案具有一定的离散性，需要研究者认真地筛选和鉴别，必要时还需要研究者针对个别标准进行专门的再调查、再分析和再修正，所以，该方法虽具有很强的实践性，但也有一定的不精确性。

6. 参照借鉴法

这一方法是参照其他专业或其他科学研究成果中的类似标准，通过对标准中细则的对比分析和研究判定，结合研究的具体问题来提取出新的符合研究对象自身指标标准的方法。但是，当采用这一方法时，研究者必须真正了解和掌握参照标准的制定机理与规则，而不能照抄照搬，否则，制定的标准就会出现显著的偏倚。

就大型建设工程项目实施状态诊断指标的标准而言，从已建立的诊断指标体系中可以明确看出，诊断指标具有明显的多样性，而正是这一多样性，给判断这些指标具体采用哪一种方法来确定诊断指标的标准带来了困难。但从指标体系的总体来看，所有诊断指标可分为三大类。

第一类是已有了明确标准的指标，如在工程质量方面，我国已有了《建筑工程施工质量验收统一标准》，对工程实体质量的外形尺寸、平整度、垂直度、工程材料的力学性能、密实度等已有了明确细致的规定和相应的评定方法。在安全管理方面，已有了由原建设部建筑管理司组织编写的《建筑施工安全检查标准》。在环保管理方面，已有了《污水综合排放标准》《大气污染物综合排放标准》《城市区域环境振动标准》《建筑施工场界噪声限值》等国家颁布的规定标准。任何工程项目都必须执行国家或本行业有关部门在此方面的有关规定，因此，此类诊断指标的参考标准便可通过标准引用法，以国家或部门的有关标准或规定为依据，参考和确定相应的指标标准。

第二类是工程本身附带标准的指标，如工程投资、建设规模、建筑面积、竣工时间、设计中预先做出的有关规定等。一旦工程项目被确定，这些项目使用的资金、时间、材料、场地等也就被相应的限定，因此，工程费用、工程进度、工程中可使用的资源以及可能存在的风险就可以以这些工程的附带标准为依据，确定出相应的费用、进度和资源等计划，而这些计划也就成为相应指标所参考的标准。

第三类是没有具体明确标准的指标，如项目人员的工作效率、协调效率等方面的指标。由于工程的多样性，这些方面的管理内容都将随着工程项目的不同要求而进行调整和修订。但此类标准或规定一旦被确定之后一般都有两个共同特点：一是这些结合工程实际情况制定出的管理标准或规定常常是以定性或是半定量的形式确定下来的；二是虽然这些标准都具有满足各自工程管理需求的特殊条款和约定，但管理标准中的大多数内容却具有普适性。更重要的是，在工程实际中，项目管理者为了充分发挥这些管理标准和规定的作用，常常通过含有管理内容和评分标准的打分方式对他们给工程管理产生的效果做出评价，且这种评价方式在工程实践中已经非常成熟并已被项目管理者普遍接受。有鉴于此，这就为制定该类指标标准提供了可参考的模式。为了使此类指标的参考标准在满足诊断工程项目实施状态需求的同时也尽可能地便于工程中的实际应用，就可以以表格化的这种模式将工程管理制度中所规定的内容分项化并赋予不同等级的分值与之相对应，使附有定量数值的定性管理内容成为此类诊断指标的标准。这样，诊断指标体系中所有诊断指标所对应的参考标准便可全部确定。

5.2　指标的三化问题

在研究诊断指标标准的同时，还需要同步考虑并解决的三个问题是指标值的量化转化、诊断结果的同向化和诊断结果的标准化问题。

1. 指标值的量化转化问题

在对工程项目实施状态进行诊断的过程中，各种诊断指标依据不同参考标准所得出的分析结果既有定性的也有定量的，因而，指标值的诊断结果就具有了多样性。但为了便于最终诊断结果的统一分析与判定，就需要将所有诊断结果全部进行量化转化。

一般而言，指标得出的诊断结果主要有三种类型，即定性结果、定量结果和半定量结果。与上述三类指标的标准相对应，对于第一类诊断指标，我们可以按照国家或部门规定标准中确定的评分方法，结合工程实际情况来确定诊断结果的数量值。对于第二类诊断指标，可通过项目实施状态的实际值与其预定的计划值进行比较而得出诊断结果的数量值。对于第三类诊断指标，可根据附有定量数值的定性管理标准内容，结合工程实际情况，通过表格打分方式得出相应的诊断值，然后将此结果与规定的标准值进行对比，使诊断结果变成量化值。这样，便可全部实现诊断结果的数量化。

2. 诊断结果的同向化问题

诊断结果的同向化问题是指当从不同方面诊断项目的同一问题时，由于不同指标具有不同的性质，有些诊断结果趋正为好，而有些诊断结果则与之相反，因而，得出的诊断结果就存在着非同向性问题。特别是在对同一目标进行整体状态的综合诊断时，由于其内部各指标之间的非同向性，必然会给最终诊断结果的递推分析和综合判定带来不便，为此，就必须对所有相关的诊断结果取向提前做出限定，以确定诊断结果的一致性。

3. 诊断结果的标准化问题

很明显，这一问题是由诊断内容的差异性带来的。若依据国家有关标准对有些诊断结果进行分析和诊断，得出的诊断值可能是百分比值，也可能是零一域值，还有一些诊断结果是自然数值。这就意味着，尽管诊断结果都实现了量化转化，但指标值仍存在着非标准化的问题，这一非标准化与非同向化一样，都会给诊断结果的递推分析和综合判定带来不便。因此，针对诊断过程中存在的这三类问题，就需要在完成同向化限定和数量化转化的基础上同步完成规定域值约束下诊断指标值的无量纲化转化，并通过无量纲转化实现所有指标值的标准化。

无量纲的转化方式有多种，可以结合管理所需来确定。但不论使用哪一种，前提是不能影响诊断结果反映的问题本质。因此，在本书研究中，为了便于这一研究成果在工程实际中的应用，结合大型建设工程项目的实际情况和该诊断方法在工程实践中的多次试用结果以及若干项目管理专家的建议，规定所有诊断指标的诊断值都被设定在零一域范围内，即不论诊断结果是百分比值还是自然数值，其结果都需最终通过与之相应标准的最大值对比转换成零一域值，并规定零一域内大值方向的取向为正，与之相反的逆向值通过与一值的互差来完成转换。

5.3　诊断指标的动态调整问题

大型建设工程项目是一个在项目内外多种因素的干扰下，在项目管理者的管控下，朝着预定方向发展的动态系统工程，若要实现对这一系统工程的有效管理，就必须及时了解和掌握它的发生、发展和演化状态，就必须对项目的任何一个管理对象所处状态有着准确的了解和全面的把握，而实现这一目的可通过对大型建设工程项目各层各级管理对象实施状态的即时诊断与分析来实现。因此，工程项目实施状态的诊断与分析在大型建设工程项目管理中就具有十分重要的作用。

但要使工程项目实施状态诊断这一科学的方法发挥有效的作用，首先就必须保证诊断指标在分析和诊断管理对象时具有针对性和有效性。但大型建设工程项目是一个具有显著时变性的动态系统，因此，其管理对象就会随着工程项目的进展而变化，同时还会因外部影响因素的变换而变化。这就意味着，若要实现对大型建设工程项目各层各级管理对象实施状态的即时有效诊断，分析和诊断这些管理对象的指标也必须随着工程项目的进展和影响因素的变化而调整。但如何进行调整就成为实施状态诊断管理中一个主要问题。

5.3.1　工程项目状态变化的辨识与估计

一般来讲，工程项目在正常状态下是稳定的，都会按照项目管理者预定计划去发展。但由于工程项目是一个开放系统，在实施中要持续不断地与系统内外进行资源交换，因此就会受到各种因素不同程度的干扰和影响。当工程项目受到干扰和影响时，常常会有一些异常信息或异态表象出现。这些异态表象一旦出现，就会被项目管理者发现。但有时也存在特殊的情形，即工程项目虽然受到了来自项目内外其他因素的干扰和影响，但并未呈现出异态表象。一是这些干扰因素对项目所产生的影响和作用程度较低，基本可以忽略，故而工程项目未表现出来；二是对项目的影响虽然较大，但可能由于其他因素而暂时隐藏下来，工程项目也未表现出异常。对于第一种情况，基本不会给工程项目的后期发展和项目管理者带来不利影响。但对于第二种情况，就可能使项目管理者失去对工程项目现有状态的正确判断，并使得工程项目现有状态存在失控的可能性。很显然，这种现象的存在对于工程项目管理而言是一种非常不利的情况。特别是对于大型建设工程项目来讲，这种状态的出现就意味着工程项目管理系统可能出现了较大的偏差或严重的事故，这必然是项目管理者所不期望的。因此，这就需要项目管理者对项目实施状态进行及时的状态分辨与估计，以便根据项目实施状态的变化程度做出相应的调整和决策，确保项目朝着预定的方向发展。

在工程项目中，对工程项目的所处状态直接进行估计与判别常常具有一定的困难，不仅是因为项目状态的形式具有多样性，而且更主要是因为很多管理者缺乏对项目状态潜在危险变化的经验与知识，因此，这就给工程项目实施状态的分辨与估计带来困难。为此，这就需要项目管理者预先对之学习和了解，获知项目状态变化与其相关因素和后期演变的相关性。例如，当工程项目进入一个新的阶段时，就会出现该阶段管理对象所对应的新表象，如工程质量的高低、工程进度的快慢、工程成本的增减、项目参与各方的工作效率、安全与风险问题的出现等，并且工程项目整个系统的变化都将以这些不同类型的表象呈现出来。对工程项目这个系统来说，这些表象都是这个系统的信息显现。若项目管理者能及时发现系统所呈现的这些信息，就意味着对系统状态的变化有了可以预知和分析的基本依据。因此，这就要求项目管理者在对项目实施管理的过程中，要不断注意新态表象的出现和异态表象的呈现，一旦发现这些问题，即可对工程项目实施状态做出新的判别与估计。

5.3.2　诊断指标的调整

在工程项目的管理中，项目管理者一旦发现工程项目实施状态出现新态表象或呈现异态表象后，项目管理者即可采用现有的诊断指标对工程项目的实施状态进行分析和诊断。如果现有的诊断指标完全可以发现当前问题的根源，那么，这就表明当前的诊断指标依旧有效，而不需要进行调整。反之，如果采用现有的诊断指标对工程项目的实施状态进行分析和诊断后，所指示的问题根源与所现异态表象存在映射差异，那就有可能存在诊断指标失效的问题。在此情况下，项目管理者就需调整和修正现有的诊断指标。其具体步骤如下。

（1）获取出现的新态表象或异态表象。

（2）对所出现的问题表象进行特征分析。

（3）按照指标提取模型获取问题表象的特征参数及其相应的新指标。

（4）将新指标与诊断指标体系进行比较，检查是否存在指标缺失。如果指标体系有该指标，则进行指标调整。若无该指标，则进行指标修正。

（5）同步完成指标的标准确定工作，并解决指标的三化问题。

（6）用调整或修正后的指标对该问题进行分析，检验指标的有效性。若满足管理需求，则进行工程项目的实施状态管理。否则重新进行指标分析。

5.4　诊断指标权重的同步修正技术

很显然，在大型建设工程项目实施状态诊断系统的诊断指标进行调整后，若要使这一诊断方法继续发挥其有效作用，与之相应的诊断指标权重也必须做出相应的调整和修正，否则，即使利用调整和修正后的诊断指标来分析和诊断大型建设工程项目的实施状态及其存在的问题，也不会得出可信有效的分析结果，无法给项目管理者对工程项目实施管理提供科学有效的依据。因此，与指标相应的指标权重也必须进行同步的调整或修正。

就此问题而言，目前，在大型建设工程项目管理中，已实现了对工程项目的计算机化管理，工程项目实施状态诊断系统已成为大型建设工程项目管理平台的一个子系统。因此，当工程项目实施状态的诊断指标发生变化后，诊断系统的指标体系也须做相应修改和调整，与该指标体系配套的原指标权重，在其局部调整的指标族中也就随之失效。对此，为了实现指标变化后的指标权重同步调整，可将确定诊断指标权重的差异度模型以程序的方式嵌入指标体系中。当指标发生变化后，只要给出局部调整后的指标族中各指标向量值，即可解决指标权重的同步修正问题。其具体步骤如下。

（1）确定调整后的指标有效性。

（2）将调整或修正后的指标进行编码，赋予其唯一的指标代码。

（3）将差异度分析模型 $r_{ij} = \sum \left| x_{ik} - x_{jk} \right|$ 和指标权重的计算公式 $w_i = \sum_{i=1}^{n} r_{ij} / n$ 以程序模块的方式嵌入指标体系中。

（4）在大型建设工程项目实施状态诊断系统中设置指标的广义 Likert 量表。

（5）当指标发生变化后，邀请若干项目管理专家和工程管理人员对调整或修正后的指标族进行重要度分析，获取权重分析的基本数据。

（6）获得所有分析对象的重要度判断结果，并将判断结果组成其相应的集合 S。

（7）对集合中所有数值进行归一化处理。

（8）调用差异度分析模块获取该指标族所有指标的差异度。

（9）对所有指标的差异度进行总值归一化。

（10）调用指标权重的计算公式模块求得各个指标的权重。

（11）将指标权重赋值到指标体系，完成与诊断指标权重的同步匹配与修正。

由于差异度分析模块和指标权重的计算公式模块已预先嵌入工程项目实施状态诊断系统中，在诊断指标的权重修正中，只要管理者完成基于广义 Likert 量表的指标族重要度调查，诊断系统就会自动完成后续的一系列数据分析工作，并自动将计算得出的指标权重赋值到指标体系中。因此，大型建设工程项目实施状态诊断系统的诊断指标进行调整后，与其相应的诊断指标权重完全可实现同步状态下的相应的调整与修正，并实现实施状态诊断系统诊断指标的自动化管理。

5.5　分级诊断的递推分析

在构建分级诊断模型的分析中已明确指出，当分析和诊断微观层级的工程项目管理对象实施状态时，由于所分析的问题主要是大量的非线性和时变性问题，问题的呈现形式也主要是表象型信息而非数据型信息，因而，就以特征诊断方法为主，最大限度地发挥特征诊断在分析具有非线性和时变性问题表象中的作用。当分析和诊断中观层级和宏观层级的工程项目实施状态时，它们的诊断是完全建立在微观诊断结果的基础之上的，因而就以模型诊断的方法为主，充分利用该方法严谨的数理和逻辑推证作用，使诊断结果建立在工程充分实证依据的基础之上，确保中观和宏观层级诊断结果的科学性、客观性和有效性，从而实现对大型建设工程项目实施状态的分级诊断。在此基础上，就如何实现微观层级的诊断给出了具体的分析模型、实施步骤与操作程序，只要获得诊断指标值及诊断指标的相应权重即可获得微观层级的诊断结果。

　　但当进行中观层级和宏观层级实施状态的诊断时，工程中所呈现的信息和数据全部来自项目微观状态的具体管理对象，而不是中观层级和宏观层级管理对象的信息呈现，导致中观层级和宏观层级实施状态的诊断指标无法从项目的信息表象中直接获得其相应的指标值，因而也就无法实现对大型建设工程项目中观层级和宏观层级实施状态的诊断。若要解决这一问题，需要从两个方面来思考和分析：一是工程实态表现方面；二是工程系统的结构组成方面。从工程实态表现来看，大型建设工程项目中观层级和宏观层级实施状态的表现本质上都是微观状态和中观状态所有管理对象发展结果的累积，因此，直接从微观状态和中观状态的所有管理对象中获取诊断指标的指标值就非常困难。同时，从工程系统的结构组成方面来看，大型建设工程项目中观层级和宏观层级分别是由微观层级和中观层级的所有管理对象组成的，因此，大型建设工程项目中观层级和宏观层级的实施状态必然是微观层级和中观层级的所有管理对象所处状态的集成结果。这两方面的分析结果都表明，若要了解和掌握大型建设工程项目中观层级和宏观层级的实施状态，就必须从微观层级和中观层级所有管理对象实施状态的发展累积和集成结果来获取，而不能从这两个层级的管理对象来直接获取。

　　从微观层级实施状态诊断的分析结果已可得知，对工程项目微观状态的管理对象进行诊断后，依据其诊断模型 $\omega_{ijk}^m = \alpha_{ijk}^m \beta_{ijk}^m$，即可获得相应的诊断结果。由于微观层级某一管理对象的实施状态 ω_{ijk}^m 是中观层级某一管理对象 α_{ij}^m 的组成成分之一，那么其诊断结果 ω_{ijk}^m 就是中观层级管理对象多个诊断指标 α_{ij}^m 中相应诊断指标的诊断结果。如果将中观层级所包含的所有 ω_{ijk}^m 进行集成，并将它们相应的权重 β_{ij}^m 纳入进来，那么，就可推断出中观层级管理对象的实施状态，即

$$\omega_{ij}^m = \alpha_{ij}^m \beta_{ij}^m = \sum_1^n \omega_{ijk}^m = \sum_1^n \alpha_{ijk}^m \beta_{ijk}^m$$

其中，n 为中观层级管理对象所含诊断指标数。

　　同样，若要分析和诊断宏观层级任一管理对象的实施状态，由于中观层级某一管理对象的实施状态 ω_{ij}^m 是宏观层级某一管理对象 α_i^m 的组成成分之一，那么其诊断结果 ω_{ij}^m 就是宏观层级管理对象多个诊断指标 α_i^m 中相应诊断指标的诊断结果。如果将宏观层级所包含的所有 ω_{ij}^m 进行集成，并将它们相应的权重 β_i^m 纳入，那么，就可推断出宏观层级管理对象的实施状态，即

$$\omega_i^m = \alpha_i^m \beta_i^m = \sum_1^p \omega_{ij}^m = \sum_1^p \alpha_{ij}^m \beta_{ij}^m$$

其中，p 为宏观层级管理对象所含诊断指标数。

　　在此基础上，若要了解和掌握大型建设工程项目实施的总体状况，将所有的

ω_i^m 进行集成即可获知项目整体所处的状态，即

$$\omega=\sum_1^q \omega_i^m = \sum_1^q \alpha_i^m \beta_i^m$$

其中，q 为大型建设工程项目所含子项目数。

将上述中观、宏观和项目整体的实施状态分析模型进行汇总，即可获得大型建设工程项目实施状态的分级递推分析模型，并可据之有效解决各层各级管理对象实施状态的分级诊断问题。

$$\begin{cases} \omega_{ijk}^m = \alpha_{ijk}^m \beta_{ijk}^m \\ \omega_{ij}^n = \alpha_{ij}^n \beta_{ij}^n \quad \alpha_{ij}^n = \sum_1^m \omega_{ijk}^m = \sum_1^m \alpha_{ijk}^m \beta_{ijk}^m \\ \omega_i^q = \alpha_i^p \beta_i^p \quad \alpha_i^p = \sum_1^n \omega_{ij}^n = \sum_1^n \alpha_{ij}^n \beta_{ij}^n \\ \omega = \sum_1^r \alpha_i^r \quad \alpha_i^r = \sum_1^r \omega_i^q = \sum_1^q \alpha_i^q \beta_i^q \end{cases}$$

5.6　分级诊断的频度确定

在解决了以上四项大型建设工程项目实施状态诊断中的主要问题后，还有一个需要分析的问题是实施状态诊断的频度问题，即诊断周期问题。对工程项目实施状态的诊断是建立在所获信息基础上的，而在工程实际中，这些信息需要一定时间的累积，因此，从工程项目诊断管理的角度来看，就需要给项目的诊断时间确定一个诊断频度。一般来说，诊断的周期可以分为天、周、旬、月、季等多种方式。然而，如果确定的诊断周期太短，频度过高，项目的信息和数据的积累度就不够，就可能会导致诊断结果的失真且也会占用过多工时，得不偿失；反之，如果周期过长，频度过低则极易发生信息堆积，失去及时了解和掌握项目真实状态、及时解决有关问题的良机，导致工程中若干问题的进一步恶化。为此，这就需要项目管理者结合工程实际确定一个合适的诊断周期。

一般来讲，工程项目的诊断周期与系统的状态分辨要求和管理所需有关。但不管怎样，状态诊断所需信息的采集应该覆盖管理对象所含的最小工序。所采集的信息序列应该覆盖诊断对象的所有工序。对此，根据 Shannon 的采样定律可知，由于一般诊断信息的采集频率为 2~3 个工序时间单位，则微观层级的工程项目实施状态诊断周期可以此为诊断时间。对于中观层级，子项工程中任何分项工程的变化需要相对较长的时间，因而可以利用贝努利试验所建议的 2~3

倍微观诊断时段为中观层级的工程项目实施状态诊断周期。同样，对于宏观层级，大型建设工程项目中任何子项工程的变化需要相对更长的时间，因而可以2~3倍中观诊断时段为宏观层级的工程项目实施状态诊断周期。

但在工程实际中，在确定工程项目各个层级实施状态的诊断周期时，还应结合工程项目的具体情况来确定。例如，对工程项目实施状态的分析和诊断除应考虑工程项目的规模之外，还应考虑工程的技术含量、施工的难易程度和项目管理所需。确定工程诊断周期总的原则如下：当对某工程管理的要求较高、技术也较为复杂、施工难度相对较大、允许与原定计划的偏差相对较小时，对项目的诊断时间就应相对短一些，如以周、旬、月为诊断频度；而对那些工程约束较为宽松、技术含量也不高、工程也较易控制的项目，诊断周期则可以稍长一些，如以旬、月、季为诊断频度。

第6章 大型建设工程项目实施状态的综合评判

为了实现对大型建设工程项目的有效管理与控制，宏观、中观与微观各层级的工程项目管理者和决策者就需要及时了解和掌握所管对象的所处状态。但在项目管理者利用分级诊断模型与诊断程序完成对大型建设工程项目各层级管理对象实施状态的分级诊断之后，若要判定工程项目所处的即时状态，还必须具备两个条件：一是要有一个科学的分析方法对诊断结果进行评判；二是要有一个科学的判定标准作为评判的准则。因此，研究并提出工程项目实施状态的评判方法与判定标准就成为大型建设工程项目实施状态诊断方法中必须研究和解决的又一重要问题。

6.1 实施状态的评判方法

从理论上讲，对某一对象进行评判首先需要一个参考标准，如果这个标准存在，那么，将该对象与预定的标准进行对比，即可根据对比结果得知该对象与预期目标之间的差异以及该对象在该标准中处于何种状态。因此，对象与标准之间的对比就显得非常重要，没有对比就无法获知对象与目标之间的差异，对一个对象的评判也就无法进行。

按照不同的模式，对比的方法分为很多种，如横向对比和纵向对比、直接对比和间接对比、定性对比和定量对比、局部对比和整体对比、宏观对比和微观对比等。从泛性角度来看，目前最成熟也最具普适性的对比方法是失态分析理论中的对比评判分析法。该方法在分析研究对象的所处状态时，以 α 表示某一广义管理对象的状态实测值，$[\alpha]$ 表示广义管理对象的理想状态值。当 $[\alpha] < \alpha$ 时，认为管理对象的实际状态处于理想状态的上位，管理对象处于良好状态；当 $[\alpha] \approx \alpha$ 时

（偏差在 ± 5%范围内），认为管理对象的实际状态与理想状态基本一致，管理对象处于正常状态；当$[\alpha] > \alpha$时，认为管理对象的实际状态处于理想状态的下位，管理对象处于不良状态。其对比评判分析模型如下：

$$\lambda = \frac{\alpha}{[\alpha]} = \begin{cases} > 1.05 & 良好 \\ \approx 1 & 正常 \\ < 0.95 & 不良 \end{cases}$$

由此可以看出，该模型在分析管理对象与预定标准之间的差异时，直接明了，简洁明确，具有很强的可操作性，只要分析对象可以实现量化转化，即可直接引用该模型。

但在工程实际使用中，如果直接采用这一模型对管理对象进行分析与评判，可能还不能达到工程项目管理者所期望的目标。就大型建设工程项目管理而言，对工程项目的分析与诊断不仅包含微观层级，还包含中观和宏观层级。特别是在宏观和中观层级，管理者和决策者不仅希望通过对诊断结果的对比与分析，了解工程项目所处的基本状态，更期望掌握工程项目的具体情况。例如，当工程项目处于良好状态时，超出预定标准状态是否很多、超出的程度有多大等信息都是工程项目管理者所期望了解和掌握的。因为一旦超出预期标准太大，就意味着可能消耗了过多的工程项目资源。从项目经济效益的角度来讲，这并不是工程项目管理者和决策者所期望的。反之，当工程项目处于不良状态时，低于预定标准是否很多、低出的程度有多大等信息也是工程项目管理者所期望了解和掌握的内容。因为一旦低于预期标准太多，就可能会给工程项目带来更为严重的影响并诱发其他相关问题。即使工程项目处于正常状态，工程项目管理者也期望通过对诊断结果的分析与对比，了解和掌握工程项目的偏差程度并据之来预测项目的发展趋势。因此，直接依靠这一模型可能就无法满足大型建设工程项目实施状态管理的实际需求。

鉴于此，从本书研究出发，为满足大型建设工程项目不同层级的不同工程项目管理需求，在失态分析理论这一普适性的对比分析模型基础上，基于差比理论，对之进行了必要的改进，以获取能够满足大型建设工程项目实施状态管理需求的分析数据。其具体方法如下。

（1）依据失态分析理论的基本判定模型，将管理对象实施状态的诊断值与理想均态值进行对比，以获取管理对象的实际状态与理想状态的相对偏差度λ_r，即

$$\lambda_r = \frac{|\alpha|}{[\alpha]} \tag{6.1}$$

（2）依据差比运算原理，对管理对象实施状态的诊断值与理想均态值进行差比运算，以获取管理对象实际状态与理想状态之间的绝对偏差度λ_o，即

$$\lambda_o = \left| \alpha - [\alpha] \right| \tag{6.2}$$

（3）在获得管理对象的实际状态与理想状态的绝对偏差度 λ_o 和相对偏差度 λ_r 基础上，将绝对偏差度 λ_o 与理想均态值进行再对比，以获取管理对象的实际状态与理想状态的占比偏差度 λ，即

$$\lambda = \frac{\lambda_o}{[\alpha]} = \frac{\left| \alpha - [\alpha] \right|}{[\alpha]} \tag{6.3}$$

这样，通过绝对偏差度、相对偏差度和占比偏差度这三个参数，工程项目管理者不仅可以了解管理对象所处的基本状态，还可以掌握与预定标准的准确偏差程度，为工程项目管理者和决策者制定相应的管理和调控措施提供更有效的科学依据。如果将这三个判定模型进行综合，且按一般允许偏差常态进行考虑，那么，管理对象所处状态的综合判定分析模型为

$$\begin{cases} \lambda_r = \dfrac{|\alpha|}{[\alpha]} = \begin{cases} \geqslant 1.05 & \text{不良} \\ \leqslant 0.95 & \text{不良} \\ 0.95 < \cup < 1.05 & \text{正常} \end{cases} \\[6mm] \lambda_o = \left| \alpha - [\alpha] \right| = \begin{cases} \geqslant 0.05 & \text{不良} \\ < 0.05 & \text{正常} \end{cases} \\[6mm] \lambda = \dfrac{\left| \alpha - [\alpha] \right|}{[\alpha]} = \begin{cases} \geqslant 0.05 & \text{不良} \\ < 0.05 & \text{正常} \end{cases} \end{cases}$$

在大型建设工程项目实施状态诊断分析中，在完成诊断指标的标准化处理后，由失态分析的一般性原理可知，当绝对偏差度 λ_o 大于 0.05、相对偏差度 λ_r 大于 1.05 或小于 0.95、占比偏差度 λ 大于 0.05 时，项目实态已与理想状态偏差很大，可能给项目带来非常不利的影响，需引起工程项目管理者的高度重视。当绝对偏差度 λ_o 小于 0.05、相对偏差度 λ_r 小于 1.05 且大于 0.95、占比偏差度 λ 小于 0.05 时，即使项目实态与理想状态有一定的偏差，但基本处于可控状态。当然，这个阈值仅仅是失态分析原理的一般性参考值，当需确定某一工程中的具体管控阈值时，就需工程项目管理者或研究者结合工程项目的实际管理需求来确定。

6.2　评判标准的理论分析

在诊断指标标准的分析与构建中已明确指出，标准是衡量事物的准则，是以科学、技术和实践经验的综合结果为基础，经有关方面协商一致，由主管机构批

准，以特定形式发布的某类或某一工作必须遵循的准则。由此可知，标准应以科学、技术和实践经验的综合成果为依据进行编制。对于大型建设工程项目实施状态的判定标准而言，依据标准的内涵，若要获得这一标准，就必须先对大型建设工程项目的实施状态从理论到实践角度有一个科学的认识，在此基础上，通过一定的技术手段，并结合一定的工程实践经验，才能为制定这一标准开展有效的工作。

从工程系统学的角度来看，对工程项目的实施状态的判定属于系统状态估计问题。对系统状态进行估计最早的方法是由 Gauss 提出的二乘法，该方法比较简单，因此使用最为广泛。但这种方法缺乏考虑估计参数和观测数据的统计特性，因此，美国学者 Wiener 在此基础上做了进一步的改进，他针对系统状态中出现的随机性干扰和噪声，将显性的非平稳随机过程状态估计转换为平稳状态下的线性估计，并提出了系统平稳线性发展状态下的估计方法。但由于改进后的分析方法过于复杂，很多转换条件在工程实际中无法实现，因而无法在工程实际中得到应用，但在一定程度上却推进了系统状态估计理论的进一步深化与发展。为了进一步有效解决这一问题，美国的 Kalman 和 Bucy 提出了考虑估量观测值统计特性的新方法，即 Kalman 方法。该方法以大量的工程实测数值为基础，通过低维数据的高维运算和高维结果的低维映射，来获取对系统状态的估计与判定参数。但是，当研究的数据过于庞大且研究对象不满足其相关约束条件时，这一方法就受到了明显的限制。

在系统状态的估计中，Kalman 方法为了实现对系统时变状态的有效估计，先假设系统的状态变量为 x，在存在系统内外干扰 v 的情况下，系统状态的表现和输出 y 与系统状态变量 x 及系统内外干扰 v 的关系就成为一种多值映射的函数关系，即 $y = Hx + v$。其中，H 是 $m \times n$ 维系统状态变量 x 的观测矩阵，x 为 n 维向量，y 和 v 都为 m 维向量。在分析系统状态的过程中，由于干扰 v 的存在及系统状态的多样性呈现，系统输入输出所构建的关系方程数目大于方程未知数的数目，即 $m \geqslant n$。此时，实际观测结果 y 与其预先估计值 $\hat{y} = H\hat{x}$ 的残差平方和就为 $J(\hat{x}) = (y - H\hat{x})^{\mathrm{T}}(y - H\hat{x})$。若对 x 进行求导并令偏导值为零，则可知：

$$\frac{\partial J}{\partial \hat{x}} = -2H^{\mathrm{T}}(y - H\hat{x}) = 0 \quad H^{\mathrm{T}}y - H^{\mathrm{T}}H\hat{x} = 0$$

当 $m \geqslant n$ 时，由于 $(H^{\mathrm{T}}H)^{-1}$ 存在，故可得出 $\hat{x}$ 值，即 $\hat{x} = (H^{\mathrm{T}}H)^{-1}H^{\mathrm{T}}y$。若将系统状态变量的权重 W 考虑进去，则可表示为

$$J_W(\hat{x}) = (y - H\hat{x})^{\mathrm{T}}W(y - H\hat{x})$$

此时，W 是一个 $m \times n$ 维的加权矩阵。同样，若对 x 进行求导并令偏导值为零，则可知：

$$\frac{\partial J_W}{\partial \hat{x}} = -2H^{\mathrm{T}}W(y - H\hat{x}) = 0 \quad H^{\mathrm{T}}Wy - H^{\mathrm{T}}WH\hat{x} = 0$$

同样，当 $m \geqslant n$ 时，由于 $\left(H^{\mathrm{T}}WH\right)^{-1}$ 存在，可得出 $\hat{x}_w$ 值，即 $\hat{x} = \left(H^{\mathrm{T}}WH\right)^{-1} H^{\mathrm{T}}Wy$。由此可知，利用多于 x 的输出值 y，即使在有噪声干扰 v 的情况下，也可以对项目的状态做出估计和判断。特别是当 v 的数学期望 $E(v) = 0$ 时：

$$E(\hat{x}) = \left(H^{\mathrm{T}}H\right)^{-1} H^{\mathrm{T}}H \cdot E[x] = E[x]$$

$$E(\hat{x}) = \left(H^{\mathrm{T}}WH\right)^{-1} H^{\mathrm{T}}WH \cdot E[x] = E[x]$$

因此，此种情态下的系统状态估计就是无偏估计。很显然，在实际应用中，管理者都希望对工程项目的状态估计与真实状态的偏差越小越好，这就存在一个状态估计优劣的问题。实际上，对于这一问题，通过估计误差的方差即可解决，即在系统状态估计的研究中，若假设 v 的方差为 $R = \mathrm{VAR}(v) = E\left[vv^{\mathrm{T}}\right]$，则：

$$\mathrm{VAR}(\hat{x}) = E\left[(x - \hat{x})(x - \hat{x})^{\mathrm{T}}\right] = \left(H^{\mathrm{T}}H\right)^{-1} H^{\mathrm{T}}RH \left(H^{\mathrm{T}}H\right)^{-1}$$

$$\mathrm{VAR}(\hat{x}_w) = E\left[(x - \hat{x}_w)(x - \hat{x}_w)^{\mathrm{T}}\right] = \left(H^{\mathrm{T}}WH\right)^{-1} H^{\mathrm{T}}WRWH \left(H^{\mathrm{T}}WH\right)^{-1}$$

当 $W = R^{-1}$ 时，加权估计的方差也达到最小。也就是说，如果已知噪声的一些特性，若使得 $E(v) = 0$，$\mathrm{VAR}(v) = E\left[vv^{\mathrm{T}}\right] = R$，不仅会使系统状态估计的残差最小，而且估计的方差也最小，此时的系统状态估计在数学中也就成为 Markef 估计，即 $\hat{x} = \left(H^{\mathrm{T}}R^{-1}H\right)^{-1} H^{\mathrm{T}}Ry$。之所以进行这一理论的分析与探讨，就是提示和告诫研究者在今后分析和确定大型建设工程项目实施状态判定标准的过程中，只有所获得的工程实际样本具有了无偏性，才能使所提取和确定的大型建设工程项目实施状态判定标准具有实用性和有效性。

6.3　评判标准的估测方法

由对工程项目系统状态估计的理论分析可知，一般情况下，在获取系统状态输出观测值后，即可实现对项目状态的估计与判断，但前提条件是假设系统处于线性稳态。事实上，在工程实际中，系统是开放的、动态的、时变的且非线性的。如果要对这种具有时变性的非线性系统进行线性描述，那么，根据系统控制理论可知，它的变化规律可由其状态方程来确定，即

$$\begin{cases} x_K = \Phi_{K,K-1}x_{K-1} + Hw_{K-1} + G_{K,K-1}w_{K-1} \\ y = H_K x_K + v_K \end{cases}$$

其中，Φ 是状态转移矩阵、G 是系统状态转移中的输入矩阵、H 是系统状态

变量 x 的观测矩阵，w 是系统状态转移中的随机增值向量，下标（K，$K-1$）表示系统状态从时刻 $K-1$ 到 K 的过程。当系统的即时状态值通过有关测量可以获知时，系统的状态估计就是一个由量测序列值计取的问题，即

$$y = H\left(\boldsymbol{\Phi}_{K,0}x_0 + G_{K,0}w_0\right) + v_K \tag{6.4}$$

（1）当 $w_K = 0$，$v_K \neq 0$ 时，式（6.4）为

$$y = H\left(\boldsymbol{\Phi}_{K,0}x_0 + G_{K,0}w_0\right) + v_K = H\boldsymbol{\Phi}_{K,0}x_0 + v_K$$

其中，$\boldsymbol{\Phi}_{K,0} = \boldsymbol{\Phi}_{K,K-1} + \boldsymbol{\Phi}_{K-1,K-2} + \boldsymbol{\Phi}_{K-2,K-3} + \cdots + \boldsymbol{\Phi}_{1,0}$，$x_0 = \left(\boldsymbol{\Phi}_{K,0}\right)^{-1} x_K$，$y_i = H\boldsymbol{\Phi}_{K,K-i}x_i + v_i$。

输出量的残差平方和为

$$J(\hat{x}) = \sum_{i=1}^{k}\left(y_i - \hat{y}_i\right)^{\mathrm{T}}\left(y_i - \hat{y}_i\right) = \sum_{i=1}^{k}\left(y_i - H\boldsymbol{\Phi}_{K,K-i}x_i\right)^{\mathrm{T}}\left(y_i - H\boldsymbol{\Phi}_{K,K-i}x_i\right) \tag{6.5}$$

若考虑加权，则：

$$\begin{aligned}
J(\hat{x}) &= \sum_{i=1}^{k}\left(y_i - \hat{y}_i\right)^{\mathrm{T}} W_i\left(y_i - \hat{y}_i\right) \\
&= \sum_{i=1}^{k}\left(y_i - H\boldsymbol{\Phi}_{K,K-i}x_i\right)^{\mathrm{T}} W_i\left(y_i - H\boldsymbol{\Phi}_{K,K-i}x_i\right)
\end{aligned}$$

若对式（6.5）中的 x 进行求导并令偏导值为零，则可知：

$$\frac{\partial J}{\partial \hat{x}_K} = -2\sum_{i=1}^{k}\left(H\boldsymbol{\Phi}_{K,K-i}\right)^{\mathrm{T}}\left(y_i - H\boldsymbol{\Phi}_{K,K-i}x_i\right) = 0$$

$$\sum_{i=1}^{k}\left(H\boldsymbol{\Phi}_{K,K-i}\right)^{\mathrm{T}}\left(y_i - H\boldsymbol{\Phi}_{K,K-i}x_i\right) = 0$$

$$x_k = \left[\sum_{i=1}^{k}\left(H\boldsymbol{\Phi}_{K,K-i}\right)^{\mathrm{T}}\left(H\boldsymbol{\Phi}_{K,K-i}\right)\right]^{-1}\left[\sum_{i=1}^{k}\left(H\boldsymbol{\Phi}_{K,K-i}\right)^{\mathrm{T}} E\left[y_i\right]\right] \tag{6.6}$$

此时的数学期望为

$$\begin{aligned}
E\left(\hat{x}_k\right) &= \left[\sum_{i=1}^{k}\left(H\boldsymbol{\Phi}_{K,K-i}\right)^{\mathrm{T}}\left(H\boldsymbol{\Phi}_{K,K-i}\right)\right]^{-1}\left[\sum_{i=1}^{k}\left(H\boldsymbol{\Phi}_{K,K-i}\right)^{\mathrm{T}} E\left[y_i\right]\right] \\
&= \left[\sum_{i=1}^{k}\left(H\boldsymbol{\Phi}_{K,K-i}\right)^{\mathrm{T}}\left(H\boldsymbol{\Phi}_{K,K-i}\right)\right]^{-1}\left[\sum_{i=1}^{k}\left(H\boldsymbol{\Phi}_{K,K-i}\right)^{\mathrm{T}} HE\left[x_i\right]\right] \\
&= \left[\sum_{i=1}^{k}\left(H\boldsymbol{\Phi}_{K,K-i}\right)^{\mathrm{T}}\left(H\boldsymbol{\Phi}_{K,K-i}\right)\right]^{-1}\left[\sum_{i=1}^{k}\left(H\boldsymbol{\Phi}_{K,K-i}\right)^{\mathrm{T}} H\left(\boldsymbol{\Phi}_{K,K-i}\right)\right] \\
&= E\left[x_k\right] \\
&= x_k
\end{aligned}$$

（2）当 $w_K \neq 0$，$v_K \neq 0$ 时，设 $X_k = \begin{bmatrix} x_k \\ w_k \end{bmatrix}$，$\Psi_k = [\Phi_k, G_k]$，$Z_k = [H_K, 0]$，此时的广义系统方程为

$$\begin{cases} X_K = \Psi_{K,K-1} X_{K-1} \\ y = Z_K X_K + v_K \end{cases}$$

与上述过程一致，则：

$$X_k = \begin{bmatrix} \hat{x}_k \\ \hat{w}_k \end{bmatrix} = \left[\sum_{i=1}^{k} \left(\Psi_{K,K-i} \right)^{\mathrm{T}} Z^{\mathrm{T}} \left(Z \Psi_{K,K-i} \right) \right]^{-1} \left[\sum_{i=1}^{k} \left(Z \Psi_{K,K-i} \right)^{\mathrm{T}} y_i \right]$$

此时的数学期望为

$$E(\hat{x}_k) = \left[\sum_{i=1}^{k} \left(\Psi_{K,K-i} \right)^{\mathrm{T}} Z^{\mathrm{T}} \left(Z \Psi_{K,K-i} \right) \right]^{-1} \left[\sum_{i=1}^{k} \left(Z \Psi_{K,K-i} \right)^{\mathrm{T}} E[y_i] \right]$$

$$= \left[\sum_{i=1}^{k} \left(\Psi_{K,K-i} \right)^{\mathrm{T}} Z^{\mathrm{T}} \left(Z \Psi_{K,K-i} \right) \right]^{-1} \left[\sum_{i=1}^{k} \left(Z \Phi_{K,K-i} \right)^{\mathrm{T}} Z E[X_K] \right]$$

$$= \left[\sum_{i=1}^{k} \left(\Psi_{K,K-i} \right)^{\mathrm{T}} Z^{\mathrm{T}} \left(Z \Psi_{K,K-i} \right) \right]^{-1} \left[\sum_{i=1}^{k} \left(Z \Psi_{K,K-i} \right)^{\mathrm{T}} Z \left(\Psi_{K,K-i} \right) \right] E[X_K]$$

$$= E[X_K] = E \begin{bmatrix} x_k \\ w_k \end{bmatrix} = x_k$$

在系统的状态估计分析中，还需同时考虑的另外一个问题是，当系统不断扩大时，系统的 K 也会不断增大，那么，对 x 的估计量也就会不断增大。对于大型建设工程项目这样一个较为庞大的系统来讲，其实际含义就是，当项目规模越大时，对系统状态的估计所涉及的因素不仅会越来越多，状态估计的数量也会越来越大，而且估计难度也会越来越高，并需要在系统初态的基础上开展对系统更大状态的分析与估计。对此，基于系统状态在时变环境下的演化所具有的累积性和渐变性，一般就需要采用递推方式来进行复杂性问题的简化分析。据此，对大型建设工程项目实施状态的估计与判定也就需要分层分类地去进行分析、诊断与评价（这一问题将在本章的第五小节予以论述）。如果由观测量 $y_1, y_2, \cdots, y_k$ 估计出项目状态 x_k 后，又可获得 y_{k+1}，则

$$x_{k+1} = \left[\sum_{i=1}^{k+1} \left(H \Phi_{K,K-i} \right)^{\mathrm{T}} \left(H \Phi_{K,K-i} \right) \right]^{-1} \left[\sum_{i=1}^{k+1} \left(H \Phi_{K,K-i} \right)^{\mathrm{T}} y_i \right]$$

$$= \left[\sum_{i=1}^{k} \left(H \Phi_{K,K-i} \right)^{\mathrm{T}} \left(H \Phi_{K,K-i} \right) + H^{\mathrm{T}} H \right]^{-1} \left[\sum_{i=1}^{k} \left(H \Phi_{K,K-i} \right)^{\mathrm{T}} y_i + H^{\mathrm{T}} y_{K+1} \right]$$

$$\sum_{i=1}^{k} \left(H \Phi_{K,K-i} \right)^{\mathrm{T}} \left(H \Phi_{K,K-i} \right) = \left(\Phi_{K,K-i}^{-1} \right)^{\mathrm{T}} \sum_{i=1}^{k} \left(H \Phi_{K,K-i+1} \right)^{\mathrm{T}} \left(H \Phi_{K,K-i} \right) \left(\Phi_{K,K-i} \right)^{-1}$$

$$\sum_{i=1}^{k}\left(H\boldsymbol{\varPhi}_{K,K-i}\right)^{\mathrm{T}}\boldsymbol{y}_i=\left(\boldsymbol{\varPhi}_{K,K-i+1}^{-1}\right)^{\mathrm{T}}\sum_{i=1}^{k}\left(H\boldsymbol{\varPhi}_{K,K-i}\right)^{\mathrm{T}}\boldsymbol{y}_i$$

令：

$$\begin{cases}\hat{\boldsymbol{x}}_{k+1,k}=\boldsymbol{\varPhi}\hat{\boldsymbol{x}}_k\\[2mm]\boldsymbol{P}_k=\left[\sum_{i=1}^{k}\left(H\boldsymbol{\varPhi}_{K,K-i}\right)^{\mathrm{T}}\left(H\boldsymbol{\varPhi}_{K,K-i}\right)\right]^{-1}\\[4mm]\boldsymbol{P}_{k+1,k}=\boldsymbol{\varPhi}\boldsymbol{P}_k\boldsymbol{\varPhi}^{\mathrm{T}}\\[2mm]\boldsymbol{P}_{K+1}=\left[\boldsymbol{P}_{k+1,k}^{-1}+\boldsymbol{H}^{\mathrm{T}}\boldsymbol{H}\right]^{-1}\end{cases}$$

则 $\hat{\boldsymbol{x}}_{k+1}=\left[\boldsymbol{P}_{k+1,k}^{-1}+\boldsymbol{H}^{\mathrm{T}}\boldsymbol{H}\right]^{-1}\left[\boldsymbol{P}_{k+1,k}^{-1}\hat{\boldsymbol{x}}_{k+1,k}+\boldsymbol{H}^{\mathrm{T}}\boldsymbol{y}_{K+1}\right]$。应用矩阵求逆公式，则：

$$\hat{\boldsymbol{x}}_{k+1}=\hat{\boldsymbol{x}}_{k+1,k}+\boldsymbol{P}_{k+1,k}\boldsymbol{H}^{\mathrm{T}}\left[\boldsymbol{H}^{\mathrm{T}}\boldsymbol{H}\boldsymbol{P}_{k+1,k}+\boldsymbol{I}\right]^{-1}\left[\boldsymbol{y}_{K+1}-\boldsymbol{H}\boldsymbol{x}_{k+1,k}\right]$$

令 $\boldsymbol{K}_{k+1}=\boldsymbol{P}_{k+1,k}\boldsymbol{H}^{\mathrm{T}}\left[\boldsymbol{H}^{\mathrm{T}}\boldsymbol{H}\boldsymbol{P}_{k+1,k}+\boldsymbol{I}\right]^{-1}$，则：

$$\hat{\boldsymbol{x}}_{k+1}=\hat{\boldsymbol{x}}_{k+1,k}+\boldsymbol{K}_{k+1}\left[\boldsymbol{y}_{K+1}-\boldsymbol{H}\hat{\boldsymbol{x}}_{k+1,k}\right]$$

$$\boldsymbol{P}_{k+1}=\left[\boldsymbol{P}_{k+1,k}^{-1}+\boldsymbol{H}^{\mathrm{T}}\boldsymbol{H}\right]^{-1}=\boldsymbol{P}_{k+1,k}\left[\boldsymbol{I}-\boldsymbol{H}\boldsymbol{K}_k\right]$$

综合上述推证可知，当已由观测量 $\boldsymbol{y}_1,\boldsymbol{y}_2,\cdots,\boldsymbol{y}_k$ 估计出项目状态 $\boldsymbol{x}_k$ 后，对系统状态的估计即可通过如下模型来完成：

$$\begin{cases}\hat{\boldsymbol{x}}_{k+1,k}=\boldsymbol{\varPhi}\hat{\boldsymbol{x}}_k\\[2mm]\boldsymbol{K}_{k+1}=\boldsymbol{P}_{k+1,k}\boldsymbol{H}^{\mathrm{T}}\left[\boldsymbol{H}^{\mathrm{T}}\boldsymbol{H}\boldsymbol{P}_{k+1,k}+\boldsymbol{I}\right]^{-1}\\[2mm]\hat{\boldsymbol{x}}_{k+1}=\hat{\boldsymbol{x}}_{k+1,k}+\boldsymbol{K}_{k+1}\left[\boldsymbol{y}_{K+1}-\boldsymbol{H}\hat{\boldsymbol{x}}_{k+1,k}\right]\\[2mm]\boldsymbol{P}_{k+1}=\boldsymbol{P}_{k+1,k}\left[\boldsymbol{I}-\boldsymbol{H}\boldsymbol{K}_k\right]\\[2mm]\boldsymbol{P}_k=\left[\sum_{i=1}^{k}\left(H\boldsymbol{\varPhi}_{K,K-i}\right)^{\mathrm{T}}\left(H\boldsymbol{\varPhi}_{K,K-i}\right)\right]^{-1}\end{cases}\qquad(6.7)$$

当大型建设工程项目的系统状态观测数据量较大时，可将模型（6.7）编成计算机程序语言，即可实现大数据的快速分析与递推运算。其核心程序如下所示。

```
Clear;
Sub; N=I; V (1) =0; P (1) =1; X (T) =0; Y (T) =0;
For: I=1: I;
K (I) =P (I-1) / (P (I-1) +1) ;
 P (I) =K (I) ;
T (I) =I-1;
Y (I) =Y (I-1) +V (I) ;
```

```
X (I) =X (I-1) +K (I) * (Y (I) -X (I-1) ) ;
Public Static Void Add (String S1, String S2) {
Int X (I) = New Int[Math.Max (S1.Length ( ), S2.Length ( ) ) ];
Int I = 0, J = Math.Max (S1.Length ( ), S2.Length ( ) ) –
Math.Min (S1.Length ( ), S2.Length ( ) ) ;
If (S1.Length ( ) > S2.Length ( ) ) {
For (; I < J; I++) {
Int T = Integer.Parseint (String.Valueof (S1.Charat (I) ) ) ;
X[I] = T;

}
For (J = 0; I < S1.Length ( ) & J < S2.Length ( ) ; I++, J++) {
Int T1 = Integer.Parseint (String.Valueof (S1.Charat (I) ) ) ;
Int T2 = Integer.Parseint (String.Valueof (S2.Charat (J) ) ) ;
X (I) = T1 + T2;

}
} Else {
For (; I < J; I++) {
Int T = Integer.Parseint (String.Valueof (S2.Charat (I) ) ) ;
X (I) = T;

}
For (J = 0; I < S2.Length ( ) & J < S1.Length ( ) ; I++, J++) {
Int T1 = Integer.Parseint (String.Valueof (S2.Charat (I) ) ) ;
Int T2 = Integer.Parseint (String.Valueof (S1.Charat (J) ) ) ;
X (I) = T1 + T2;

}
}
//
For (I = X.Length - 1; I > 0; I--) {
X (I) = X[I - 1] + X (I) / 10;
X (I) = X (I) % 10;

}
String Res = New String ( ) ;
For (I = 0; I < X.Length; I++) {
Res += X (I) ;

}
```

X = Null；

System.Out.Println（"结果："＋Res）；

}

Sub End；

Multival Shw：N，X，Y，K，V；

End.

6.4　大型建设工程项目实施状态评判标准的测算与确定

6.4.1　评判标准现状

目前，大型建设工程项目实施状态诊断系统所采用的综合状态判定标准主要是采用专家经验法所确定的标准。尽管该方法在制定标准时较为简单，易于编制，但不同专家对标准中的判定阈值却有不同的看法。因此，在获得大型建设工程项目实施状态的诊断值后，就常常出现不同专家对项目同一状态诊断值给出不同判定结果的情况，并进而引起不同专家对工程项目实施状态总体判定的更大争议。究其原因，最根本的问题还是源于缺乏一个能被决策群体共同认可且能客观有效地反映工程实际状态的科学判定标准。

为此，很多研究者从不同角度、采用不同方法分别就如何制定出科学有效的大型建设工程项目实施状态综合判定标准进行了不同深度的研究，先后提出了无差异折中法、灰色分析法、阶段分解法、差值比较法、马氏链分析法、Delphi 分析法等多种方法，并取得了一定的效果。但这些方法偏重理论研究，实用性较差，其共性问题主要集中在三个方面：一是建立的标准测算模型过于复杂，约束条件和前提假设太多，推定出的标准不能全面有效地反映大型建设工程项目的实际状况；二是制定的标准多是一个断点定值，而非全程域值，一旦发生系统状态波动，便无法满足工程项目管理的实际使用要求；三是在制定标准的过程中，制定的标准没能有效反映出工程系统的状态特性，并且由于分析样本过少或含有的噪声过多，所制定标准与工程实际有较大的偏差。因此，若要实现对工程项目实施状态的有效分析与管理，就必须提出一种基于工程实际且科学有效的新标准。

6.4.2　评判标准测算

由上述系统状态估计的理论分析可知，在系统状态的估计分析中，若能获知系统状态的若干输出结果以及与其相应的信息，那么就有可能通过量测序列值计取提炼出项目状态的判定准则。这个准则在系统估计中一般可用准则函数来表达。表达的方式主要有三种，即直接误差准则、误差函数矩准则和直接概率准则。直接误差准则是以某种形式的误差为变量函数作为系统函数的估计准则。在这类准则中，准则函数一般是凸函数，估计式是通过准则函数极小化导出的，与观测噪声的统计特性无关。因此，这类准则主要适用于统计规律未知的情况。误差函数矩准则是以直接误差函数矩作为准则函数，以其均值为零和方差最小为准则。在这类准则中，要求观测噪声的有关矩阵必须是已知的，因此它比直接误差需要求更多的信息，得出的结果也相对具有更高的精度。直接概率准则是以某种形式误差的概率密度函数来构成，估计式是通过准则函数极值条件导出的。由于这类准则与概率密度有关，这就要求有关的概率密度函数必须存在，而且要知道它的具体形式。但由于这类估计函数的导出较为困难，应用的范围十分有限。为此，最实际也最常用的准则获取方法就是在获取若干基于工程实际的量测序列值基础上，按照模型（6.7），通过逆算来计取并提炼出项目状态的估计准则。

按照这一思路，为获得基于工程实际且可满足大型建设工程项目实施状态评判标准研究的足量量测序列值样本，本书研究在 8 家大型建设集团公司的支持下，对 2012~2016 年建设的 21 项大型建设工程项目进行了现场调查与实例取证。这 21 项工程分别分布在华北、华中和华东三个地区，投资规模均为 43~58 亿元，每项工程都含有建筑工程、设备安装、外线架设、水电设施和辅助配套五个子项工程，建设工期均为 21~29 个月。这些工程全部由集团公司直接管控，因而在集团公司主管领导的支持下，全部采用了大型建设工程项目实施状态诊断管理系统，并规定每两周全部诊断一次各单位工程内含所有子项工程的实施状态，每月全部诊断一次各单位工程的总体实施状态。工程实施状态统一被预先划分为优秀（EX）、良好（WE）、一般（CO）、较差（BA）、不好（WO）五种状态等级。这样，在这些项目完工后，研究组从其管理信息系统共获得了 3 262 组工程项目实施状态的诊断数据真实样本。在此基础上，依据 Kalman 分析方法并结合研究对象的实际情况，为获得描述工程项目实施状态的参数值，通过内嵌于诊断系统的系统状态综合分析程序，对此 3 262 组数据进行了集成，获得了描述这 21 项工程 26 个月的 59 组工程项目实施状态总体状况参数均值，并以此作为本书研究分析大型建设工程项目实施状态的序列参数样本 x（表 6.1）。在此基础上，将这些样本值输入式（6.7）的预编分析程序后，得到了表 6.1 所示的测算结果。其中，表中 S 是工程所处实态的量测序列真值。

表 6.1 系统状态估计参数分析表

N	X	V	Y	P	S	R
1	0.912	0.003	0.932	0.052	1.203	WE
2	0.800	0.014	0.798	0.031	0.986	CO
3	0.936	0.012	0.941	0.046	1.325	WE
4	0.691	0.027	0.693	0.021	0.712	BA
5	0.982	0.005	0.987	0.094	1.321	EX
6	0.887	0.010	0.891	0.087	1.862	WE
7	0.778	0.024	0.781	0.028	0.796	CO
8	0.968	0.002	0.966	0.085	0.721	EX
9	0.992	0.004	0.992	0.090	1.112	EX
10	0.867	0.012	0.882	0.087	1.238	WE
11	0.786	0.032	0.791	0.029	0.768	CO
12	0.742	0.033	0.739	0.014	0.801	BA
13	0.863	0.008	0.863	0.089	1.136	WE
14	0.963	0.001	0.966	0.077	1.005	EX
15	0.990	0.002	0.987	0.079	1.238	EX
16	0.858	0.005	0.864	0.078	1.362	WE
17	0.697	0.036	0.696	0.016	0.556	BA
18	0.798	0.023	0.799	0.038	0.968	CO
19	0.630	0.048	0.633	0.001	0.534	WO
20	0.865	0.007	0.864	0.091	1.541	WE
21	0.611	0.043	0.610	0.004	0.552	WO
22	0.729	0.026	0.720	0.011	0.699	BA
23	0.733	0.018	0.731	0.011	0.730	BA
24	0.926	0.007	0.934	0.088	1.541	WE
25	0.987	0.001	0.985	0.079	0.968	EX
26	0.965	0.001	0.966	0.093	0.975	EX
27	0.592	0.024	0.591	0.001	0.601	WO
28	0.812	0.013	0.822	0.042	1.001	CO
29	0.793	0.028	0.789	0.051	1.021	CO
30	0.972	0.003	0.977	0.089	1.327	EX
31	0.898	0.010	0.890	0.076	1.096	WE
32	0.905	0.006	0.912	0.080	1.231	WE
33	0.740	0.030	0.737	0.016	0.695	BA
34	0.821	0.021	0.821	0.043	0.786	CO
35	0.633	0.033	0.632	0.005	0.633	WO

N	X	V	Y	P	S	R
36	0.988	0.000	0.986	0.091	0.999	EX
37	0.697	0.025	0.698	0.014	0.712	BA
38	0.816	0.011	0.820	0.044	0.881	CO
39	0.967	0.001	0.970	0.087	0.998	EX
40	0.634	0.075	0.621	0.001	0.665	WO
41	0.636	0.051	0.636	0.005	0.642	WO
42	0.979	0.001	0.976	0.098	1.321	EX
43	0.900	0.009	0.899	0.077	1.111	WE
44	0.832	0.014	0.840	0.041	1.000	CO
45	0.991	0.000	0.991	0.088	1.006	EX
46	0.890	0.008	0.887	0.065	1.325	WE
47	0.712	0.020	0.711	0.020	0.804	BA
48	0.891	0.011	0.895	0.076	1.428	WE
49	0.773	0.022	0.772	0.038	0.900	CO
50	0.878	0.009	0.880	0.077	1.101	WE
51	0.592	0.081	0.589	0.004	0.555	WO
52	0.912	0.014	0.910	0.080	1.004	WE
53	0.590	0.075	0.591	0.002	0.604	WO
54	0.786	0.024	0.780	0.033	0.893	CO
55	0.708	0.025	0.704	0.021	0.698	BA
56	0.980	0.000	0.981	0.098	1.564	EX
57	0.937	0.011	0.944	0.091	1.035	WE
58	0.797	0.020	0.790	0.032	0.875	CO
59	0.910	0.007	0.915	0.087	0.997	WE

6.4.3　评判标准确定

由表 6.1 中估计参数值和工程实态量测序列真值的对比可知，当工程项目的综合诊断值在 0.966 以上时，工程项目处于优秀（EX）的状态；当项目的综合诊断值在 0.863~0.944 区域内时，项目各项工作与原定计划基本一致，工程项目处于良好（WE）状态；当工程项目的综合诊断值在 0.772~0.840 区域内时，项目中存在一些问题，但不会影响大局，项目处于一般（CO）状态；当工程项目的综合诊断值在 0.693~0.739 区域内时，项目中就存在一些值得重视的问题，如果这些问题不能得到及时有效的处理，就会给工程项目的实施带来不利影响，因而，项目总体状态较差（BA）；当工程项目的综合诊断值在 0.64 以下时，项目中就存在很多非常严重的问题，如果不对这些问题立即进行处理，就极有可能导致工程项目的失败，因而，项目总体状态非常不好（WO）。若将这一分析结果进行提炼，并考虑到工程管理中的实用性，本书研究构建了如表 6.2 所示的大型建设工程项目实施状态综合判定新标准。

表6.2　大型建设工程项目实施状态综合判定标准

状态判定域值	0.95 以上	0.85~0.95	0.75~0.85	0.65~0.75	0.65 以下
状况结果判定	优秀	良好	一般	较差	不好
备注	含 0.95	含 0.85	含 0.75	含 0.65	

与当前现有标准相比，这一新标准不仅实现了对大型建设工程项目实施状态在零一域范围内的全程描述，并与当前大型建设工程项目实施状态诊断系统的状态判定需求模式相一致，而且可以使诊断系统得出的任何诊断值都有相应的落定区域，确保了这一标准在工程实际应用中的实效性。即使该标准在工程实际使用中有所偏差，只需调整各等级的域值边界即可满足工程管理的实际使用需求。因此，这一新标准就更具有科学性、实用性和有效性。

6.5　实施状态综合判定的层级与类别划分

在系统状态估计的分析中曾经指出，当系统不断扩大时，系统的 K 值也会不断增大，那么，对大型建设工程项目来说，系统状态的估计就会涉及更多的因素，对系统状态的综合分析与判定也就会越来越复杂。对此，为了消除由此给大型建设工程项目管理带来的不利影响，实现对工程项目各层各级所有管理对象的有效监管与控制，在工程实践中，就时常采用分层分类的方式对大型建设工程项目各层各级的管理对象的实施状态进行综合分析与评判，以满足不同层级不同类型的管理需求。

6.5.1　层级划分

在层级划分方面，根据大型建设工程项目的管理需求，项目整体被划分为宏观、中观和微观三个层级。由于宏观层级的工程项目参与者主要是工程建设的投资者或主管者，他们需要了解和掌握工程项目所有阶段的各个子项工程及其重要管理对象的总体状态，以便为宏观层级相关问题的决策提供依据。在中观层面，由于这一层级的工程项目参与者主要是工程建设的管理者，他们不仅需要对所负责的子项工程进行全面的管控，还需要对工程建设中的若干主要问题进行处理，并在上级的领导下，指挥该项工程的所有参建者保质保量地按时完成工程建设任务。因此，他们更为关注子项工程的总体状态和若干主要管理对象的实施状态（如工程质量、进度和费用）。

在微观层面，由于这一层级的工程项目管理者主要是工程建设的施工管理人员、专业技术人员、工程监理人员及设计人员等，工程项目的各项具体工作将由他们具体实施并负责完成。因此，他们更加注重工程项目中各个具体管理对象的详细情况，并且只有在全面、深入、细致、准确地了解和掌握工程项目各个具体管理对象实施状态的基础上，才能有效解决工程中出现的各种具体问题，并确保项目的顺利完成。因此，不同层级的管理者对工程项目实施状态的综合分析与评价有着不同的要求和侧重点。各层级划分示意图见图 6.1。

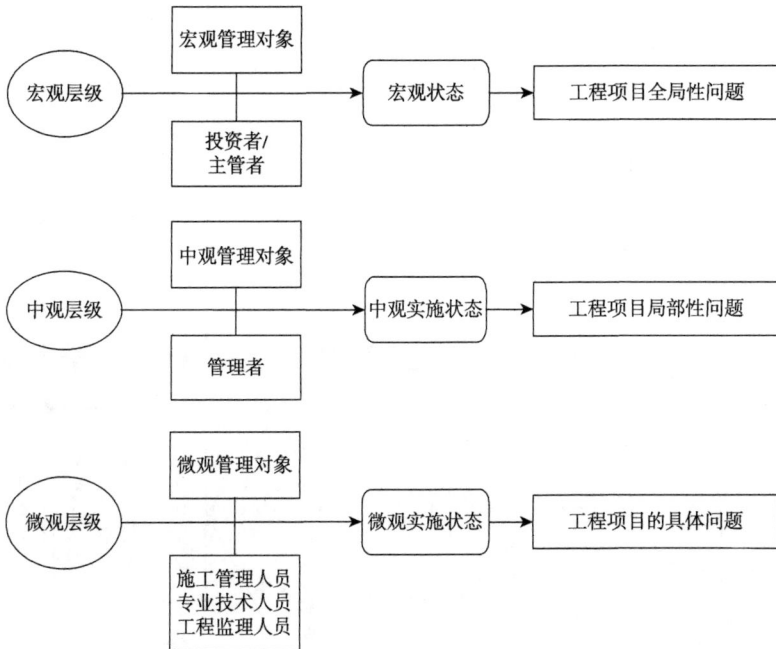

图 6.1　层级划分图

6.5.2　类别划分

在对工程项目实施状态进行综合分析和评判方面，分析和评判的类别一般分为两大类：一类是对管理对象的所含内容的全面性综合分析与评判；另一类是对管理对象某一方面的单项性综合分析与评判。由于管理对象对不同管理层级有着不同内容，管理对象全面性综合分析与评判和单项性综合分析与评判的复杂程度也不同。例如，在项目的宏观层级，其管理对象主要是大型建设工程项目总体内含的各个子项目；在中观层级，其管理对象主要是大型建设工程项目中各子项工程内含的各个单位工程；在微观层级，其管理对象主要是单位工程项目内含的各个分部分项工程及具体的工程施工单元体。因此，尽管它们的分级诊断和综合评判所用模型是相同的，但集成的数据却不相同，因而，全面性综合分析与评判和单项性综合分析与评判的集成路径是不同的。二者的综合分析与评判集成路径分别如图 6.2 和图 6.3 所示。

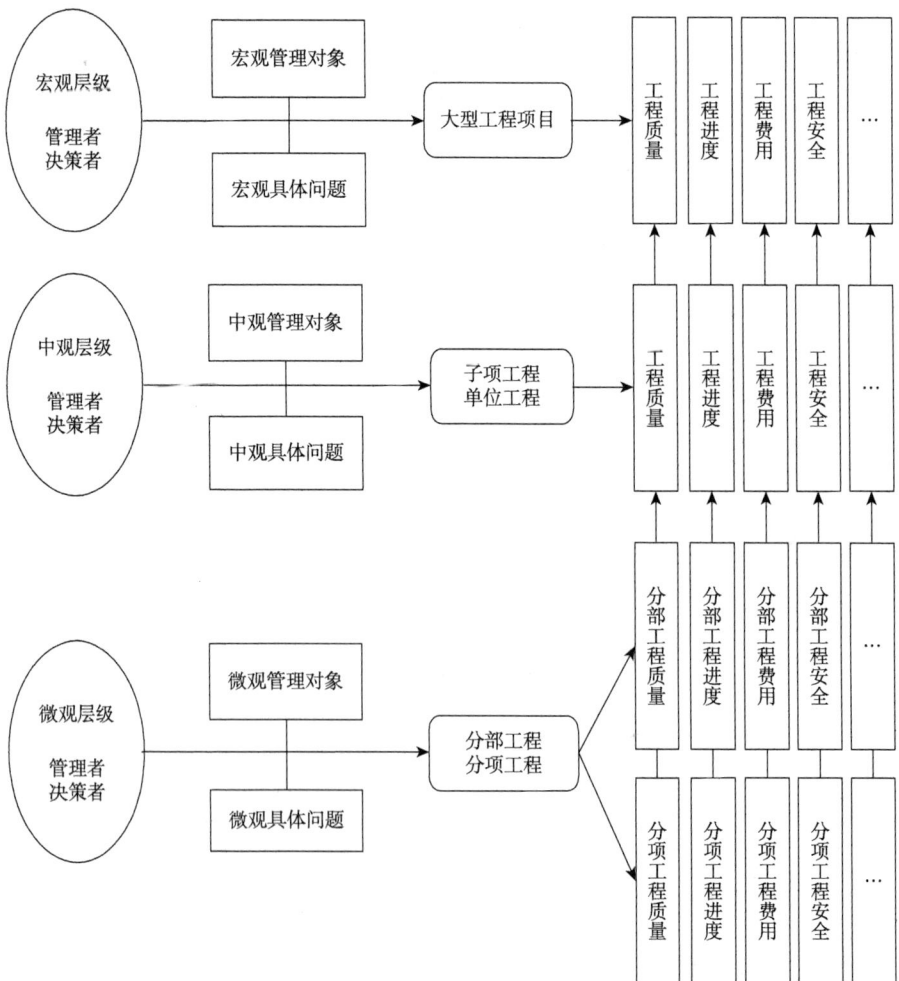

图 6.2　单项性综合分析与评判集成路径

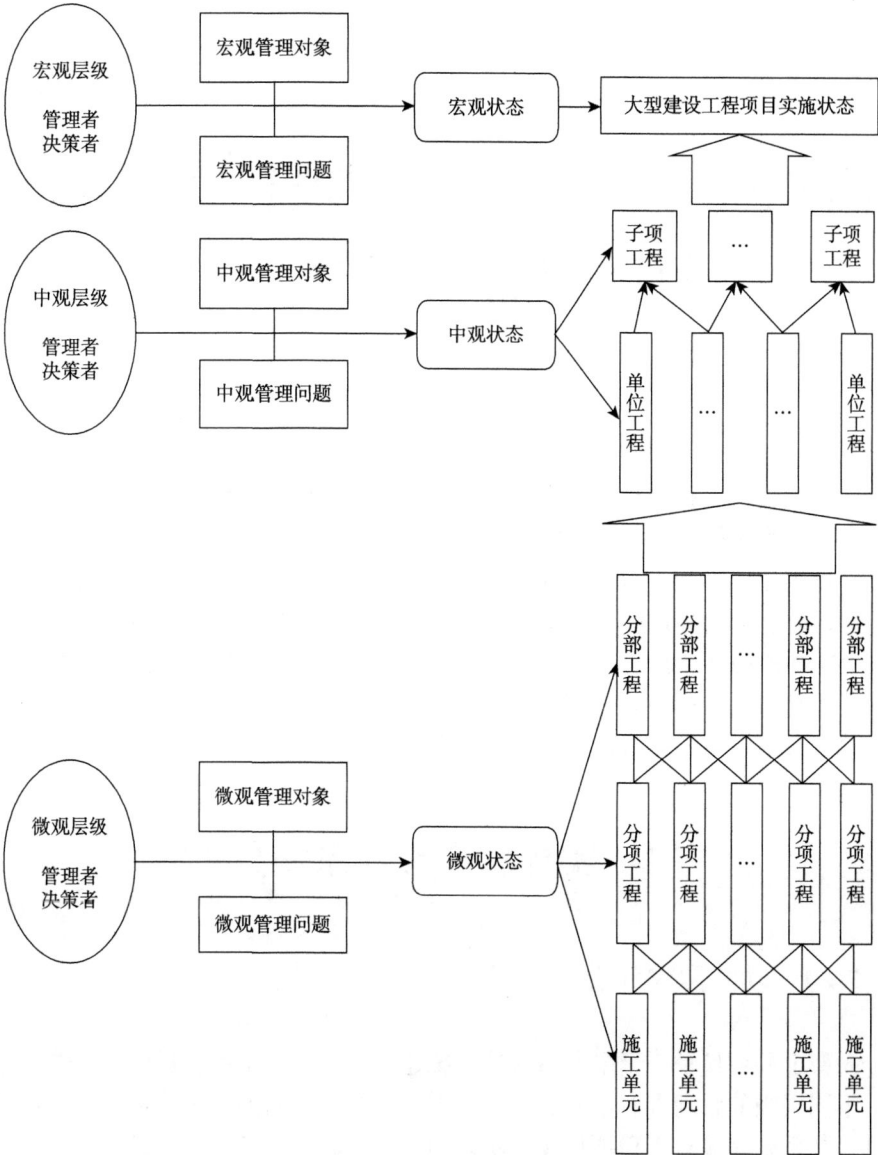

图 6.3　全面性综合分析与评判集成路径

第7章　大型建设工程项目实施状态诊断系统的构建与开发

在大型建设工程项目管理中，由于大型建设工程项目系统庞大、层级较多、管理对象类型多样、工程信息复杂多变且工程项目在其实施中极易受到来自系统内外多种因素的影响，若要实现对大型建设工程项目的有效管理，特别是动态环境下的即时管理与控制，仅仅依靠传统的管理模式无法达到这一目的，仅就工程项目实施中随时产生的大量信息就足以使项目管理者难以应对。因此，基于计算机的信息化自动分析与处理就成为有效解决并实现大型建设工程项目实施状态自动化诊断必不可缺的技术和方法。

7.1　实施状态诊断系统分析

7.1.1　功能需求分析

大型工程项目是一个多方参与的系统建设工程，在工程项目的建设管理过程中，不同层级的管理者有不同的管理需求，如微观层面的施工管理人员不仅需要通过诊断系统完成对工程项目实施状态的分析与诊断，还需要通过诊断系统快速查找出给工程项目带来的不利影响及其根源，而中观和宏观层面的工程项目管理者不仅希望通过诊断系统获知工程项目的中观和宏观实施状态，还想获知其他紧密相关的信息。此外，有的工程项目者根据他们不同的职责和需求，还需要通过诊断系统开展上传通知、下载文件、提交报告、审定方案等工作。因此，若要满足不同层级不同工程管理者在工程项目实施状态诊断方面的管理需求，就需要在诊断系统的功能设计方面予以全面的分析和考虑，满足多用户多角色的多业务管理需求。其基本思想如图 7.1 所示。

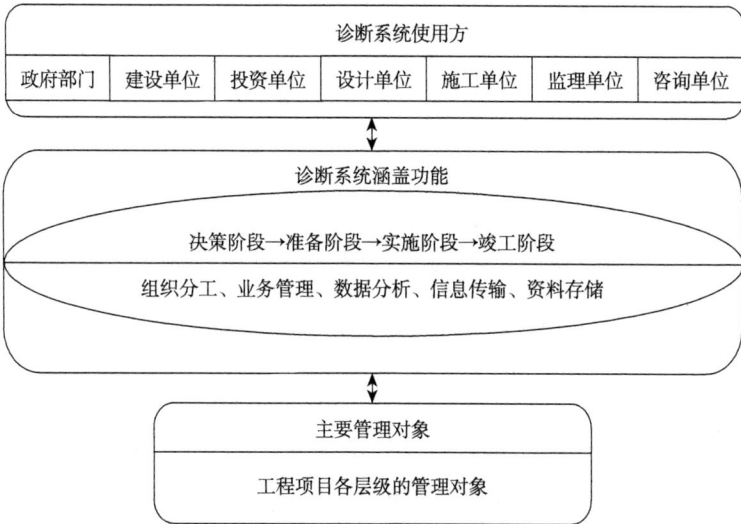

图 7.1 诊断系统的功能需求分析

7.1.2 管理要素分析

在大型建设工程项目的管理中，参与工程项目管理的人员不仅有工程项目的现场管理人员、工程监理人员、安全管理人员、材料采购和供应管理人员、设计人员、预决算人员等，还包括各单位工程的负责人、项目后期使用者、项目经理、项目决策者和上级主管部门等。工程项目的质量、进度、费用及项目所处的状态等工程项目管理对象都与他们各自的利益紧密相关，因此，这些不同层级的工程项目管理者和决策者就对工程项目的实施状态有了不同程度的关注。若要使他们能够及时了解和掌握工程项目的动态情况，显然就需要在诊断系统中设计和构建一个工程项目的管理平台。通过这一平台，不仅可以使不同的工程项目参与者以不同的身份进入系统，来获知工程项目实施状态的即时相关信息，还可以结合他们不同的职责，完成各自规定范围内的工作。但为了确保该系统安全稳定地运行，他们需被授予不同等级的系统介入权限，避免诊断系统及其信息资源受到干扰和破坏。

结合工程管理需求，本系统将使用用户分为四种类型，即项目经理、评审专家、系统管理员、普通用户。各用户所具有的权限如图 7.2 所示。

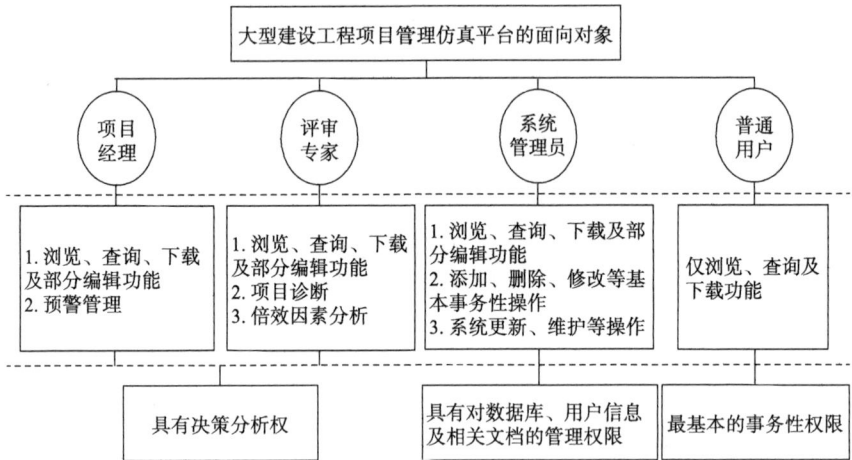

图 7.2　诊断系统各级用户使用权限

7.1.3　设计条件分析

1. 系统设计语言

了解和选用合适的编程语言是确保诊断系统开发成功的前提基础和必要条件。目前，开发计算机程序的语言已十分丰富，其中，最为普遍的开发语言莫过于基于面向对象模式的第四代语言，如 C++、Java、VB 、C#等。

C++起源于 C 语言，是 C 语言的扩展和超集。作为一种面向过程的编程语言，C 语言无法满足运用面向对象方法开发软件的需要，因而，贝尔实验室的 Bjarne Stroustrup 开始对 C 语言进行改进和扩充，形成了目前所流行的程序设计语言——C++。作为一种系统开发的语言，C++不仅保留了 C 的简洁性和高效性，增加了面向对象机制，并与 C 系列语言完全兼容，还具有支持自定义类与对象、数据封装和数据隐藏、继承和重用、多态性等特点。然而，C++语言并不是一个完全的面向对象过程，而仅仅是 C 向 Java 转换的一个过渡性语言。

Java 是 Sun 公司开发的一种简单、安全、动态、跨平台、分布式、面向对象的程序语言，它可以在不同的机器、不同的操作系统及不同的网络环境中进行开发，具有类似于 Basic 解释型语言和 C 编译型语言的某些特性。Java 编程语言的编写风格与 C、C++十分接近，是一个纯粹的面向对象语言，它集成了 C++语言面向对象技术的核心，舍弃了 C++中易出错的指针、运算符重载、多重继承等特性；增加的垃圾回收器功能，使程序员不用再为内存管理而烦恼；实现了真数组，避免了覆盖数据的可能。因而，这些功能的特性也就大大缩短了 Java 应用程序的开发周期，提高了系统运行的稳定性。

　　VB 是 Visual Basic 的简称，是当今通用的设计语言之一，它起源于 Basic 编程语言，至今包含了数百条语句、函数和关键词，拥有图形用户界面和快速应用程序开发系统，它不仅具有高编程效率和强开发功能等特点，还具有强大的数据库功能，可方便地与 SQL Server、Access 和 Oracle 等数据库相连。与 C++、Java 一样，VB 也引入了面向对象的程序设计思想，可以使大量已经编译好的 VB 程序直接被引用。

　　C#是一种简单、现代、面向对象和类型安全的全新程序语言，它由 C 和 C++ 演绎而来，是专门为.NET 平台而创建的。C#的目标在于把 VB 的高生产力和 C++ 的自身能力结合起来，充分挖掘.NET Framework 提供的编译潜力，生成在.NET Framework 上运行的多种应用程序，包括本地程序和 XML Web 程序等。此外，C#还提供了庞大的 Windows 开发接口，进而实现了应用程序的快速实施过程。作为一种面向对象语言，C#不仅具有支持面向对象的三大基本特征，即封装、继承和多态，还可以实现任意数量的接口连接，它的若干特性和工具大幅度地提高了开发效率，节省了工作时间。

　　与其他语言相比，C#还具有简洁、安全等特点。与其他语言相比，它的语法相对更简单，功能却更强大，同时还继承了 C 语言的优美语法形式。为此，大型建设工程项目实施状态诊断系统的开发一般选取 C#语言作为诊断系统的程序设计语言。与其他语言的比较见表 7.1。

表 7.1　C#与其他程序语言的比较

程序语言	比较内容
C++	C++：可直接译为本地执行代码；C#默认编译为中间语言代码，编译时再通过 Just-In-Time 将需要的模块临时编译成本地代码
	C++需要随时删除动态分配给堆的内存；而 C#则采用垃圾回收机制自动在合适的时机回收不再使用的内存
	C++中需要使用大量的指针；C#使用对类实例的引用，一般不需要使用指针
	C++依赖于以继承和模板为基础的标准库；C#则依赖于.NET 基库
	C++允许类的多继承；C#只允许类的单继承，再通过接口实现多继承
Java	Java 和 C#语法类似，但在一些关键字上有区别；两者在使用上几乎是相通的
	Java 有虚拟机可以跨平台编译；C#必须在.NET Framework 环境下运行
	C#面向对象的程度比 Java 高，且基本类型都是面向对象的
	C#具有比 Java 更强大的编译功能，其执行速度比 Java 快
VB	同 C++类似，VB 编译为内部机器代码；而 C#为中间语言代码，优点是它允许与其他语言编写的代码交互，允许 C#使用.NET 基类提供的丰富功能
	与 VB 相比，C#在语法方面更为简洁，允许变量同时声明和初始化

2. 开发环境

　　为了给诊断系统的开发提供一个优良、稳定的环境，美国微软公司发布了

VS 6.0 软件开发平台系统，截至 2010 年，该系列软件已经发展到了 VS 2010 版本。与前端版本相比，该版本不但可将代码界面与设计界面相分离，提高了代码的编写效率，保证了界面布局的美观性，而且语言执行效果得到了显著提升，安全性也大大增强，是当前系统开发使用最为普遍的环境平台。

在 VS 2010 操作平台，系统已有一套完整的开发工具集，它可用于生成 ASP.NET Web 应用程序、XML Web Services、桌面应用程序和移动应用程序。同时，由于 VS 2010 采用了统一的 IDE 环境，而 Visual Basic、Visual C++、Visual C#和 Visual Java 均使用相同的 IDE，就使得程序员可根据自身的实际情况，在同一应用程序中使用不同的编程语言处理问题，非常有助于使用混合语言创建解决问题的多种方案。此外，VB 2010 中还提供了多种数据库访问形式，如 DataBase、FoxPro 和 Access 等，它们利用开放的数据库互联方式访问 SQL Server、Oracle 和 Sybase 等大型数据库，并以 C/S（client/server，客户机/服务器）方式存取数据库中的数据信息。因此，VS 2010 是一个非常庞大的应用软件，甚至还包含了代码测试功能。

在实际使用中，VS 2010 要求计算机必须具备 600MHz 以上的 CPU 处理能力，内存空间必须保证在 128MB 以上，系统盘存储空间需要 1G 以上，安装盘可用空间需要在 2G 以上，目标安装机需要有 SP4 以上的 Windows XP 系统。值得注意的是，在初次使用 VS 2010 软件时，应确保安装机中已安装了 Microsoft Windows Installer 3.1 组件。大型建设工程项目实施状态诊断系统的开发都已具备这些设计所需条件。

7.2　诊断系统的设计与构建

7.2.1　系统结构设计

目前，计算机系统的服务管理结构主要有 C/S 和 B/S（browser/server，浏览器/服务器）两种结构。C/S 结构一般采用两层结构，前端是客户机（client），通常由 PC 机担任，通过接收用户请求，转发至服务器来完成其后台工作任务；后端是服务器，即数据管理（server），它将数据提交给客户端，客户端对数据进行计算并将结果呈递给用户。因此，C/S 结构将应用程序一分为二，远程服务器作为数据库，主要负责数据管理；客户机安装相应的软件程序，完成与用户的交互任务。

大量的使用证明，C/S 结构在技术上已趋近完美，除开发费用低、开发周期短等特点外，还具有较为强大的业务操纵能力和数据处理能力。特别在数据处理方面，数据交互性强、存取模式安全、网络通信量低、响应速度快，并可为多个客户同时访问同一个数据库提供一个良好的物理环境。但当使用 C/S 结构时，C/S 技术要求开发者自己去处理事务管理、消息队列、数据的复制和同步、通信安全等系统级问题，因而，这对应用程序的开发者提出了较高的工作要求。面对程序技术的日益发展和功能需求的不断提高，这种模式的弊端也渐露端倪。第一，C/S 结构对客户端软硬件的要求比较高，服务器端的硬件必须有足够强的数据处理能力才可以支撑整个平台的正常运作；第二，它的兼容性较差，不同开发工具开发出来的应用程序不能很好地移植到其他平台上去；第三，可连接用户数有限，当用户数量增多时，其使用性能会明显下降；第四，升级维护复杂，如果应用程序需要更新升级，那么每个客户机上的应用程序都需要重新安装。因此，C/S 结构在工程实际中，特别是大型工程项目的系统开发中就受到了一定程度的限制。

B/S 结构是随着 Internet 技术的兴起而产生的，是对 C/S 结构的一种变化或改进。通常情况下，服务器端的主要任务是进行事务处理和业务逻辑操作，然后利用 WWW 互联网技术，安装多种 Script 语言和 ActiveX 插件，构造一种全新的软件系统；客户端通过浏览网页的形式来对服务器端的应用系统进行访问操作。与 C/S 不同的是，B/S 结构采用了三层结构模式，即在数据管理层和用户界面层增加了一个中间层，其核心作用是利用中间件将应用系统从逻辑角度出发划分为表示层、业务逻辑层和数据存储层并提供以下功能：负责客户机与服务器、服务器与服务器的连接与通信；实现应用软件与数据库的高效交互；提供一个三层结构应用系统的开发、运行、部署和管理平台。三层结构在层与层之间相互独立，任何一层的改变都不会影响到其他层的正常运作。在基于 B/S 结构的应用系统中，用户可通过浏览器向分布在 Internet 上的多家服务器发出请求，服务器对浏览器的请求进行处理，将用户所需要的信息返回到浏览器，而其余工作如数据请求、加工、结果返回、动态网页生成、对数据库的访问和应用程序等全部由 Web Server 来完成。因此，B/S 结构的主要特点是分布性强、维护方便、共享性强。然而，它对服务器要求过高、数据安全性较低、软件个性化较强、数据传输速度慢，也难以实现传统 C/S 模式下的某些特殊要求。与 C/S 的差异性主要体现在以下几个方面。

1. 硬件环境不同

C/S 结构建立在局域网上，通过专门服务器提供连接和交换数据服务，主要面向企业级的产品应用和固定的系统用户群。B/S 建立在广域网基础上，主要通过虚拟专用网技术实现安全、快速的网络构架，有比 C/S 更广阔的适应范围，一般只需要操作系统和浏览器，主要面向众多互联网络的系统用户群。

2. 层次结构不同

C/S 应用软件一般采用两层结构，B/S 则是采用三层结构。它们的不同之处在于前者的客户端参与运算，而后者的客户端不参与运算，只是处理简单的收发请求。由于三层结构中的客户端并不参与计算，客户端对 PC 机的配置要求也比较低。尽管 B/S 采用逻辑上的三层结构，但其物理网络结构仍是由环形网或以太网搭建的。因此，第一层和第二层之间的通信、第二层与第三层之间的通信都会占用同一条网络线路，从而导致通信总量增大。然而，拥有两层结构的 C/S 模式只包括客户端和服务器端之间的信息流，网络通信量势必会减小。所以，C/S 结构在处理大量信息能力方面要比 B/S 结构稍强一些。

3. 处理模式不同

B/S 模式的处理方式与 C/S 相比，简化了客户端的安装构件，只需在客户端上安装好操作系统、网络协议及浏览器，而 C/S 模式则不然，它不仅要求所有客户端都安装相同的应用软件，而且数据处理过程还主要集中在客户端，服务器端仅负责从数据库中存取数据。

4. 系统维护不同

以 C/S 为构架的系统软件需要安装在所有的客户端中，当软件系统需要更新或升级时，客户端必须重新安装。不过，值得庆幸的是现在的 C/S 结构已经有方法解决客户端软件快速升级和维护的问题，因此，这一问题已被解决。与 C/S 结构相比，B/S 结构只需更新服务器端的软件，也就是说，开发和维护等工作都集中在系统服务器端。

5. 安全要求不同

C/S 模式采用的是点对点的配对模式，一般面向相对固定的用户群体，程序本身又注重业务流程的运作情况，它可以对权限进行多层次的校验，提供了更安全可靠的存取模式和控制能力。所以，一般企业级的信息管理系统较为倾向采用 C/S 构架的应用软件。B/S 采用的是点对多点、多点对多点的开放式结构模型，并采用基于 Internet 的 TCP/IP 协议，安全性只能依靠服务器端数据库中的登录密码来得到保障。由此可见，C/S 模式在数据的安全性方面要比 B/S 模式略胜一筹。

6. 处理速度不同

由于 C/S 在逻辑结构上比 B/S 少一层，对于等量的工作任务来说，C/S 的完成速度总是比 B/S 稍快些，使得 C/S 更便于处理大量的数据信息。

7. 交互性与信息流不同

交互性强是 C/S 固有的一大优点。具有 C/S 模式的客户端拥有一套完整的应用程序，它可以在各子程序间实现自由切换。B/S 虽由 JavaScript、VBScript 提供了一定的交互能力，但与 C/S 相比，能力甚是有限。C/S 的信息流单一，而 B/S 的信息流多变，如 B-to-B、B-to-C 等。

综上所述，C/S 与 B/S 这两种模式是各有利弊的。从技术成熟度、软件设计、开发人员的掌握水平来看，C/S 技术更为成熟、可靠。现在 B/S 结构受到某些软件公司的盲目追捧，它们一味地强调 C/S 结构的缺点，片面地夸大 B/S 结构的长处，造成客户在系统选型时随波逐流，从而忽略了更为重要的系统业务处理能力、安全性及系统的运作速度和使用效率等重要因素。事实上，采用 100%的 B/S 方式会造成系统响应速度慢、服务器开销大、通信带宽要求高、安全性差、总投资增加等一系列问题。因此，针对诊断系统的多数据处理特点和多业务流程情况，本书研究决定选用较为稳定的 C/S 模式作为诊断系统的基础构架。

7.2.2　系统模块设计

由功能需求和管理需求分析可知，若要使设计的实施状态诊断系统满足各个层级不同管理者的不同管理需求，开发大型建设工程项目实施状态诊断系统时就需要构建一个包含所有管理需求功能模块的管理平台。根据分析结果，这一平台应包含七大模块，即工程概况模块、信息系统模块、工程诊断模块、预警管理模块、信息查询模块、公共交流模块和密码修改模块。这七个模块的结构关系如图 7.3 所示。

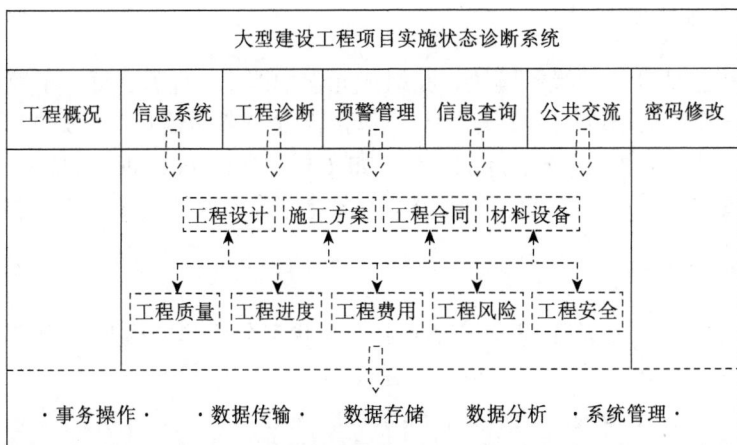

图 7.3　大型建设工程项目实施状态诊断系统模块结构图

1. 工程概况模块

设置工程概况模块（图 7.4）的目的是让该系统的使用者对工程项目的基本情况拥有方便、快捷的了解途径。该模块主要包括工程名称、投资数额、建筑面积、开工日期、竣工日期、建设单位、设计单位、施工单位、建设地址等基本信息。通过该模块，使用者不仅可以快速获知管理工程的总体情况，而且还可以使得存储在后台数据库的信息资源变得富有系统性和逻辑性，为工程项目的全面管理提供基础性数据的支持。

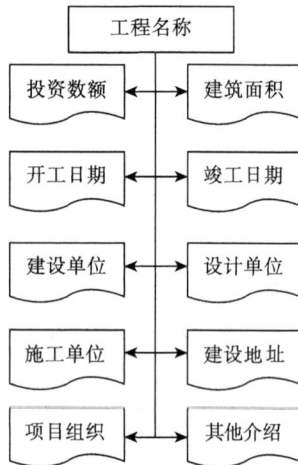

图 7.4　工程概况模块

在该模块中，系统用户的四种使用角色都享有对工程概况信息的查询及下载操作；但管理员还拥有额外的编辑修改权，如添加、删除等功能。

2. 信息系统模块

该模块包括九个二级子模块，其组成元素如图 7.5 所示。每个子模块会根据不同的子项工程或单位工程存放若干个不同内容的文件包。其中，文件包会以文件的存储格式分门别类地存放相应的资料，如文本文档以.doc、.docx、.txt、.dot 格式存放，网页文本以.xml、.mht、.html格式存放，图像图片以.jepg、.gif等格式存放。

3. 工程诊断模块

工程诊断模块是基于建设工程项目实施状态分级诊断模型而设计研发的模块。该模块主要由两大功能组成：一是工程项目实施状态的诊断，二是诊断结果综合判定。由于该模块是这一管理系统的核心模块，其分析结果事关工程项目的方案调整与修正，因此，项目诊断的操作权仅限于该工程指定的部分专家、

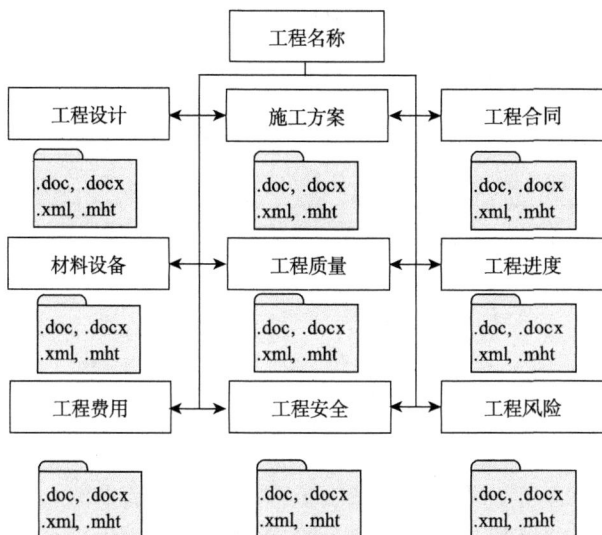

图 7.5　信息系统模块

项目经理及重要管理者，而系统的一般人员与管理员均无此权限，目的是确保评价结果的科学性和可靠性。在使用该功能时，诊断专家不仅需要预先了解和掌握工程项目的实施状态，并根据项目的实际情况对相关指标进行评定打分，同时还需要调用一些其他模块的客观数据对其进行辅助评价（这些数据具有不可修改性）。完成这些工程后，诊断系统会自动给出针对结果并对其所处状态予以判定。

该模块由项目诊断、结果查询、指标查询、评价标准、诊断指标修正、指标权重修正、指标标准修正、状态标准修正八个二级子系统构成，相关结构及业务操作流程如图 7.6 所示。

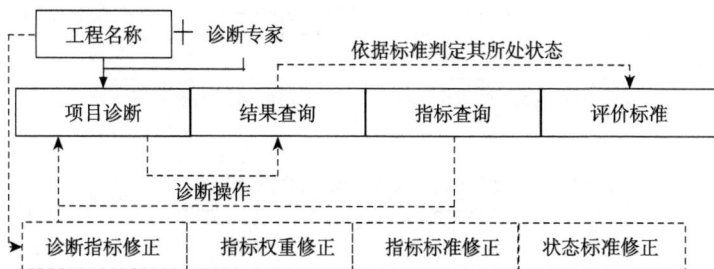

图 7.6　工程诊断模块

4. 预警管理模块

该模块有八个二级子系统，如图 7.7 所示，其作用主要是根据诊断模块的分析结果，给出工程项目所处状态的直观描述。

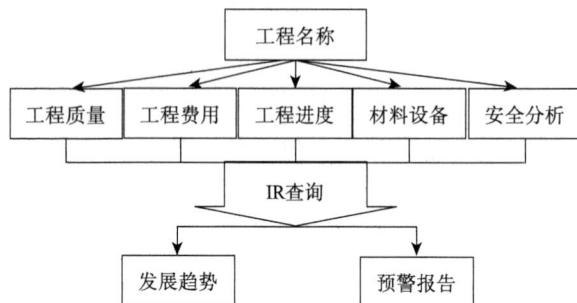

图 7.7　预警管理模块

同时，结合诊断系统中工程质量、工程费用、工程进度、材料设备、安全分析等管理对象的管理目标，该模块可以通过对比工程项目中最主要的核心要素——IR 值，就管理对象所存在的具体问题及相应状态、下一步发展趋势、可能出现的问题、应该采取的措施给出必要的趋势预测和预警提示，为项目管理者和决策者项目制定相应的对策提供科学的依据。

5. 信息查询模块

信息查询模块是为方便使用者快速、准确地查找所需资料而提供的信息管理工具。当使用者将所需查询的资料名称、编号、文档类型及存档方式等输入查询工具后，系统会在信息栏目快速呈现出所有与之相关的信息，并允许使用者进行选择、查阅、下载和存储。其结构组成如图 7.8 所示。

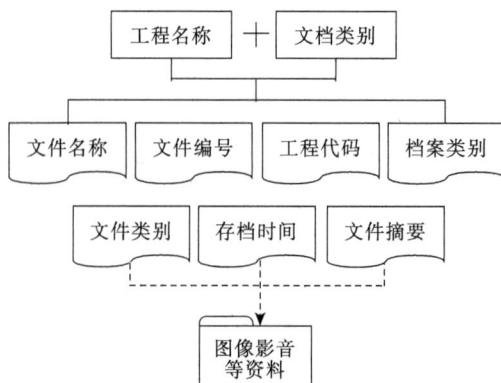

图 7.8　信息查询模块

6. 公共交流模块

公共交流模块在设计上也是一个诊断系统的公示通告平台，在这里，项目管理者可以快速、便捷地发布工程相关公共信息，如文件通知、会议通知、活动通知、紧急通知等。在实现了告示功能的同时，该模块还可通过利用 Internet 技术，将信息发送到指定人的 E-mail 或手机信箱中，极大地提高了工程信息的管理效率，如图 7.9 所示。

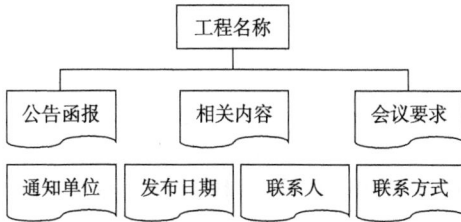

图 7.9　公示通告模块的基本组成图

7. 密码修改模块

在密码修改模块中，所有用户均享有对其个人登录密码进行修改和编辑的权限，确保使用者用户名及密码的安全性。此外，该模块还允许用户编辑自己的联系方式和详细信息，为同事间及时沟通有关工作提供更为便利的途径。因此，该模块也可被称为系统用户的工作通讯录，如图 7.10 所示。

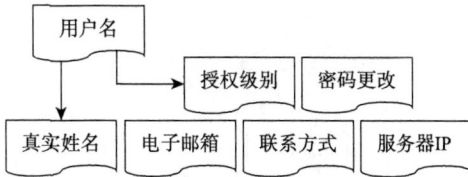

图 7.10　密码修改模块

7.2.3　系统数据库设计

工程项目的管理离不开大量的信息和数据，面对大型工程中多种多样繁杂凌乱的海量数据，基于数据库的数据处理就成为信息资源管理必不可缺的技术手段。数据库的使用不仅可以保证系统数据的系统性、完整性和逻辑性，还可满足用户任意存储、调用、分析和处理数据的需求。

一般来讲，数据库的设计包括两部分：一是数据库结构模式设计，二是数据库行为设计。数据库结构模式设计决定数据库系统的信息内容，数据库行为设计决定系统信息的功能。

1. 数据库结构模式设计

大型建设工程项目实施状态诊断系统的信息不仅来源于工程项目本身，还有来源于项目之外但与项目相关的信息。这些信息基本可分为两大类，即用户信息和项目信息。用户信息主要包括工号、角色、授权码等，项目信息主要是描述工程质量、进度、费用、材料、设备和安全等管理对象的信息。按照信息管理的数据规则，这些信息的主要数据项如下所示。

用户信息：用户 ID、密码、姓名、角色等。

工程信息：工程 ID、工程名等。

指标信息：指标 ID、指标名、指标类型、权重、等级等。

诊断信息：工程 ID、用户 ID、指标 ID、评价结果、加权结果等。

分部分项信息：分部分项 ID、分部分项名等。

质量信息：工程 ID、分部分项 ID、质量目标、分项内容、完成时间等。

费用信息：工程 ID、分部分项 ID、工程量单位、工程量数量、价值单价等。

进度信息：工程 ID、分部分项 ID、网络计划图等。

安全信息：工程 ID、分部分项 ID、安全目标等。

预警报告：工程 ID、分部分项 ID、报告主题、预报人、预报时间等。

由上面的数据项可以设计出能够满足用户需求的各种实体及实体集间的信息关系，并通过 E-R 图的形式描述其间的联系，如图 7.11 所示。

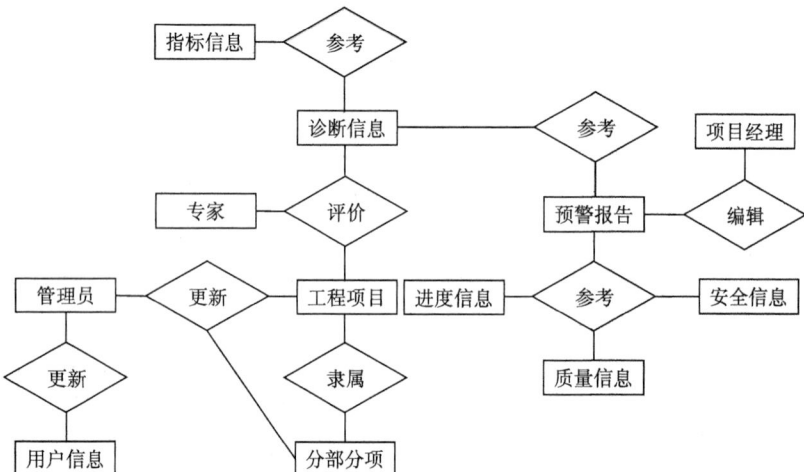

图 7.11　信息实体间关系 E-R 图

2. 数据库行为设计

由于大量的数据要在数据库存储，那么，必须有一种科学的方式使存储的数据既规范又有条理且便于今后的调用。若要实现这一目的，就必须对数据的存储行为进行约定。目前，解决这一问题的最佳方式就是数据表间设计。

表间设计是一种对信息进行库存定位的科学方式，它不仅对所有信息的序号、名称、类型给予了准确的定义，还附带了必要的描述。就大型建设工程项目实施状态诊断系统所包含的上述信息而言，其所对应的数据规则如表 7.2~表 7.3 所示。

表 7.2　用户信息表 Login

序号	列名	数据类型	允许空	描述
1	UserID	nvarchar（10）	否	用户 ID，主键
2	PassWord	nvarchar（50）	否	密码
3	Name	nvarchar（50）	是	姓名
4	IDNum	nvarchar（50）	是	CPU 号
5	Checked	int	是	记住用户名
6	Role	int	是	角色
7	AuthorA	Nchar（10）	是	授权 A 码
8	AuthorB	Nchar（10）	是	授权 B 码
9	Mail	nvarchar（50）	是	邮件地址
10	Telephone	nvarchar（50）	是	联系电话

表 7.3　工程项目表 ProjectProfile

序号	列名	数据类型	允许空	描述
1	ProjectID	nvarchar（20）	否	项目 ID，主键
2	PName	nvarchar（50）	否	工程名称
3	IndexType	nvarchar（5）	是	指标类型
4	InvestedMoney	money	是	投资数额
5	ConveredArea	numberic（30，2）	是	建筑面积
6	BeginTime	datetime	是	开工日期
7	EndTime	datetime	是	竣工日期
8	ConstructionUnit	nvarchar（50）	是	建设单位
9	DesignUnit	nvarchar（50）	是	设计单位
10	ConstructionOrg	nvarchar（50）	是	施工单位
11	ConstructionAdd	nvarchar（50）	是	建设地址
12	ProjectOrg	nvarchar（50）	是	项目组织
13	SomethingElse	nvarchar（MAX）	是	其他介绍

1）用户信息

用户信息表 Login（表 7.2）是规范用户登录系统时的用户名、密码和角色等的信息表，其中，用户 ID（UserID）设为该表的主键。在实体数据库中，为节省存储空间和简化存储方式，角色列 Role 以整数值 0、1、2 和 3 的形式分别代表项目管理者、项目经理、管理员和普通用户这四种类型的用户。

用户登录后，具有专家权限的用户可对现有的在建或已建工程进行项目诊断操作；具有项目经理权限的用户可对预警管理中的多方面信息进行编辑与更新；具有管理员权限的用户在添加新用户时，默认密码与所设定的用户名相同，待权限分配后，用户可自行修改默认密码，确保自身信息的安全性。

2）工程信息

表 7.3 为工程信息表 ProjectProfile，用来记录工程项目的基本信息。此表存储的信息详细记录了现有工程项目的投资金额、建筑面积、开工日期、竣工日期、建设单位、设计单位、施工单位、建设地址、项目组织及其他介绍等。此类信息只能由管理员编辑或更改，其他人无此权限。

3）指标信息和诊断信息

表 7.4 和表 7.5 分别为诊断指标表 IndexInfo 和项目诊断表 SystemEvaluation，在 IndexInfo 表中，作为主键的 IndexID 在 SystemEvaluation 表中以外键的形式存在，将两表相结合使用，以记录目标工程项目的评价结果及诊断结果。

表 7.4　诊断指标表 IndexInfo

序号	列名	数据类型	允许空	描述
1	IndexID	Nchar（5）	否	指标 ID，主键
2	IndexName	nchar（10）	否	指标名称
3	IndexType	int	否	指标类型
4	Weight	numeric（18，2）	是	权重值
5	Degree	int	是	指标等级

表 7.5　项目诊断表 SystemEvaluation

序号	列名	数据类型	允许空	描述
1	UserID	nvarchar（10）	否	用户 ID，外键
2	ProjectID	nvarchar（20）	否	项目 ID，外键
3	IndexID	nvarchar（10）	否	指标 ID，外键
4	Degree	int	是	指标等级
5	FResult	decimal（18，2）	是	评价结果
6	WResult	numeric（18，2）	是	加权结果

4）分部分项信息

表 7.6 为分部分项工程表 SubProjectClass，它设定分部分项 ID 为主键。该表主要用来记录单位工程项目中下属的分部分项工程，包括所有工程项目的工程编号、工程名称及其隶属的上一级项目。

表 7.6　分部分项工程表 SubProjectClass

序号	列名	数据类型	允许空	描述
1	SPID	nvarchar（10）	否	分部分项 ID，主键
2	SPName	nvarchar（50）	否	分部分项名
3	UpperSPID	nvarchar（15）	否	所属上级项目

5）质量信息

表 7.7 和表 7.8 为工程质量表 QMInfo 和工程质量表 QMSInfo，将这两个表与分部分项工程表 SubProjectClass 配套使用，用来记录单位工程项目中下属的各分部分项工程的质量信息，主要包括质量目标和质量标准。

表 7.7　工程质量表 QMInfo

序号	列名	数据类型	允许空	描述
1	QMPID	nvarchar（30）	否	质量 ID，主键
2	PID	nvarchar（20）	否	工程 ID
3	SPID	nvarchar（10）	否	分部分项 ID
4	QualityObject	nvarchar（MAX）	是	质量目标

表 7.8　工程质量表 QMSInfo

序号	列名	数据类型	允许空	描述
1	QMPID	nvarchar（30）	否	质量 ID，主键
2	SPName	nvarchar（50）	否	分项名称
3	Days	Int	是	完成时间
4	Standard1	nvarchar（MAX）	是	预期要求
5	Standard2	nvarchar（MAX）	是	实际完成
6	Way	nvarchar（MAX）	是	检验方式

6）费用信息

表 7.9 和表 7.10 为工程费用表 CMInfo 和工程费用表 CMSInfo，这两种表需要配合使用，用以记录工程项目中各子工程项目的预算费用和实际费用的详细情

况，包括材料名称、计量单位、预算/实际工程量、预算/实际单价、预算/实际合价、预算/实际主材单价、预算/实际主材合价等。

表 7.9 工程费用表 CMInfo

序号	列名	数据类型	允许空	描述
1	CMPID	nvarchar（30）	否	费用 ID，主键
2	PID	nvarchar（20）	否	工程 ID
3	SPID	nvarchar（10）	否	分部分项 ID

表 7.10 工程费用表 CMSInfo

序号	列名	数据类型	允许空	描述
1	CMPID	nvarchar（30）	否	费用 ID，主键
2	Number	nvarchar（20）	否	定额编号
3	SPName	nvarchar（50）	否	子项/主材名称
4	PrePUnit	nvarchar（20）	是	计量单位
5	PrePAmount	nvarchar（20）	是	预算工程量
6	PrePrice	smallmoney	是	预算单价
7	PreTotal	smallmoney	是	预算合价
8	PreEquipPrice	smallmoney	是	预算主材单价
9	PreEquipTotal	smallmoney	是	预算主材合价
10	ActualPUnit	nvarchar（20）	是	计量单位
11	ActuralPAmount	nvarchar（20）	是	实际工程量
12	ActualPrice	smallmoney	是	实际单价
13	ActualTotal	smallmoney	是	实际合价
14	ActualEquipPrice	smallmoney	是	实际主材单价
15	ActualEquipTotal	smallmoney	是	实际主材合价

7）进度信息

表 7.11 为工程进度表 SMInfo，设定质量 ID 为主键，该表用来记录单位工程项目所隶属的各分部分项工程项目计划进度与实际进度图，并以图片的形式存储于后台服务器的数据库中。

表 7.11　工程进度表 SMInfo

序号	列名	数据类型	允许空	描述
1	SMPID	nvarchar（30）	否	质量 ID，主键
2	PID	nvarchar（20）	否	工程 ID
3	SPID	nvarchar（10）	否	分部分项 ID
4	NetworkChart	image	是	进度计划
5	GanttChart	image	是	实际进度

8）安全信息

表 7.12 为工程安全表 SaMInfo，用来记录分部分项工程的安全信息，包括安全目标和安全管理现状等。

表 7.12　工程安全表 SaMInfo

序号	列名	数据类型	允许空	描述
1	PID	nvarchar（20）	否	工程 ID，外键
2	SPID	nvarchar（10）	否	分部分项 ID，外键
3	SaftyObject	nvarchar（MAX）	是	安全目标
4	SaftyCondition	nvarchar（MAX）	是	安全现状

9）预警报告

表 7.13 为预警报告表 Remind，用来记录工程项目分部分项工作中的预警信息，主要涵盖了报告主题、预报人、报告时间、预警内容和相关建议等。

表 7.13　工程预警表 Remind

序号	列名	数据类型	允许空	描述
1	PID	nvarchar（20）	否	工程 ID，外键
2	SPID	nvarchar（10）	否	分部分项 ID，外键
3	Theme	nvarchar（50）	否	安全主题
4	Reporter	nvarchar（50）	是	预报人
5	RTime	datetime	是	报告时间
6	WarningReport	Nvarchar（MAX）	是	预警内容
7	Suggestion	Nvarchar（MAX）	是	相关建议

由上述系统功能结构和数据库表间设计可知，大型建设工程实施状态诊断系统的后台数据库表间关系具有如图 7.12 所示的关系，其中 PK 代表主键，FK 代表外键，1：∞ 表示表间实体关系类型。

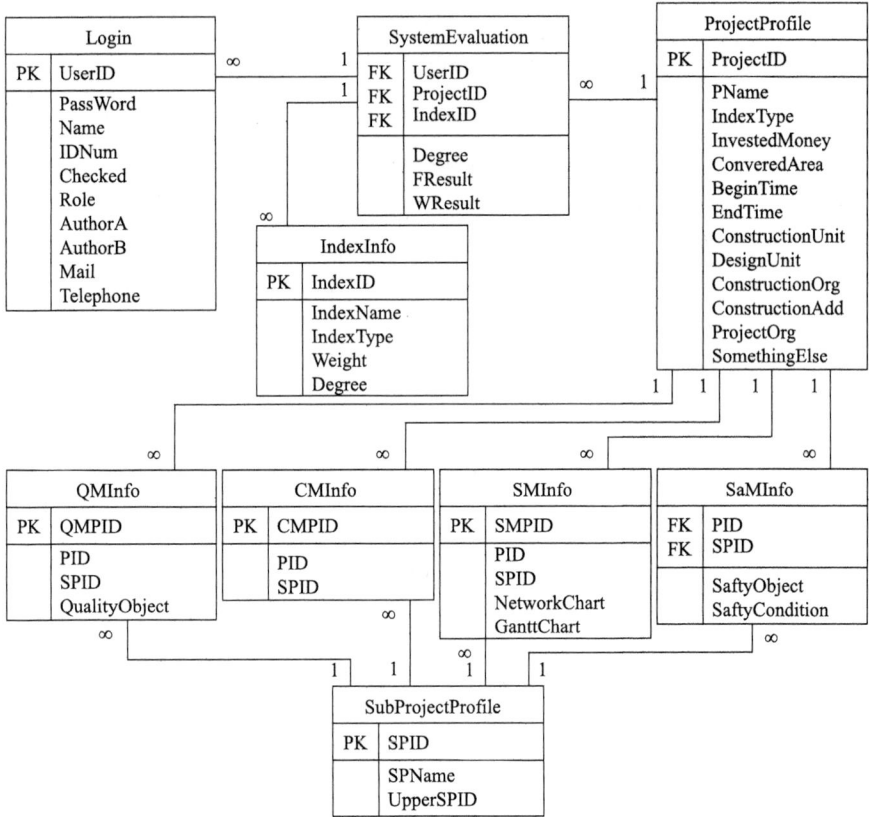

图 7.12　数据库表间关系图

7.3　诊断系统的开发与实现

7.3.1　诊断系统的开发

在完成大型建设工程项目实施状态诊断系统模块及其相关辅助设计后，为了实现这一系统的在工程中的实际应用，并考虑到该系统今后与企业其他系统的相互融合与协调，本书研究采用 C#语言和 SQL Server 2005 数据库，开发出了基于 C/S 构架的大型建设工程项目实施状态诊断系统。该系统的主要仿真界面与说明如下所示。

1. 欢迎界面

图 7.13 为大型建设工程项目实施状态诊断系统的欢迎界面。当在客户端安装了该软件后,在电脑桌面即会出现一个大型建设工程项目实施状态诊断系统的图标。双击桌面上的这一图标,即可出现这一欢迎界面。

图 7.13 欢迎界面

2. 登录界面

从登录界面图 7.14 可知,该界面由四部分组成,即用户名、密码、角色和注册。当访问者填写登录信息时,用户名与登录角色必须一致,否则会提示认证失败,影响用户的正常登录。一般情况下,初访者均无登录权限,此时可点击界面右侧的注册按钮进行权限设定或向系统管理员提出登录申请要求。

图 7.14 登录界面

3. 首页界面

用户登录并经认证后，桌面随即会弹出大型建设工程项目实施状态诊断系统的管理平台首页，如图 7.15 所示。该界面由模块功能键、功能简介版块及用户、软件信息栏三部分构成，其中，模块功能键的主要由工程概况、信息系统、诊断系统、预警系统、查询系统、公示通告和密码修改七个一级模块组成。

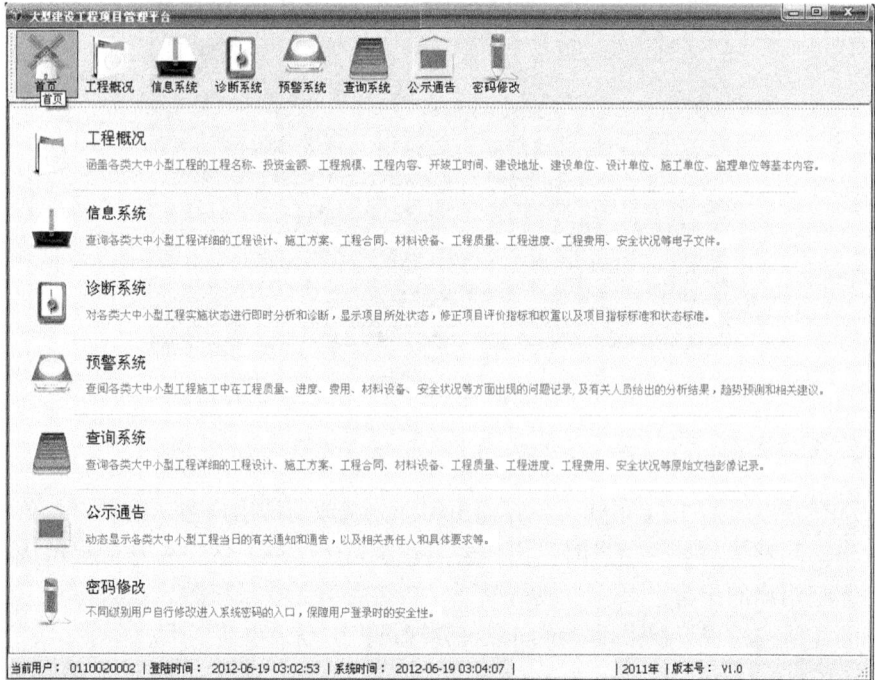

图 7.15　首页界面

4. 工程概况模块

当用户欲查询工程项目的基本信息时，可通过工程概况模块来实现，如工程的投资数额、建筑面积、开工日期、竣工日期、建设单位、设计单位、施工单位、建设地址、项目组织和其他介绍等。在该模块中，所有用户均可进行信息查询、打印预览及数据下载操作，仅管理员有对其进行编辑修改的权限，如图 7.16 所示。

5. 信息系统模块

按照信息系统模块的设计要求和工程管理需求，该模块包括了工程设计、施工方案、工程合同、材料设备、工程质量、工程进度、工程费用、工程安全和工

图 7.16　工程概况模块

程风险九个二级子模块，如图 7.17 所示。在今后的工程管理中，还根据每个项目的实际需求在该模块中创建出若干个不同的文件存储包，以满足工程信息管理的需求。

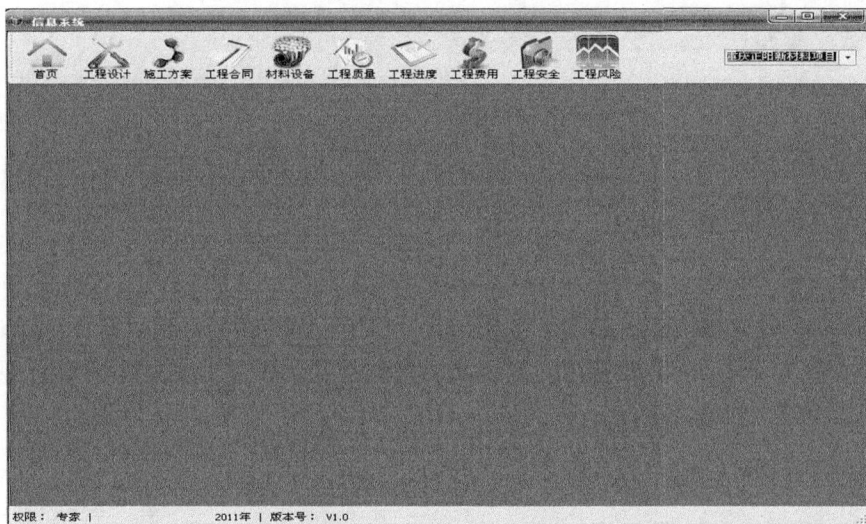

图 7.17　信息系统模块

6. 诊断系统模块

根据大型建设工程项目的诊断需求，诊断系统模块包含了项目诊断、结果查询、指标查询、评价标准、诊断指标修正、指标权重修正、指标标准修正和状态标准修正八个二级子模块。拥有授权的项目管理者才可进入该模块。相应的诊断系统仿真界面如图 7.18 所示。

图 7.18　诊断系统模块

7. 预警系统模块

在诊断系统中，预警管理模块的主要任务是为项目管理者提供工程项目的即时状态，对实施状况进行动态管理和预测。为此，该模块通过信息整合，可生成分析和描述工程项目实施状态的 IR 指标、发展趋势及预警报告的文本资料，以及相应的图像，如图 7.19 所示。

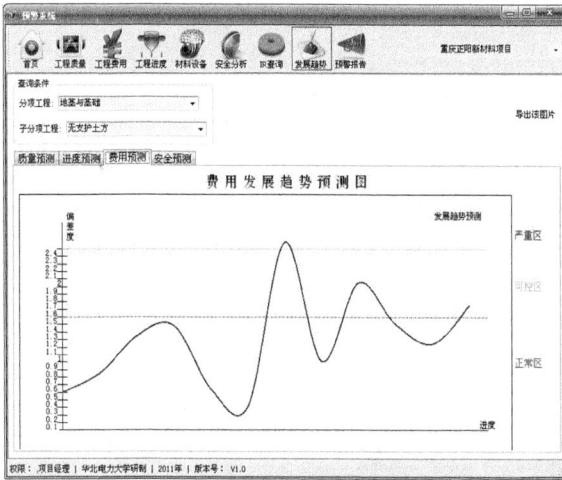

图 7.19　预警系统模块

8. 查询系统模块

查询系统（图 7.20）主要为系统用户提供工程资料的查询服务，使系统使用者可以快速、准确地查找到所需的工程资料。在完成资料查找后，可点击界面左上角的"导出 1/导出 2"按键，将查询结果和右侧的全部信息分别转换为 Excel 文件并存至本地机中。

图 7.20　查询系统模块

9. 公示通告模块

公示通告模块即公共交流模块（图 7.21），是为项目主要管理者发布有关工程的公共信息、评价结果、会议通知及建设动态等提供的一个信息传播平台。该模块不仅有"打印/预览"功能，还可根据需求，将相关信息直接发送至项目指定员工的电子信箱中。必要的情况下，也可通过互联网络平台，以手机短信的方式直接发送到用户的手机中，便于工作人员及时地查阅与回复。

图 7.21 公示通告模块

10. 密码修改模块

密码修改模块是系统使用者存储私人信息的模块，如图 7.22 所示。在界面右侧的"完善个人信息"版块中，用户可根据个人的实际情况来完善系统的个人信息内容。在初始状态下，所有文本框都处于只读状态，用户需点击"编辑"键才能使文本框处于可编写状态，此时"编辑"按钮也变成"保存"按钮；然后，待编辑完毕时，点击"保存"即可。

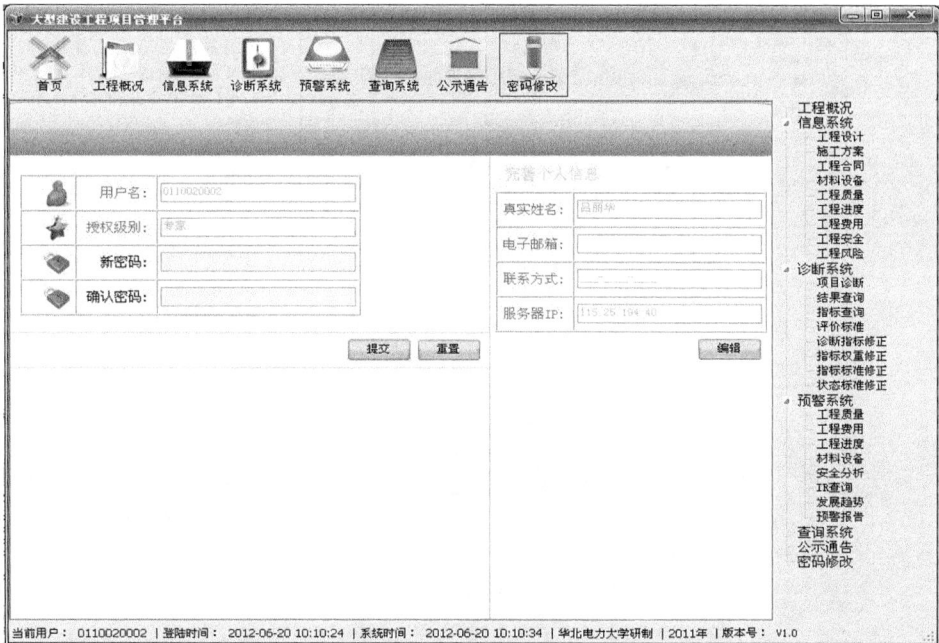

图 7.22　密码修改模块

7.3.2　诊断系统的实现

在完成该系统的设计后，若要在客户端使用这一系统，需要先将大型建设工程项目实施状态诊断系统的安装光盘放入计算机光驱中，然后在光驱自动运行后，会在电脑桌面上呈现出一个文件夹。打开文件夹后，双击文件夹中的有关文件，即可实现该系统的应用。其步骤如下。

1. 安装 SP4 补丁

将大型建设工程项目实施状态诊断系统光盘放入计算机光驱中，双击"大型建设工程项目实施状态诊断系统\安装资料\服务器端\Step1-SP4 补丁\SQL2KSP4.exe"，按界面弹出提示框点击"下一步"即可安装 SP4 补丁。

2. 安装 3.2 SQL Server 2005 数据库

将大型建设工程项目实施状态诊断系统光盘放入计算机光驱中，双击"大型建设工程项目实施状态诊断系统\安装资料\服务器端\Step2-SQL　Server 2005\Servers\setup.exe"，按界面弹出提示框点击"下一步"即可安装数据库，如图 7.23 所示。

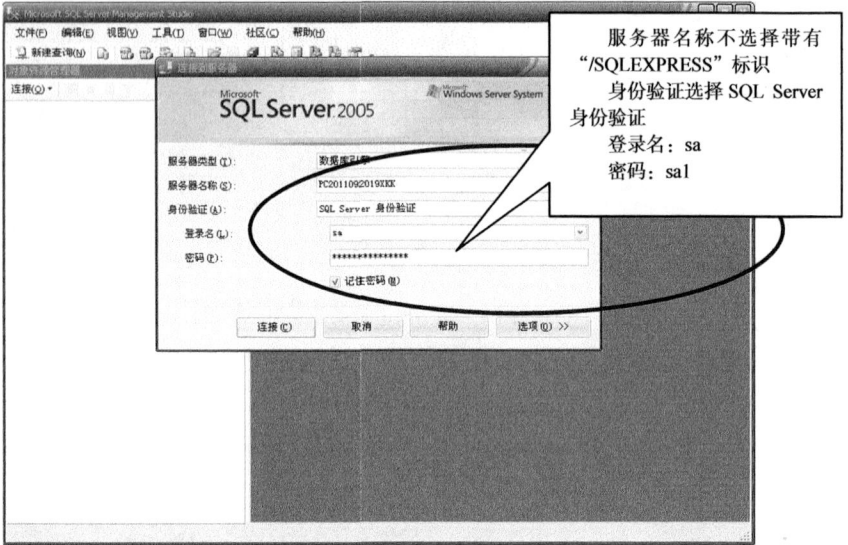

图 7.23　SQL Server 安装界面

　　待安装完成后，需对此软件进行远程访问设置，其步骤是点击电脑左下角的
"开始"—>"程序"—>"Microsoft SQL Server 2005" —>"配置工具"—>
"SQL Server Configuration Manager"弹出界面；然后点击"SQL Server 2005 网
络配置"中的"MSSQLSERVER 的协议"，使 Named Pipes 和 TCP/IP 都处于启用
状态（分别右击"Named Pipes"和"TCP/IP"，更改其状态），使 VIA 处于禁用
状态，如图 7.24 所示。设置完成后重新启动 MSSQLSERVER 服务器即可。

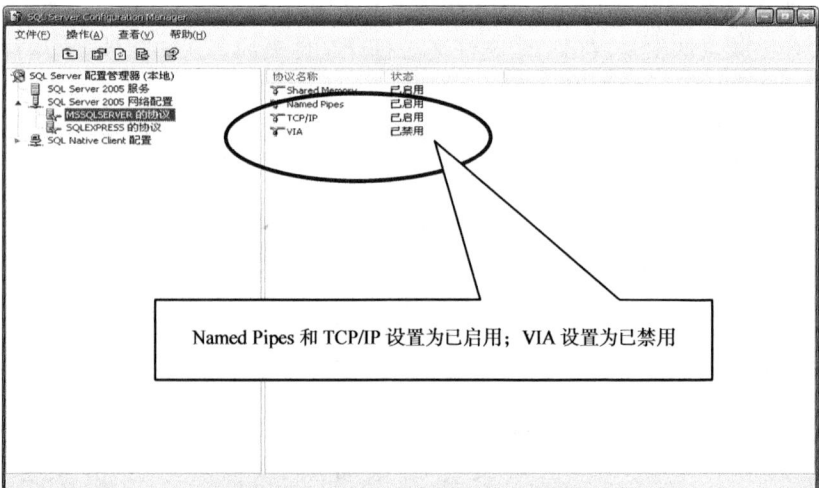

图 7.24　允许远程访问设置界面

3. 安装大型建设工程项目实施状态诊断系统数据库

将大型建设工程项目实施状态诊断系统光盘放入计算机光驱中，双击"大型建设工程项目实施状态诊断系统\安装资料\服务器端\ Step3-[数据库]导入\ Debug \ setup.exe"，待到弹出安装界面时（图 7.25），填入相应的安装用户名和密码并确定安装路径后，即可完成数据库的安装。

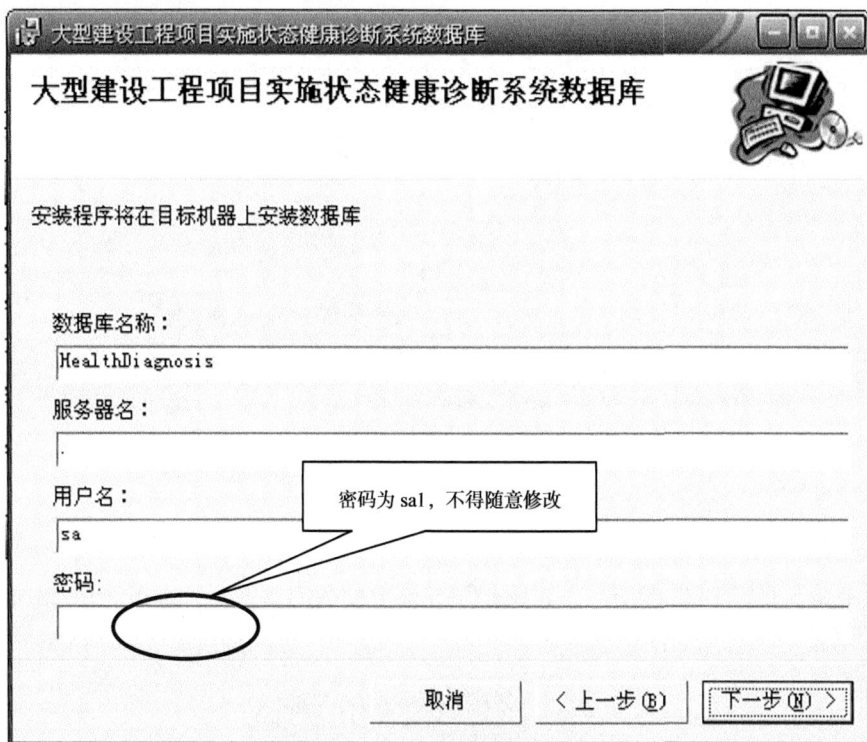

图 7.25　输入数据库密码界面

4. 大型建设工程项目实施状态诊断系统安装

大型建设工程项目实施状态诊断系统将分两类 PC 机安装：一是针对服务器端的 PC 机安装；二是针对普通客户端 PC 机安装。当在服务器端的 PC 机上安装时，将大型建设工程项目实施状态诊断系统光盘放入机器光驱中，双击"大型建设工程项目实施状态诊断系统\安装资料\服务器端\Step4-[服务器]安装\Debug\setup.exe"，按界面弹出提示框点击"下一步"即可进行软件安装，并在桌面生成一个图标。当在普通客户端PC机安装时，双击"大型建设工程项目实施状态诊断系统\安装资料\客户端[客户端]安装\Debug\setup.exe"，按界面弹出提示框点击"下一步"即可进行软件安装，并在桌面生成一个图标，如图 7.26 所示。

图 7.26　大型建设工程项目实施状态诊断系统桌面图标

该软件首次运行时，系统会自动添加一个名为"大型建设工程项目实施状态诊断系统"的"1433 端口"，以确保服务器上的数据库能正常地被客户端访问。

7.4　诊断系统的测试

7.4.1　测试环境及测试方案

尽管大型建设工程项目实施状态诊断系统的设计与仿真工作已经完成，但系统在工程实际中是否可以满足工程项目的管理需求以及是否能与企业现行工程管理系统具有很好的兼容性和匹配性还需要实践的检验。为此，在确定了测试环境的前提下，结合当前软件系统测试的模式，编制了相应的测试方案。

1. 测试环境

为了确保大型建设工程项目实施状态诊断系统在工程上的使用，结合当前企业工程管理的计算机普遍配置情况，本次测试选取了最为普遍的 Windows XP 操作系统，运行的硬件要求分别为主频 1.6G 以上，内存 1G 以上，硬盘空间 30G 以上。

2. 测试方案

黑盒测试、白盒测试和灰盒测试是当前三种最常用的软件测试方法。黑盒测试也称功能测试或数据驱动测试，是指对系统/组件进行的测试，它考虑输入、输出和需求规范中定义的普通功能，不考虑系统的内部处理，主要用于测试程序与客户间存在的显示或隐式需求行为。白盒测试又称结构测试或逻辑驱动测试，它是在需求、设计、编码标准和指导方针所定义的软件内部结构基础上进行的一种验证方法。白盒测试可确保正确地解释需求、设计和代码间的关系及软件的构建过程。灰盒测试是将验证技术与确认技术相结合，在需求、设计、编码标准、指导方针以及功能和非功能性需求规范所定义的软件内部结构基础上进行的测试。针对这三种软件测试方法的优缺点，表 7.14 给出了详细的分析与对比解释。

表 7.14　黑盒测试、白盒测试、灰盒测试的优缺点比较

测试方法		优缺点
黑盒测试	优点	对较大的代码单元来说，测试效率更高；测试人员不需要了解实现的细节，甚至是编程语言；测试人员和编程人员彼此独立；从用户角色进行测试，容易被理解和接受；易暴露任何规格不一致或有歧义的问题；测试工作可在规格完成后马上执行
	缺点	不能覆盖到每个输入流，导致许多程序路径没有被检测到；在测实验数据可能会存在冗余测试；受需求驱动，会错过编码中的逻辑错误检测；不能直接针对程序段测试
白盒测试	优点	能够检查是否遵循了编码标准、注释和重用；可以检测代码中的每条分支和路径，揭示隐藏在代码中的错误；对代码的测试比较彻底；使测试效果最优化，减少对阶段的污染
	缺点	测试成本高；无法检测代码中遗漏的路径和数据的敏感性错误；无法确保满足用户需求；不验证规格的正确性，受检查列表控制
灰盒测试	优点	将黑盒与白盒测试的优点相结合，从功能和结构上检查工作产品是否按照正确的方式进行
	缺点	通常需要一些自动工具来进行测试

系统的测试目标决定了系统的测试方案，因此，通过对比和分析上述各测试方法的优缺点，本书研究决定选用黑盒测试方法作为诊断系统的测试手段，其测试步骤如下：功能测试—>性能测试—>验收测试—>安装测试。其中，功能测试是系统测试的第一步，也是全过程的核心工序，表 7.15~表 7.19 给出了部分功能测试的用例。

表 7.15　用户登录用例

测试用例	前提条件	测试步骤	预期结果
用户登录	1. 保证网络畅通	填写用户名、密码，选择相应的权限，点击"登录"键	登录成功
	2. 拥有用户名、密码和权限		

表 7.16 用户注册用例

测试用例	前提条件	测试步骤	预期结果
用户注册	保证网络畅通	点击登录界面的"注册"键，进入【注册】，填写个人信息，点击"注册"按钮	注册成功

表 7.17 工程项目添加用例

测试用例	前提条件	测试步骤	预期结果
工程项目添加	1. 用户成功登录	进入【工程概况】，在"全部工程概况信息"栏目中，点击"添加"按钮；输入项目信息，点击"保存"按钮	添加成功
	2. 拥有相应的权限（管理员）		

表 7.18 工程项目删除用例

测试用例	前提条件	测试步骤	预期结果
工程项目删除	1. 用户成功登录	进入【工程概况】，在"全部工程概况信息"栏目中，点击"删除"按钮；选中项目信息，点击"保存"按钮	删除成功
	2. 拥有相应的权限（管理员）		

表 7.19 工程项目诊断用例

测试用例	前提条件	测试步骤	预期结果
工程项目诊断案例	1. 用户登录系统成功	进入【诊断系统】，点击项目诊断，输入授权 A 码，进入【项目诊断】，按诊断指标进行项目评价，最后点击"提交评价信息"按钮	评价成功
	2. 拥有相应的权限（专家）		
	3. 拥有授权 A 码		

7.4.2 测试结果

按照上述编制的测试方案，在测试前，预先定义了错误（Bug）的五个等级，即 A、B、C、D 和 E 级。当 Bug 为 A 级时，错误问题最严重，甚至可以致使系统崩溃；当 Bug 为 E 级时，错误最轻，可以忽略不计。待软件测试环境搭建完成后，即对软件进行了不同用途功能的测试，初次和末次测试的 Bug 数量分布情况如图 7.27 所示。

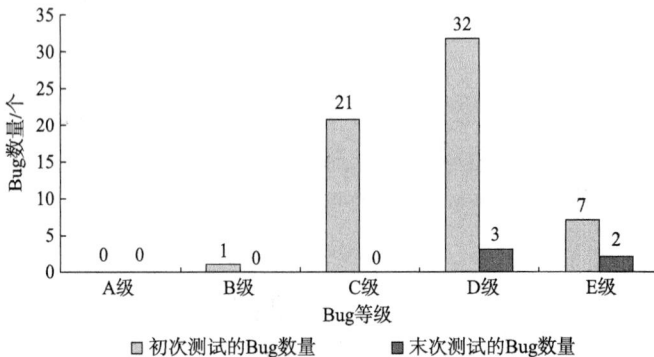

图 7.27 诊断系统测试 Bug 数量分布情况

经过两轮的测试之后，由测试结果可知，A 级和 B 级的末次 Bug 数均为 0，其他级别的 Bug 数在测试中都有出现，其中 D 级 Bug 出现次数相对较多，占末次所有 Bug 总数量的 60%。该结果表明，系统功能的实现结果与预期效果相吻合，系统功能测试通过，系统中遗留的 3 个 D 级 Bug 和 2 个 E 级 Bug 并不影响用户的正常使用，可在后续的工作中采取关闭 Bug 等相应措施来保证系统的正常运行。

系统功能测试的相关信息参见系统功能测试表，如表 7.20 所示。

表 7.20　系统功能测试表

软件名称	大型建设工程项目实施状态诊断系统		版本号	V1.0
测试单位	华北电力大学工程技术与管理研究所		项目负责人	××××
送测时间	2011-05-05			
测试时间	2011-05-06 至 201×-05-09		测试人	××××
测试地点	华北电力大学工程技术与管理研究所			
测试依据	大型建设工程项目实施状态诊断系统需求规格书			
测试环境	数据库及服务器端硬件环境	CPU：AMD Athlon II P340 双核 主板：联想 019957C 内存：2GB 主硬盘：西数 WDC WD3200BEVT-08A23T1 显卡：ATI Mobility Radeon HD 5470 网卡：RTL8168D（P）/8111D（P）PCI-E Gigabit Ethernet NIC		
	客户端硬件环境	CPU：英特尔 Atom（凌动）N450@1.66GHz 主板：惠普 3660 内存：2GB 主硬盘：希捷 ST9250410AS 显卡：ATI Mobility Radeon HD 5470 网卡：RTL8102E/8103E Family PCI-E Fast Ethernet NIC		
测试工具	手动测试			
测试结论	依据《大型建设工程项目实施状态诊断系统需求规格书》，本研究所测试组对软件开发组所提交的大型建设工程项目实施状态诊断系统（V1.0）产品进行了功能测试 经过测试，结论如下：该产品通过测试 测试人签字：×××× <div align="right">2011 年 5 月 10 日</div>			

第8章 实例分析

B市金域华府工程建设项目是B市政府根据城市发展需求开发建设的大型建设工程项目，该工程投资23.31亿元，建筑面积约55万平方米，总建设用地面积约20.6万平方米，由B市城建工程事务所全权负责该工程的项目管理。为确保工程建设的正常进行，保质保量地按期完成工程建设任务，在一期工程主体全部完成之际，B市城建工程事务所欲对该小区施工阶段的工程项目实施状况进行阶段性状态诊断并要求依据诊断结果对项目的实施状况做出总体评判。同时，要求针对该工程中存在的问题提出相应的改进建议。

8.1 工程项目简介及相关技术说明

8.1.1 工程项目简介

该大型工程位于B市地铁线西两千米处，南为城市主要交通干道，北面为已建成的某一住宅区，东侧为该地区的商贸区，交通流量状况为四级。该工程分两期开发，西区为一期，东区为二期。其中，一期工程总建筑面积约35万平方米，共建21栋商住楼，每栋楼地上九层，地下一层，高度为26.1米，建筑单元平面布局基本分为四种，根据不同位置进行组合；结构为框架剪力墙结构，筏片基础，地基采用Φ400CFG桩（水泥粉煤灰碎石桩）加固处理，安全等级和耐火等级皆为二级，抗震设防为八度，室内外高差为600毫米。小区设中心花园两处，停车场四处，物业管理楼一座，小区门房四座，公共厕所四座，配电室、供水泵房、煤气调压站和供暖泵房各两座。

8.1.2 相关技术说明

1. 建筑设计说明

建筑设计总平面图已对该小区的总体布局、高程、坐标以及与周围建筑的关系做了较为详细的说明，并附有详细的建筑设计说明书。在每栋建筑设计图纸中，对该栋楼房的单元组合、外形尺寸和具体坐标、高程等必要数据都附有详细的标示；设计说明书中对室内外所使用的门窗规格、玻璃类型和厚度、内外墙面和室内屋面的装饰方式、屋顶防水处理方式、电梯和楼梯间的节点大样、卫生间和厨房地面的特殊要求、地下室防潮方式、外露构件的处理要求等都已以表格形式分别予以了详细说明，并附有必要的节点大样。其他专业的配套图纸和所需标准图集也已全部配套。设计深度满足施工要求。

2. 结构设计说明

结构设计图纸中对地基的处理方式已有详细的文字和图样说明，工程基础图、结构梁、板、柱、墙等布置图也满足施工要求。图纸中已对工程所使用的材料和部分主要构件的结构构造处理方式都有了具体规定。主要内容如下。

（1）对钢材技术指标、替代要求、焊缝的高度与长度、绑扎锚固要求、预埋件和钢筋的除锈防锈和加工方式、下料尺寸等都有明确的具体要求。

（2）分层采用不同的砌体材料，正负零以上部分采用 MU7.5 混凝土轻质砌块，MB7.5 混合砂浆；正负零以下部分采用 MU15 标准砖，M10 水泥砂浆。

（3）钢筋混凝土中采用的水泥及砂石料的技术指标、级配、标号、等级等已根据不同部位提出了详细的技术参数指标和施工要求；钢筋保护层的厚度、钢筋在同一截面的搭接率和搭接长度等要求、对预埋件的要求等也已在结构说明书中较为详细地予以阐述，满足指导施工的要求。

（4）地基处理所采用的桩基合格标准为单桩静载能力特征值为320千牛，桩载检测应在成桩 28 天后进行；地基内局部液化土层采用 6：4 砂石材料替换，分层夯实，压实系数 > 0.95。

（5）梁与柱交接处的箍筋要求、现浇板内预埋管、板上预留孔洞周围的构造筋要求等已用图表方式详细说明。

（6）钢筋混凝土剪力墙的主筋及其构造配筋要求已绘有详细的布置图并附有钢筋列表，剪力墙上的预留孔洞以及与梁板交叉节点处的施工要求已有明确规定。

（7）填充墙和内隔墙均为后砌，所有墙体与梁板接触处的处理方式已采用节点大样图和文字予以说明。墙体内为满足构造要求而设置的圈梁、构造柱、拉结筋等具体规定已用文字方式予以说明，并对卫生间墙体下部 200 毫米高范围内浇筑与墙体同厚的 C20 素混凝土的处理方式绘制了大样图。

（8）对构造柱、圈梁在屋面、墙体、梁板、电梯井、楼梯间等处的特殊交叉节点处理方式都已绘制了大样图，满足指导施工操作的具体要求。

（9）对工程所用材料的技术指标也提出了明确的规定。对工程中若干成品、半成品的技术要求也在相应的图纸中附有说明。结构施工图纸的设计深度满足指导施工的要求。

3. 施工组织设计方案

在工程施工组织设计方案中，分别对工程的质量、进度、安全、现场环境、材料存放、设备设施的现场布置、道路和雨水的排放、临建用房的安排等方面提出了具体要求，主要内容如下。

（1）对单位工程、分部和分项工程的质量目标提出了明确要求，但对分项工程中所包含的具体工序质量未提出明确要求。制定了基础、框架、墙体、屋面、卫生间和厨房地面等重点部位的质量控制措施。

（2）编制了施工进度计划，工程总进度控制采用网络图方式进行控制管理，分项工程的进度采用横道图来进行控制和分析。从基础开始到主体完工的工期计划为 455 天。

（3）对工程整体进行了施工段划分，确定每一层分为两个施工段，各施工段的工程量、相互之间的搭接关系和流水作业方法已用流程图表示出来。

（4）每栋楼所需施工机具已有了明确的建议，主要设备有塔吊 1 台，型号为 TQ45/60；柱模 28 套，砂浆搅拌机 1 台，电焊机 4 台（24 千瓦），木工电锯 1 台，潜水泵 3 台（¢150），2 吨卷扬机 2 台，5 吨卷扬机 1 台，混凝土搅拌机 1 台（400 升）。

（5）对基坑开挖、桩基和片筏基础的施工方法，框架柱的浇注、电梯井、剪力墙和填充墙的主要施工技术方法和工艺流程分别进行了阐述，列出了各分项工程主要质量控制点。为保证冬季、夏季和雨季中混凝土、地面、墙面抹灰等分项工程的质量，提出了相应的保障措施。

（6）劳动力配置计划也已确定，但较为笼统，没有细化。

（7）对工程主要材料、设备的数量、规格列出了清单，但没有提出材料供货的具体时间和供货的具体方式。

（8）确定了水电能源、建材及工程易耗材料的技术经济管理指标，但在如何加强工程材料的管理方面却没有具体的措施。

（9）在安全管理方面，要求设置专职安全人员，做好日常安全检查，禁止在现场抽烟、使用明火,设备禁止带病使用,禁止乱拉电线等,但安全措施不具体,缺乏针对性,没有具体责任到人。

（10）要求现场文明施工,垃圾日产日清,现场要整齐有序,但现场的检查结果与该规定有一定差距。

（11）针对工程施工现场普遍狭窄、作业面较小的特点,绘制了详细的现场平面布置图,确定了塔吊、工程材料存放、材料加工、现场道路、临时设施、水电线路、现场照明等位置,并提出了现场布置的具体原则和临建设施、道路雨水的处理方法等。

4. 工程预结算

工程预结算的主要依据是《B 市建筑工程预决算定额》,相应的取费定额、材差调整的有关文件规定、会议纪要、现场变更、项量签证等文件。

5. 其他要求

该工程在设计总说明中同时明确规定以下标准和规范为工程必须遵守和执行的内容:《建筑工程施工质量验收标准》《工程结构施工规范》《高层建筑混凝土设计与施工规范》《建筑地基处理规范》《建筑抗震设计规范》《混凝土施工规范》《砌体施工规范》《建筑结构荷载规范》,以及屋面、地面、装饰工程等相关实施细则和国家规定的有关强制性标准。

8.2 工程项目实施状态诊断的准备工作

8.2.1 诊断人员组成

为做好该工程项目实施状况的分析与诊断工作,由 B 市城建工程事务所牵头,组织成立了由11位专家组成的诊断分析小组,他们分别是B市质量监督站的专职质监人员五名,B 市城市建设监理公司的监理工程师两名,市建材检测中心的专业检测人员一名,建设单位总工程师一名,B 市城建委质量管理人员一名,市规划设计院设计人员一名。工作人员的职称除一名专门负责诊断和分析工程费用的预算人员为高级经济师外,其他人员都为副高级工程师或正高级工程师,从事建筑工程专业年限都在十年以上。本次对该工程项目的实施状态分级诊断与综合评判以本书研究确定的诊断指标、诊断方法、诊断标准为诊断工具,在各位专家全面深入地了解和掌握了工程实际情况后,对该工程各层各级管理对象的实施状态进行诊断与分析。

8.2.2　工程诊断依据

为了对工程施工阶段的实施状况进行详细的分析和诊断，确保诊断结果能够有效反映工程实际状况并在发现问题的基础上，提出切实有效的改进建议，根据诊断组的要求，建设主管单位组织各施工单位、监理单位和设计单位等提供了1~21号楼的以下工程资料作为诊断的主要实证依据。

（1）工程设计图纸、工程设计变更、地质勘查报告等设计勘察类资料。

（2）工程预算、工程进度决算、材料采购清单、工程合同文本和付款凭证等工程费用类资料。

（3）施工组织设计和工程具体的技术方案（主要包括工程施工进度计划、质量管理计划、费用控制计划、安全管理计划和材料管理计划及相应的有关措施）。

（4）有关工程管理制度（主要有组织制度、工作制度、现场管理制度、质量管理制度、安全管理和材料管理制度）、项目组组成人员情况一览表，建设主体单位与各工程主要负责人员简况资料。

（5）工程定位、放线和标高控制记录，建筑物沉降观测记录等现场测量记录。

（6）图纸会审和交底记录、工作会议记录、施工日志、监理记录、安全检查记录、质量问题处理记录、安全问题处理记录、工程施工过程中其他重要事项等记录。

（7）工程材料检验试验报告（主要有钢筋、水泥、粉煤灰、沙石、混凝土和砂浆试件、土壤密实度、桩静载试验报告等检测报告）、原材料质量证明（主要有水泥、钢材、外加剂、焊条、砌块质量证明）、混凝土和砂浆配比单等工程材料质量证明。

（8）质量检测和评定记录（主要有地下室防水防潮检测记录、卫生间和厨房地面蓄水检测记录、混凝土试块试验报告、基础和主体质量评定表、隐蔽验收记录等）、分部分项质量验收记录、工序交互检查记录、主体工程质量监督报告书（由监理公司出具的阶段性报告）。

（9）施工现场环境噪声、振动级别的实测记录。

（10）工程有关签证、材料替代证明等资料。

（11）其他有关该工程的文件、通知、报告、通报等资料。

8.3 工程项目实施状态的分析与诊断

8.3.1 诊断指标分析

按照工程项目实施状态的分级诊断方法，对工程项目实施状况进行诊断的第一步工作就是以工程现场情况及能够有效反映工程实际状况的有关资料为依据，根据诊断指标体系所确定的诊断指标对项目各个方面的管理对象进行诊断并确定相应的诊断值。由于此次仅对施工阶段的实施状况进行诊断，诊断小组对该阶段的 54 个诊断指标进行了逐一分析。分析结果如下所示（注：原表格标号是以楼号编排的，为了便于读者参阅，在此用章节号替代）。

此次诊断的对象共有 21 个，在本书研究中，案例分析仅以该小区第十号楼的诊断分析过程为例，其他工程诊断方式与此相同。

1. 工程质量

工程质量相关表格如表 8.1~表 8.7 所示。

表 8.1 工程质量（一）

诊断对象	10 号楼主体工程		表格编号	表 8.1
诊断指标	质量目标分解率			
项数	诊断内容		未分解落实	分解落实
			0	1
1	单位工程质量目标是否分解落实			1
2	分部工程质量目标是否分解落实			1
3	分项工程质量目标是否分解落实		0	
诊断得分	合计得分÷本项最高分合计=2÷3=0.67		合计得分：2分，本项最高分合计：3分	

表 8.2 工程质量（二）

诊断对象	10 号楼主体工程		表格编号		表 8.2	
诊断指标	质保措施落实率					
项数	诊断内容	最差 ←（评价标准）→ 最好				
		0	1	2	3	4	5
1	一般项目质量控制措施					4	
2	重点项目质量控制措施						5
3	工程材料质量检测方法					4	

续表

诊断对象	10 号楼主体工程					表格编号		表 8.2
诊断指标	质保措施落实率							
项数	诊断内容	最差 ←（评价标准）→ 最好						
		0	1	2	3	4	5	
4	特殊工艺实施保障措施					4		
5	设备安装质量保障措施						5	
诊断得分	合计得分÷最高分合计=22÷25=0.88	合计得分：22 分，本项最高分合计：25 分						

表 8.3　工程质量（三）

诊断项数	10 号楼主体工程					表格编号		表 8.3
诊断指标	措施监督到位率							
项数	诊断内容	最差 ←（评价标准）→ 最好						
		0	1	2	3	4	5	
1	技术交底是否完成					4		
2	日常点检是否进行					4		
3	施工方法是否正确						5	
4	操作工序是否正确						5	
5	材料质量是否检测						5	
6	性能试验是否进行					4		
7	隐蔽项目是否检查					4		
8	质量评定是否进行					4		
9	发现问题是否处理					4		
10	后期养护是否到位					4		
诊断得分	合计得分÷本项最高分合计=43÷50=0.86	合计得分：43 分　最高分合计：50 分						

表 8.4　工程质量（四）

诊断对象	10 号楼主体工程	表格编号	表 8.4
诊断指标	主体质量达标率		
项数	诊断内容	应检测项数	不合格项	优良项数
1	分部工程	63	0	52
2	分项工程	154	4	131
诊断得分	达标项数合计÷应检测项数=0.98	合计：217 项	达标项数合计：213 项

表 8.5　工程质量（五）

诊断对象	10 号楼主体工程		表格编号	表 8.5	
诊断指标	设施功能达标率				
项数	诊断内容		应检测项数	不合格项	优良项数
1	地下室墙面防潮		11	0	8
2	卫生间地面防渗		108	3	96
3	厨房地面防渗		108	2	98
诊断得分	达标项数合计÷应检测项数=0.98		合计：227 项	达标项数合计：222 项	

表 8.6　工程质量（六）

诊断对象	10 号楼主体工程		表格编号	表 8.6	
诊断指标	构件性能达标率				
项数	诊断内容		应检测项数	不合格项	优良项数
1	桩静载试验		6	0	6
2	砂石分层回填试验		10	0	8
诊断得分	达标项数合计÷应检测项数=1.0		合计：16 项	达标项数合计：16 项	

表 8.7　工程质量（七）

诊断对象	10 号楼主体工程		表格编号	表 8.7	
诊断指标	材料检测达标率				
项数	诊断内容		应检测项数	不合格项	优良项数
1	钢筋抗拉试验		9	0	8
2	钢筋性能试验		9	0	9
3	混凝土抗压试验		27	0	27
4	混凝土抗渗试验		18	0	17
5	砂浆试块试验		27	0	27
6	水泥性能试验		7	0	7
7	沙石检测试验		13	2	9
8	砌块抗压试验		5	0	5
诊断得分	达标项数合计÷应检测项数=0.98		合计：115 项	达标项数合计：113 项	

2. 工程进度

工程进度相关表格如表 8.8~表 8.11 所示。

表 8.8 工程进度（一）

诊断对象	10 号楼主体工程	表格编号	表 8.8
诊断指标	进度计划分解率		
项数	诊断内容	未分解落实	分解落实
		0	1
1	单位工程进度目标是否分解落实		1
2	分部工程进度目标是否分解落实		1
3	分项工程进度目标是否分解落实		1
诊断得分	合计得分÷本项最高分合计=1.0	合计得分：3 分，本项最高分合计：3 分	

表 8.9 工程进度（二）

诊断对象	10 号楼主体工程		表格编号		表 8.9	
诊断指标	保障措施落实率					
项数	诊断内容	最差 ←（评价标准）→ 最好				
		0	1	2	3	4	5
1	进度责任分工					4	
2	重要进度控点						5
3	材料供应计划					4	
4	机械调配方案						5
5	技术服务措施				3		
6	工序衔接方案					4	
7	特殊工艺措施						5
8	特殊施工方法						5
9	专用设备工具						5
10	意外应急计划	0					
诊断得分	合计得分÷本项最高分合计=0.8	合计得分：40 分，本项最高分合计：50 分					

表 8.10 工程进度（三） 单位：天

诊断对象	10 号楼主体工程	表格编号	表 8.10
诊断指标	局部进度偏差率		
项数	诊断内容	计划工作日	实际工作日
1	地基处理	22	27
2	桩基础施工	81	94
3	片筏基础	15	13
4	地下室施工	32	31
5	一层框架所用时间	11	15
6	一层梁板所用时间	12	13
7	二层框架所用时间	11	14
8	二层梁板所用时间	12	13

续表

诊断对象	10 号楼主体工程		表格编号	表 8.10
诊断指标	局部进度偏差率			
项数	诊断内容	计划工作日	实际工作日	
9	三层框架所用时间	11	14	
10	三层梁板所用时间	12	13	
11	四层框架所用时间	11	13	
12	四层梁板所用时间	12	13	
13	五层框架所用时间	11	11	
14	五层梁板所用时间	12	10	
15	六层框架所用时间	11	11	
16	六层梁板所用时间	12	10	
17	七层框架所用时间	11	11	
18	七层梁板所用时间	12	10	
19	八层框架所用时间	11	11	
20	八层梁板所用时间	12	10	
21	九层框架所用时间	11	11	
22	九层梁板所用时间	12	10	
23	屋面工程	15	14	
24	一层砌体、抹灰和地面	7	7	
25	二层砌体、抹灰和地面	7	7	
26	三层砌体、抹灰和地面	7	7	
27	四层砌体、抹灰和地面	7	7	
28	五层砌体、抹灰和地面	7	6	
29	六层砌体、抹灰和地面	7	6	
30	七层砌体、抹灰和地面	7	7	
31	八层砌体、抹灰和地面	7	7	
32	九层砌体、抹灰和地面	7	6	
33	外墙抹灰装饰	20	21	
诊断得分	未超计划项数÷总计划项数=0.67	合计：33 项	超计划项数合计：11 项	

表 8.11 工程进度（四） 单位：天

诊断对象	10 号楼主体工程		表格编号	表 8.11
诊断指标	总体进度偏差率			
项数	诊断内容	计划工作日	实际工作日	
1	基础工程所用时间	150	165	
2	一层主体所用时间	30	38	
3	二层主体所用时间	30	37	

续表

诊断对象	10 号楼主体工程	表格编号	表 8.11
诊断指标	总体进度偏差率		
项数	诊断内容	计划工作日	实际工作日
4	三层主体所用时间	30	36
5	四层主体所用时间	30	35
6	五层主体所用时间	30	27
7	六层主体所用时间	30	27
8	七层主体所用时间	30	28
9	八层主体所用时间	30	28
10	九层主体所用时间	30	27
11	屋面工程	15	14
12	外墙抹灰装饰	20	21
诊断得分	＞总计划工作日=0	合计: 455 天	合计: 483 天

3. 工程费用

工程费用相关表格如表 8.12~表 8.16 所示。

表 8.12 工程费用（一）

诊断对象	10 号楼主体工程	表格编号	表 8.12
诊断指标	费用计划分解率		
项数	诊断内容	未分解落实	分解落实
		0	1
1	单位工程费用目标是否分解落实		1
2	分部工程费用目标是否分解落实		1
3	分项工程费用目标是否分解落实	0	
诊断得分	合计得分÷本项最高分合计=0.67	合计得分: 2 分, 本项最高分合计: 3 分	

表 8.13 工程费用（二）

诊断对象	10 号楼主体工程		表格编号		表 8.13
诊断指标	保障措施落实率				
项数	诊断内容	最差 ←（评价标准）→ 最好			
		0	1	2	3	4	5
1	费用控制责任制度			2			
2	资金供应保障措施						5
3	人工费用控制措施			2			
4	机械费用控制措施			2			
5	材料费用控制措施					4	
6	间接费用控制措施		1				
诊断得分	合计得分÷本项最高分合计=0.53	合计得分: 16 分, 本项最高分合计: 30 分				

表 8.14 工程费用（三） 单位：元

诊断对象	10 号楼主体工程	表格编号	表 8.14
诊断指标	直接费用偏差率		
项数	诊断内容	计划费用	实际费用
1	人工费	1 803 582.34	1 812 160.71
2	材料费	6 391 589.34	6 644 353.15
3	机械费	1 054 376.52	1 023 387.10
4	其他直接费用	91 430.12	103 207.11
诊断得分	1−[|总计划费用−总实际费用|÷总计划费用]=0.97	合计：9 340 978.32	合计：9 583 108.07

表 8.15 工程费用（四） 单位：元

诊断对象	10 号楼主体工程	表格编号	表 8.15
诊断指标	间接费用偏差率		
项数	诊断内容	计划费用	实际费用
1	管理费	261 547.39	268 327.02
2	劳保费	326 934.24	335 408.78
3	财务费	39 232.10	40 249.05
4	其他费用	934 097.83	958 310.81
诊断得分	1−[|总计划费用−总实际费用|÷总计划费用]=0.97	合计：1 561 811.56	合计：1 602 295.66

表 8.16 工程费用（五） 单位：元

诊断对象	10 号楼主体工程	表格编号	表 8.16
诊断指标	不可预见增加率		
项数	诊断内容	实际发生费用	计划不可预见费
1	基础施工中处理墓穴 1 处	32 430.83	
2	基础处理中挖断电缆和上水管各一处	42 576.10	500 000.00
3	下雨停工 4 次	11 544.00	
4	因居民干扰停工 4 天	11 544.00	
诊断得分	1−（总实际费用÷总计划费用）=0.80	合计：98 094.93	合计：500 000.00

4. 工程安全

工程安全相关表格如表 8.17~表 8.24 所示。

表 8.17 工程安全（一）

诊断对象	10 号楼主体工程					表格编号		表 8.17	
诊断指标	规章制度完善率								
项数	诊断内容	最差 ← （评价标准）→ 最好							
		0	1	2	3	4	5		
1	安全责任制度是否制定						5		
2	安全检查制度是否制定			2					
3	安全培训制度是否制定		1						
4	安全奖惩制度是否制定		1						
5	消防保卫制度是否制定			2					
6	技术操作规程是否制定				3				
7	物品管理规则是否制定				3				
8	现场管理制度是否制定			2					
9	工程安全目标是否制定						5		
10	隐患整改制度是否制定	0							
诊断得分	合计得分÷本项最高分合计=0.48	合计得分：24 分，本项最高分合计：50 分							

表 8.18 工程安全（二）

诊断对象	10 号楼主体工程					表格编号		表 8.18	
诊断指标	安全措施落实率								
项数	诊断内容	最差 ← （评价标准）→ 最好							
		0	1	2	3	4	5		
1	岗前安全教育是否进行			2					
2	项目实施方案是否制订					4			
3	施工技术要点是否交底					4			
4	安全注意事项是否明确			2					
5	安全劳保用品是否到位		1						
6	特殊岗位是否审查合格	0							
7	临时用电动火是否预防		1						
8	安全应急预案是否预备	0							
诊断得分	合计得分÷本项最高分合计=0.35	合计得分：14 分，本项最高分合计：40 分							

表 8.19 工程安全（三）　　　　　　　　　　　单位：人

诊断对象	10 号楼主体工程	表格编号	表 8.19
诊断指标	安检人员配置率		
项数	诊断内容	数量	
1	实际配备人数	1	
2	规定配备人数	2	
诊断得分	实际配备人数÷规定配备人数=0.5		

注：未配备 0 分，小于 1 万平方米 1 人，3 万平方米 2 人，5 万平方米 3 人，5 万平方米以上设安全组

表 8.20 工程安全（四） 单位：元

诊断对象	10 号楼主体工程	表格编号	表 8.20
诊断指标	安全费用到位率		
项数	诊断内容	数量	
1	实际安全费用	≈31 000	
2	规定投入费用	1.5%×工程概算≈110 000	
诊断得分	实际安全费用÷规定投入费用=0.28		

表 8.21 工程安全（五）

诊断对象	10 号楼主体工程	表格编号	表 8.21
诊断指标	项目人员违章率		
项数	诊断内容	违章次数	
1	管理人员违章累计次数	12（4 次违章指挥，8 次不戴安全帽）	
2	施工人员违章累计次数	36（高空作业人员无安全保护装置）	
3	工程其他人员违章累计次数	13（主要是不戴安全帽）	
诊断得分	1-0.01×合计违章次数=0.39	合计违章次数：61 次	

注：发生安全事故为 0 分。违章次数发生一次扣 0.1 分

表 8.22 工程安全（六） 单位：个

诊断对象	10 号楼主体工程	表格编号	表 8.22
诊断指标	设备机具完好率		
项数	诊断内容	数量	
1	设备机具应有保护装置数量	23	
2	设备机具保护装置有效数量	19	
3	设备机具保护装置无效数量	4	
诊断得分	有效数量÷装置数量=0.83		

表 8.23 工程安全（七）

诊断对象	10 号楼主体工程	表格编号	表 8.23
诊断指标	现场防护设施有效率		
项数	诊断内容	问题点数量	
1	现场脚手架问题点	11 处（脚手架松动，支撑数量不够）	
2	楼梯间上下通道问题点	26 处（多处未设护栏）	
3	基础护坡边沿问题点	4 处（基础护坡边沿未设防）	
4	安全网老化	5 处	
诊断得分	1-0.01×问题点数量=0.54		

表 8.24 工程安全（八） 　　　　　　　　单位：个

诊断对象	10 号楼主体工程	表格编号	表 8.24
诊断指标	作业环境达标率		
项数	诊断内容	问题点数量	
1	安全标志未设置	11	
2	现场照明设置数量不足	3	
3	砂石未按规定堆放	1	
4	消防灭火器材失效	1	
诊断得分	1-0.01×问题点数量=0.84		

5. 工程环保

工程环保相关内容见表 8.25~表 8.33。

表 8.25 工程环保（一）

诊断对象	10 号楼主体工程		表格编号		表 8.25	
诊断指标	环保计划明确率					
项数	诊断内容	最差 ←（评价标准）→ 最好				
		0	1	2	3	4	5
1	环保目标是否明确	0					
2	环保计划是否制定	0					
3	责任分工是否具体	0					
4	检查制度是否建立	0					
5	奖惩制度是否配套	0					
诊断得分	合计得分÷本项最高分合计=0	合计得分：0 分，本项最高分合计：25 分					

表 8.26 工程环保（二）

诊断对象	10 号楼主体工程		表格编号		表 8.26	
诊断指标	环保措施落实率					
项数	诊断内容	最差 ←（评价标准）→ 最好				
		0	1	2	3	4	5
1	粉尘控制措施是否制定落实	0					
2	噪声控制措施是否制定落实			2			
3	振动控制措施是否制定落实	0					
4	污水控制措施是否制定落实	0					
5	垃圾处理方式是否明确落实				3		
6	树木植被保护措施是否制定	0					
7	周围环境保护方案是否明确落实	0					
8	绿地恢复方案是否制定	0					
诊断得分	合计得分÷本项最高分合计=0.125	合计得分：5 分，本项最高分合计：40 分					

表 8.27 工程环保（三）　　　　　　　　　　　单位：元

诊断对象	10 号楼主体工程	表格编号	表 8.27
诊断指标	环保费用投入率		
项数	诊断内容	数量	
1	环保费用到位数	20 000	
2	计划投入费用	2%×工程概算≈200 000	
诊断得分	环保费用到位数÷计划投入费用=0.1		

表 8.28 工程环保（四）

诊断对象	10 号楼主体工程		表格编号			表 8.28	
诊断指标	粉尘排放控制率						
项数	诊断内容	最差 ←（控制效果）→ 最好					
		0	1	2	3	4	5
1	散装水泥是否封闭			2			
2	灰土拌合是否控制			2			
3	运输流洒是否遮盖		1				
4	地面扬尘是否洒水	0					
5	现场清扫是否润湿	0					
诊断得分	合计得分÷本项最高分合计=0.20	合计得分：5 分，本项最高分合计：25 分					

表 8.29 工程环保（五）

诊断对象	10 号楼主体工程	表格编号	表 8.29
诊断指标	污水排放达标率		
项数	诊断内容	排放项数	达标项数
1	基础处理过程中拌合料使用污水	2	0
2	清洗砂浆和混凝土搅拌机及其他工具污水	5	0
诊断得分	达标项数合计÷排放项数合计=0	合计：7 项	合计：0 项

表 8.30 工程环保（六）

诊断对象	10 号楼主体工程	表格编号	表 8.30
诊断指标	施工垃圾处理率		
项数	诊断内容	排放项数	达标项数
1	砖瓦砂石流洒	3	3（按规定收集再利用）
2	混凝土和砂浆流洒	2	1
3	钢筋切头，废金属料等	3	3（回收）
4	局部使用过的废弃木模板	3	3（回收）
5	商品混凝土现场流洒	1	0（按规定收集再利用）
6	砂浆和混凝土检验废弃试块	2	2（按规定收集再利用）
7	地下室防潮层使用的沥青遗留物	1	0
8	生活垃圾，办公废旧纸张等	2	1（纸张回收）
9	施工现场周围居民倾倒的垃圾	1	0
诊断得分	达标项数合计÷排放项数合计=0.72	合计：18 项	合计：13 项

表 8.31　工程环保（七）

诊断对象	10 号楼主体工程		表格编号	表 8.31
诊断指标	施工噪声控制率			
项数	诊断内容	噪声产生项数		达标项数
1	桩基处理过程中的噪声	1		0
2	混凝土振捣的噪声（振动棒和平板振动）	2		1
3	基坑开挖（夜间噪声值超标）	1		0
4	土方运输、商品混凝土运输的车辆	2		0
5	支模和拆模（夜间噪声值超标）	2		0
诊断得分	达标项数合计÷管理项数合计=0.125	合计：8 项		合计：1 项

注：检测时执行《建筑施工场界噪声限值》GB12523—90，白天≤55dB，夜间≤45dB

表 8.32　工程环保（八）

诊断对象	10 号楼主体工程		表格编号	表 8.32
诊断指标	振动控制有效率			
项数	诊断内容	产生项数		达标项数
1	打桩	1		0
诊断得分	达标项数合计÷管理项数合计=0	合计：1 项		合计：0 项

注：检测时执行《城市区域环境振动标准》（GB10070—1998），V_z≤61dB

表 8.33　工程环保（九）

诊断对象	10 号楼主体工程		表格编号	表 8.33
诊断指标	树木植被保护率			
项数	诊断内容	产生项数		达标项数
1	未办手续，砍伐树木 2 棵	1		0
诊断得分	达标项数合计÷产生项数合计=0	合计：1 项		合计：0 项

6. 工程风险

工程风险相关内容见表 8.34~表 8.37。

表 8.34　工程风险（一）

诊断对象	10 号楼主体工程		表格编号	表 8.34
诊断指标	内部风险识别率			
项数	诊断内容	识别项数		预先识别项数
1	因甲方未办理砍树手续而产生的费用索赔	1		1
2	桩基试验不及时而产生的工期延误	1		1
3	环保措施不完善而带来的工期延误和罚款	1		0
诊断得分	预先识别项数合计÷识别项数合计=0.67	合计：3 项		合计：2 项

表 8.35 工程风险（二）

诊断对象	10 号楼主体工程		表格编号	表 8.35
诊断指标	外部风险识别率			
项数	诊断内容		识别项数	预先识别项数
1	地基开挖中发现墓穴		1	0
	冬、雨季可能带来的问题		2	2
	钢材的价格调整		2	2
	商品混凝土的价格调整		1	0
2	水泥和砂石的价格调整		2	0
3	施工中周围居民因振动和噪声对工程的干扰		6	4
4	违章砍树被暂时停工带来的影响		1	0
诊断得分	预先识别项数合计÷识别项数合计=0.53		合计：15 项	合计：8 项

表 8.36 工程风险（三）

诊断对象	10 号楼主体工程			表格编号		表 8.36
诊断指标	风险分析有效率					
项数	诊断内容	最差 ←（评价标准）→ 最好				
		0	1	2	3	4	5
1	风险信息是否真实				3		
2	风险类别是否明确				3		
3	所含内容是否确定			2			
4	影响范围是否清楚			2			
5	导致后果是否估计					4	
6	产生原因是否分析			2			
7	相关因素是否考虑			2			
8	发生概率是否判断				3		
诊断得分	合计得分÷本项最高分合计=0.525	合计得分：21 分，本项最高分合计：40 分					

表 8.37 工程风险（四）

诊断对象	10 号楼主体工程			表格编号		表 8.37
诊断指标	风险对策落实率					
项数	诊断内容	最差 ←（评价标准）→ 最好				
		0	1	2	3	4	5
1	责任分工是否分解				3		
2	风险措施是否具体				3		
3	实施步骤是否详细			2			
4	监控手段是否考虑			2			
5	应急方案是否准备	0					
诊断得分	合计得分÷本项最高分合计=0.40	合计得分：10 分，本项最高分合计：25 分					

7. 工程资源

工程资源相关内容见表8.38~表8.51。

表 8.38 工程资源（一）

诊断对象	10 号楼主体工程		表格编号		表 8.38	
诊断指标	规章制度完善率					
项数	诊断内容	最差 ←（评价标准）→ 最好				
		0	1	2	3	4	5
1	项目资源管理通则				3		
2	资源管理人员责任制度					4	
3	材料设备采购验收管理制度						5
4	材料设备库房存储管理制度				3		
5	材料设备领用移交管理制度			2			
6	设备使用维护维修管理制度					4	
7	能源使用节约计量管理制度			2			
8	项目技术指导服务管理制度				3		
9	项目信息反馈处理管理制度	0					
10	资源应急管理方案	0					
诊断得分	合计得分÷本项最高分合计=0.52	合计得分：26分，本项最高分合计：50分					

表 8.39 工程资源（二）

诊断对象	10 号楼主体工程		表格编号		表 8.39	
诊断指标	计划措施落实率					
项数	诊断内容	最差 ←（评价标准）→ 最好				
		0	1	2	3	4	5
1	所需资源名称是否明确						5
2	各种资源数量是否核定						5
3	资源所需时间是否确定					4	
4	资源供应地点是否确定					4	
5	资源供应方法是否制定				3		
6	双方移交人员是否确定			2			
7	双方各自责任是否明确				3		
诊断得分	合计得分÷本项最高分合计=0.74	合计得分：26分，本项最高分合计：35分					

表 8.40 工程资源（三） 单位：人

诊断对象	10 号楼主体工程	表格编号	表 8.40
诊断指标	劳务人员配置率		
项数	诊断内容	数量	
1	实际配备人数	71	
2	规定合理配备人数	93	
诊断得分	实际配备人数÷规定合理配备人数=0.76		

表 8.41 工程资源（四） 单位：人

诊断对象	10 号楼主体工程	表格编号	表 8.41
诊断指标	劳务人员利用率		
项数	诊断内容	数量	
1	实际利用人数	71	
2	劳务人员数量	71	
诊断得分	实际利用人数÷劳务人员数量=1.0		

表 8.42 工程资源（五）

诊断对象	10 号楼主体工程	表格编号	表 8.42
诊断指标	材料供应保障率		
项数	诊断内容	数量	
1	材料供应时间偏差量统计平均值	0.5~1.5 天（取最大值）	
2	材料供应所需量偏差量统计平均值	约总量的 5%	
规定标准	材料供应时间允许偏差：不得超过规定日期的 3 天 材料供应所需量允许偏差：不得超过规定总量的 5%		
诊断得分	①=|材料供应时间偏差量|÷材料供应时间允许偏差量 ②=|材料供应所需量偏差量|÷材料供应所需量允许偏差量 得分=1−[（①+②）÷2]=0.25		

表 8.43 工程资源（六）

诊断对象	10 号楼主体工程		表格编号	表 8.43
诊断指标	材料利用有效率			
项数	诊断内容	材料实际使用量	规定用量	有效率
1	水泥	242 T	237.89 T	0.98
2	钢材	1 101 T	1 089.56 T	0.98
3	木材	65 m³	87.21 m³	1.00

续表

诊断对象	10 号楼主体工程		表格编号	表 8.43
诊断指标	材料利用有效率			
项数	诊断内容	材料实际使用量	规定用量	有效率
4	混凝土轻质砌块	2 655 m³	2 587.28 m³	0.97
5	商品混凝土	12 513.23 m³	12 389.34 m³	0.99
6	铁丝	523 kg	512.56 kg	0.97
7	砂	573 m³	545.33 m³	0.94
8	石灰	20.1 T	18.78 T	0.92
9	焊条	500 kg	498 kg	0.99
诊断得分	工程材料利用有效率=1−[│材料实际使用量−规定用量│÷规定用量] 得分=合计工程材料利用有效率÷项数=0.97			

注：当实际用量小于规定用量时，有效率为 1

表 8.44　工程资源（七）

诊断对象	10 号楼主体工程	表格编号	表 8.44
诊断指标	能源供应保障率		
项数	诊断内容	数量	
1	能源供应时间偏差量统计平均值	0.5 天	
2	能源供应所需量偏差量统计平均值	约总量的 5%	
规定标准	能源供应时间允许偏差量：不得超过规定日期的 2 天 能源供应所需量允许偏差：不得超过规定总量的 5%		
诊断得分	①=│能源供应时间偏差量│÷能源供应时间允许偏差量 ②=│能源供应所需量偏差量│÷能源供应所需量允许偏差量 得分=1−[（①+②）÷2]=0.375		

表 8.45　工程资源（八）

诊断对象	10 号楼主体工程		表格编号	表 8.45
诊断指标	能源利用有效率			
项数	诊断内容	能源实际消耗量	能源规定供应量	有效率
1	水	2 311 T	2 116 T	0.90
2	电	96 822 KWH	92 775.3 KWH	0.95
3	汽油	4 500 kg	3 393 kg	0.67
4	柴油	2 500 kg	2 451 kg	0.98
诊断得分	工程能源利用有效率=1−[│能源实际消耗量−能源规定供应量│÷能源规定供应量] 得分=合计工程能源利用有效率÷项数=0.875			

表 8.46 工程资源（九）

诊断对象	10 号楼主体工程		表格编号	表 8.46
诊断指标	设备机具完好率			
项数	诊断内容		数量	完好数量
1	机械设备台数/台		23	23
2	主要施工工具/个		46	42
诊断得分	完好数量合计÷数量合计=0.94		合计：69	合计：65

表 8.47 工程资源（十）

诊断对象	10 号楼主体工程		表格编号	表 8.47
诊断指标	设备机具利用率			
项数	诊断内容		需用数量	实用数量
1	机械设备台数/台		18	18
2	主要施工工具/个		43	42
诊断得分	实用数量合计÷需用数量合计=0.98		合计：61	合计：60

表 8.48 工程资源（十一）

诊断对象	10 号楼主体工程	表格编号	表 8.48
诊断指标	项目资金保障率		
项数	诊断内容	时间量（天数）	
1	资金实际到达时间	均 10~13 天	
2	资金规定到达时间	7 天	
诊断得分	（资金实际到达时间−资金规定到达时间）÷资金实际到达时间=0.46		

表 8.49 工程资源（十二）

诊断对象	10 号楼主体工程		表格编号		表 8.49	
诊断指标	技术服务保障率					
项数	诊断内容	最差 ← （评价标准） → 最好				
		0	1	2	3	4	5
1	疑难问题能否按时解决					4	
2	特殊工艺能否及时指导						5
3	材料检验能否按时完成				3		
4	性能试验能否按时完成			2			
5	隐蔽部位能否按时验收				3		
6	质检项目能否及时评定				3		
7	变更方案能否及时提供				3		
8	项量签证能否及时配合				3		
9	技术问题能否及时解答					4	
10	验收检查能否按时完成				3		
诊断得分	合计得分÷本项最高分合计=0.66	合计得分：33 分，本项最高分合计：50 分					

表 8.50 工程资源（十三）

诊断对象	10 号楼主体工程				表格编号		表 8.50	
诊断指标	信息反馈达标率							
项数	诊断内容	最差 ← （评价标准）→ 最好						
		0	1	2	3	4	5	
1	信息反馈是否及时有效			2				
2	反馈内容是否全面完整			2				
3	反馈方式是否规范准确	0						
4	反馈信息是否真实可靠					4		
5	反馈信息是否正确无误				3			
诊断得分	合计得分÷本项最高分合计=0.44	合计得分：11 分，本项最高分合计：25 分						

表 8.51 工程资源（十四）　　　单位：项

诊断对象	10 号楼主体工程	表格编号	表 8.51
诊断指标	项目信息利用率		
项数	诊断内容	数量	
1	了解信息项数	（据例会记录估计值）62	
2	利用信息项数	（据例会记录估计值）56	
诊断得分	利用信息项数÷了解信息项数=0.90（注：依据该工程信息通过例会通报）		

8. 工程其他

工程其他内容见表 8.52~表 8.54。

表 8.52 工程其他（一）

诊断对象	10 号楼主体工程				表格编号		表 8.52	
诊断指标	项目各方协调率							
项数	诊断内容	最差 ← （评价标准）→ 最好						
		0	1	2	3	4	5	
1	工作态度作风是否良好					4		
2	各方职责能否认真履行					4		
3	项目状况能否及时汇报				3			
4	相关信息能否及时反馈			2				
5	有关疑问能否及时解答				3			
6	提交问题能否及时处理				3			
7	现场检查是否给予配合				3			
8	技术服务能否及时完成					4		

诊断对象	10 号楼主体工程		表格编号		表 8.52
诊断指标	项目各方协调率				
项数	诊断内容	最差 ←（评价标准）→ 最好			
		0 1 2 3	4	5	
9	相关工作能否予以指导		4		
10	特殊困难能否给予协助		4		
诊断得分	合计得分÷本项最高分合计=0.68	合计得分：34 分，本项最高分合计：50 分			

表 8.53 工程其他（二）

诊断对象	10 号楼主体工程	表格编号	表 8.53
诊断指标	有关人员违规率		
项数	诊断内容	存在	不存在
		0	1
1	管理人员是否以权谋私		1
2	监理人员是否失职渎职		1
3	设计人员是否吃拿卡要	0	
4	预算人员是否变相交易		1
5	采购人员是否收取回扣		1
6	保管人员是否私用材物		1
7	财会人员是否挪用资金		1
8	部门领导是否越权干涉		1
9	主管人员是否行贿受贿		1
10	有关人员是否违章违纪	0	
诊断得分	合计得分÷本项最高分合计=0.8	合计得分：8 分，本项最高分合计：10 分	

表 8.54 工程其他（三）

诊断对象	10 号楼主体工程		表格编号	表 8.54
诊断指标	参与各方工效比			
项数	诊断内容	计划工作日/天	实际工作日/天	工效比
1	施工单位解决问题所用时间	2	2	1
2	监理单位解决问题所用时间	1.2	1.5	0.75
3	设计单位解决问题所用时间	1.5	2.0	0.67
4	建设单位解决问题所用时间	2.2	2.5	0.86
5	上级部门解决问题所用时间	5.5	8.8	0.40
诊断得分	合计工效比÷项数=0.736（据施工日志、监理日志和例会记录统计分析结果）			

  通过对施工阶段各项目管理对象所含各诊断指标的分析，得出了各指标的诊断值，在此基础上就可以根据实施状态的诊断方法分析和判定该工程施工阶段各管理对象的实施状况。

8.3.2　实施状态的分级诊断

设备指标诊断值为 α_{ijk}^m，其所对应的权重为 β_{ijk}^m，其中 m 为诊断对象，即楼号，i 为诊断对象所包含的管理对象，$i=1\sim8$，依次代表工程的质量状况、进度状况、费用状况、安全状况、环保管理状况、风险管理状况、资源管理状况和其他状况；j 为管理对象内所包含的具体内容，$j=1\sim8$，根据管理对象的不同而不同；k 为诊断具体内容所需要的诊断指标编号，$k=1\sim7$，随诊断内容的不同而不同。

同时，在对项目实施状况进行诊断前还需要同步完成两项工作：一是由于此次诊断的内容为该安居工程的主体工程，该工程的室内外设备设施尚未安装，对原诊断内容中所包含的此部分指标将不需要诊断和分析，但需要对与之同组的其他指标进行赋权修正；二是由于诊断指标的数值存在正向和逆向两种取向情况，在项目实施状况的分析过程中，为了便于对诊断对象的综合判定，就需要提前进行指标的同向转化。为此，预先统一规定以正向取值为标准，逆向值则通过与 1 的互差进行转换。在此约定下，根据各诊断对象的各级权重和诊断指标值分析结果便可对各管理对象的实施状况进行确定，具体如下。

1. 工程质量状况 α_1^{10}

$$\alpha_1^{10} = \begin{vmatrix} \alpha_{11}^{10} & \alpha_{12}^{10} \end{vmatrix} \begin{vmatrix} \beta_{11}^{10} \\ \beta_{12}^{10} \end{vmatrix} = \begin{vmatrix} \alpha_{111}^{10} & \alpha_{112}^{10} & \alpha_{113}^{10} & 0 \\ \alpha_{121}^{10} & \alpha_{122}^{10} & \alpha_{123}^{10} & \alpha_{124}^{10} \end{vmatrix} \begin{vmatrix} \beta_{111}^{10} & \overline{\beta}_{121}^{10} \\ \beta_{112}^{10} & \overline{\beta}_{122}^{10} \\ \beta_{113}^{10} & \overline{\beta}_{123}^{10} \\ 0 & \overline{\beta}_{124}^{10} \end{vmatrix} \begin{vmatrix} \beta_{11}^{10} \\ \beta_{12}^{10} \end{vmatrix}$$

$$= \begin{vmatrix} 0.67 & 0.88 & 0.86 & 0 \\ 0.98 & 0.98 & 1.00 & 0.98 \end{vmatrix} \begin{vmatrix} 0.31 & 0.26 \\ 0.35 & 0.25 \\ 0.34 & 0.25 \\ 0 & 0.24 \end{vmatrix} \begin{vmatrix} 0.43 \\ 0.57 \end{vmatrix} = \begin{vmatrix} 0.35 & 0.56 \end{vmatrix} = 0.91$$

其中，$\overline{\beta}_{ijk}^m$ 为修正后的赋权值。

2. 工程进度状况 α_2^{10}

$$\alpha_2^{10} = \begin{vmatrix} \alpha_{21}^{10} & \alpha_{22}^{10} \end{vmatrix} \begin{vmatrix} \beta_{21}^{10} \\ \beta_{22}^{10} \end{vmatrix} = \begin{vmatrix} \alpha_{211}^{10} & \alpha_{212}^{10} \\ \alpha_{221}^{10} & \alpha_{222}^{10} \end{vmatrix} \begin{vmatrix} \beta_{211}^{10} & \beta_{221}^{10} \\ \beta_{211}^{10} & \beta_{222}^{10} \end{vmatrix} \begin{vmatrix} \beta_{21}^{10} \\ \beta_{22}^{10} \end{vmatrix}$$

$$= \begin{vmatrix} 1.00 & 0.80 \\ 0.33 & 0 \end{vmatrix} \begin{vmatrix} 0.49 & 0.49 \\ 0.51 & 0.51 \end{vmatrix} \begin{vmatrix} 0.44 \\ 0.56 \end{vmatrix} = \begin{vmatrix} 0.40 & 0.08 \end{vmatrix} = 0.48$$

3. 工程费用状况 α_3^{10}

$$\alpha_3^{10} = \begin{vmatrix} \alpha_{31}^{10} & \alpha_{32}^{10} \end{vmatrix} \begin{vmatrix} \beta_{31}^{10} \\ \beta_{32}^{10} \end{vmatrix} = \begin{vmatrix} \alpha_{311}^{10} & \alpha_{312}^{10} & 0 \\ \alpha_{321}^{10} & \alpha_{322}^{10} & \alpha_{323}^{10} \end{vmatrix} \begin{vmatrix} \beta_{311}^{10} & \beta_{321}^{10} \\ \beta_{312}^{10} & \beta_{322}^{10} \\ 0 & \beta_{323}^{10} \end{vmatrix} \begin{vmatrix} \beta_{31}^{10} \\ \beta_{32}^{10} \end{vmatrix}$$

$$= \begin{vmatrix} 0.67 & 0.53 & 0 \\ 0.97 & 0.97 & 0.80 \end{vmatrix} \begin{vmatrix} 0.45 & 0.36 \\ 0.55 & 0.34 \\ 0 & 0.30 \end{vmatrix} \begin{vmatrix} 0.44 \\ 0.56 \end{vmatrix} = \begin{vmatrix} 0.26 & 0.51 \end{vmatrix} = 0.77$$

4. 工程安全状况 α_4^{10}

$$\alpha_4^{10} = \begin{vmatrix} \alpha_{41}^{10} & \alpha_{42}^{10} \end{vmatrix} \begin{vmatrix} \beta_{41}^{10} \\ \beta_{42}^{10} \end{vmatrix} = \begin{vmatrix} \alpha_{411}^{10} & \alpha_{412}^{10} & \alpha_{413}^{10} & \alpha_{414}^{10} \\ \alpha_{421}^{10} & \alpha_{422}^{10} & \alpha_{423}^{10} & \alpha_{424}^{10} \end{vmatrix} \begin{vmatrix} \beta_{411}^{10} & \beta_{421}^{10} \\ \beta_{412}^{10} & \beta_{422}^{10} \\ \beta_{413}^{10} & \beta_{423}^{10} \\ \beta_{414}^{10} & \beta_{424}^{10} \end{vmatrix} \begin{vmatrix} \beta_{41}^{10} \\ \beta_{42}^{10} \end{vmatrix}$$

$$= \begin{vmatrix} 0.48 & 0.35 & 0.50 & 0.28 \\ 0.39 & 0.83 & 0.54 & 0.84 \end{vmatrix} \begin{vmatrix} 0.25 & 0.26 \\ 0.27 & 0.23 \\ 0.24 & 0.26 \\ 0.24 & 0.25 \end{vmatrix} \begin{vmatrix} 0.41 \\ 0.59 \end{vmatrix} = \begin{vmatrix} 0.16 & 0.38 \end{vmatrix} = 0.54$$

5. 工程环保状况 α_5^{10}

$$\alpha_5^{10} = \begin{vmatrix} \alpha_{51}^{10} & \alpha_{52}^{10} \end{vmatrix} \begin{vmatrix} \beta_{51}^{10} \\ \beta_{52}^{10} \end{vmatrix} = \begin{vmatrix} \alpha_{511}^{10} & \alpha_{512}^{10} & \alpha_{513}^{10} & 0 & 0 & 0 \\ \alpha_{521}^{10} & \alpha_{522}^{10} & \alpha_{523}^{10} & \alpha_{524}^{10} & \alpha_{525}^{10} & \alpha_{526}^{10} \end{vmatrix} \begin{vmatrix} \beta_{511}^{10} & \overline{\beta}_{521}^{10} \\ \beta_{512}^{10} & \overline{\beta}_{522}^{10} \\ \beta_{513}^{10} & \overline{\beta}_{523}^{10} \\ 0 & \overline{\beta}_{524}^{10} \\ 0 & \overline{\beta}_{525}^{10} \\ 0 & \overline{\beta}_{526}^{10} \end{vmatrix} \begin{vmatrix} \beta_{51}^{10} \\ \beta_{52}^{10} \end{vmatrix}$$

$$= \begin{vmatrix} 0 & 0.125 & 0.1 & 0 & 0 & 0 \\ 0.20 & 0 & 0.72 & 0.13 & 0 & 0 \end{vmatrix} \begin{vmatrix} 0.31 & 0.16 \\ 0.34 & 0.18 \\ 0.35 & 0.20 \\ 0 & 0.17 \\ 0 & 0.15 \\ 0 & 0.14 \end{vmatrix} \begin{vmatrix} 0.35 \\ 0.65 \end{vmatrix} = \begin{vmatrix} 0.03 & 0.15 \end{vmatrix}$$

$$= 0.18$$

其中，$\bar{\beta}_{ijk}^{m}$ 为修正后的赋权值。

6. 工程风险状况 α_6^{10}

$$\alpha_6^{10} = \begin{vmatrix} \alpha_{61}^{10} & \alpha_{62}^{10} \end{vmatrix} \begin{vmatrix} \beta_{61}^{10} \\ \beta_{62}^{10} \end{vmatrix} = \begin{vmatrix} \alpha_{611}^{10} & \alpha_{612}^{10} \\ \alpha_{621}^{10} & \alpha_{622}^{10} \end{vmatrix} \begin{vmatrix} \beta_{611}^{10} & \beta_{621}^{10} \\ \beta_{612}^{10} & \beta_{622}^{10} \end{vmatrix} \begin{vmatrix} \beta_{61}^{10} \\ \beta_{62}^{10} \end{vmatrix}$$

$$= \begin{vmatrix} 0.66 & 0.53 \\ 0.52 & 0.40 \end{vmatrix} \begin{vmatrix} 0.47 & 0.47 \\ 0.53 & 0.53 \end{vmatrix} \begin{vmatrix} 0.49 \\ 0.51 \end{vmatrix} = \begin{vmatrix} 0.28 & 0.23 \end{vmatrix} = 0.51$$

7. 工程资源状况 α_7^{10}

$$\alpha_7^{10} = \begin{vmatrix} \alpha_{71}^{10} & \alpha_{72}^{10} & \alpha_{73}^{10} & \alpha_{74}^{10} & \alpha_{75}^{10} & \alpha_{76}^{10} & \alpha_{77}^{10} & \alpha_{78}^{10} \end{vmatrix}$$

$$\begin{vmatrix} \beta_{71}^{10} & \beta_{72}^{10} & \beta_{73}^{10} & \beta_{74}^{10} & \beta_{75}^{10} & \beta_{76}^{10} & \beta_{77}^{10} & \beta_{78}^{10} \end{vmatrix}^{\mathrm{T}}$$

$$= \begin{vmatrix} \alpha_{711}^{10} & \alpha_{712}^{10} \\ \alpha_{721}^{10} & \alpha_{722}^{10} \\ \alpha_{731}^{10} & \alpha_{732}^{10} \\ \alpha_{741}^{10} & \alpha_{742}^{10} \\ \alpha_{751}^{10} & \alpha_{752}^{10} \\ \alpha_{761}^{10} & \alpha_{762}^{10} \\ \alpha_{771}^{10} & \alpha_{772}^{10} \\ \alpha_{781}^{10} & \alpha_{782}^{10} \end{vmatrix} \begin{vmatrix} \beta_{711}^{10} & \beta_{721}^{10} & \beta_{731}^{10} & \beta_{741}^{10} & \beta_{751}^{10} & \beta_{761}^{10} & \beta_{771}^{10} & \beta_{781}^{10} \\ \beta_{712}^{10} & \beta_{722}^{10} & \beta_{732}^{10} & \beta_{742}^{10} & \beta_{752}^{10} & \beta_{762}^{10} & \beta_{772}^{10} & \beta_{782}^{10} \end{vmatrix} \begin{vmatrix} \beta_{71}^{10} \\ \beta_{72}^{10} \\ \beta_{73}^{10} \\ \beta_{74}^{10} \\ \beta_{75}^{10} \\ \beta_{76}^{10} \\ \beta_{77}^{10} \\ \beta_{78}^{10} \end{vmatrix}$$

$$= \begin{vmatrix} 0.52 & 0.74 \\ 0.76 & 1.00 \\ 0.75 & 0.97 \\ 0.65 & 0.88 \\ 0.94 & 0.98 \\ 0.46 & 0 \\ 0.66 & 0 \\ 0.44 & 0.90 \end{vmatrix} \begin{vmatrix} 0.50 & 0.48 & 0.60 & 0.66 & 0.51 & 1.00 & 1.00 & 0.48 \\ 0.50 & 0.52 & 0.40 & 0.34 & 0.49 & 0 & 0 & 0.52 \end{vmatrix} \begin{vmatrix} 0.10 \\ 0.12 \\ 0.14 \\ 0.13 \\ 0.11 \\ 0.15 \\ 0.12 \\ 0.13 \end{vmatrix}$$

$$= \begin{vmatrix} 0.063 & 0.106 & 0.117 & 0.090 & 0.105 & 0.069 & 0.079 & 0.088 \end{vmatrix}$$

$$\approx 0.717$$

8. 工程其他状况 α_8^{10}

$$
\begin{aligned}
\boldsymbol{\alpha}_8^{10} &= \begin{vmatrix} \alpha_{81}^{10} & \alpha_{82}^{10} \end{vmatrix} \begin{vmatrix} \beta_{81}^{10} \\ \beta_{82}^{10} \end{vmatrix} \\
&= \begin{vmatrix} \alpha_{811}^{10} & \alpha_{812}^{10} \\ \alpha_{821}^{10} & \alpha_{822}^{10} \end{vmatrix} \begin{vmatrix} \beta_{811}^{10} & \beta_{821}^{10} \\ \beta_{812}^{10} & \beta_{822}^{10} \end{vmatrix} \begin{vmatrix} \beta_{81}^{10} \\ \beta_{82}^{10} \end{vmatrix} \\
&= \begin{vmatrix} 0.68 & 0 \\ 0.80 & 0.74 \end{vmatrix} \begin{vmatrix} 1.00 & 0.34 \\ 0 & 0.66 \end{vmatrix} \begin{vmatrix} 0.61 \\ 0.39 \end{vmatrix} \\
&= \begin{vmatrix} 0.41 & 0.30 \end{vmatrix} \\
&= 0.71
\end{aligned}
$$

9. 10 号楼实施状况的总体评判

$$
\begin{aligned}
\boldsymbol{\alpha}^{10} &= \begin{vmatrix} \alpha_1^{10} & \alpha_2^{10} & \alpha_3^{10} & \alpha_4^{10} & \alpha_5^{10} & \alpha_6^{10} & \alpha_7^{10} & \alpha_8^{10} \end{vmatrix} \\
&\quad \begin{vmatrix} \beta_1^{10} & \beta_2^{10} & \beta_3^{10} & \beta_4^{10} & \beta_5^{10} & \beta_6^{10} & \beta_7^{10} & \beta_8^{10} \end{vmatrix}^{\mathrm{T}} \\
&= \begin{vmatrix} 0.91 & 0.48 & 0.77 & 0.54 & 0.18 & 0.51 & 0.72 & 0.71 \end{vmatrix} \\
&\quad \begin{vmatrix} 0.15 & 0.15 & 0.15 & 0.13 & 0.07 & 0.13 & 0.15 & 0.07 \end{vmatrix}^{\mathrm{T}} \\
&= 0.63
\end{aligned}
$$

根据实施状况的判定标准，当诊断值在 0.65 以下时为不好，这说明第 10 号楼的主体工程在实施过程中存在很多问题，总体状况不好，因而有必要对此项工程进行进一步的问题诊断。这也是本书研究在完成对 21 栋楼的全部诊断后选取 10 号楼为案例进行分析的原因所在，通过对此项工程较为全面地分析，我们能够更加清晰地看到对工程项目实施状态诊断的重要性和必要性。

8.3.3　实施状态的综合评判

按照以上方法，结合该工程建设单位所提供的所有相关资料和对若干问题的工程实地再考察，诊断分析组得出了该项目 21 栋楼的所有诊断结果值，如表 8.55 所示。

表 8.55　21 栋楼的诊断结果值统计表

栋号	1	2	3	4	5	6	7	8	9	10	11
诊断值	0.83	0.74	0.87	0.95	0.86	0.86	0.88	0.91	0.85	0.63	0.86
栋号	12	13	14	15	16	17	18	19	20	21	
诊断值	0.87	0.86	0.93	0.90	0.87	0.95	0.85	0.89	0.86	0.88	

据表 8.55 中各栋楼的诊断结果值，如果设定该工程各单位工程的权值均相等，则该工程的总体实施状况评判值为 α ：

$$\alpha = \sum_{m=1}^{21} \frac{\alpha^m}{m}$$
$$= (0.83 + 0.74 + 0.87 + 0.95 + 0.86 + 0.86 + 0.88 + 0.91 + 0.85 + 0.63 + 0.86$$
$$+ 0.87 + 0.86 + 0.93 + 0.90 + 0.87 + 0.95 + 0.85 + 0.89 + 0.86 + 0.88) \div 21$$
$$= 0.86$$

为此，由工程项目实施状况的诊断评判标准可知，该安居工程的总体状况良好，其中工程实施状况为优秀的有 2 栋，占总体的 10%，它们分别是 4 号和 17 号楼；良好状况的有 16 栋，占总体的 76%；一般状况的有 1 栋，占总体的 5%；较差状况的有 1 栋，占总体的 5%，该栋楼为 2 号楼；状况不好的有 1 栋，占总体的 5%，该栋楼为 10 号楼。对 1~21 栋楼具体状况的诊断结果不再分述，本章的案例分析主要是为了便于读者了解和掌握大型建设工程项目实施状态分级诊断与综合评判的使用方法。

8.4 分级诊断与综合评判结果分析（以10号楼为例）

通过对 10 号楼主体工程各项指标的分析，结合实施状态的判定标准可知，该工程各管理对象的实施状况如下所示。

（1）在工程质量方面，其诊断值为 0.91，据判定标准可知，实施状态为良好。

（2）在工程进度方面，其诊断值为 0.48，据判定标准可知，实施状态为不好。

（3）在工程费用方面，其诊断值为 0.77，据判定标准可知，实施状态为一般。

（4）在工程安全方面，其诊断值为 0.54，据判定标准可知，实施状态为不好。

（5）在工程环保方面，其诊断值为 0.18，据判定标准可知，实施状态为不好。

（6）在工程风险方面，其诊断值为 0.51，据判定标准可知，实施状态为不好。

（7）在工程资源方面，其诊断值为 0.72，据判定标准可知，实施状态为较差。

（8）在工程其他方面，其诊断值为 0.71，据判定标准可知，实施状态为较差。

现结合该工程的有关资料和现场实际复查结果以及对该工程监理师和有关施工人员的访谈结果进行如下分析。

1. 工程质量

工程质量较高是该工程在管理目标方面做得最好的一项。从该工程的分部分项质量评定结果和相关材料检测报告的有关资料来看，情况都非常好。按照有关质检规定，该工程质量已达优良标准。这与该工程在质量管理制度明确、措施有效及施工过程中监督到位、严把工程材料和施工质量关有紧密关系。因而，工程质量方面较高的诊断指标值也正确地描述出这一结果。

2. 工程进度

从诊断指标分析结果来看，就承包商自身在工程进度管理方面所做的工作而言，其做得还是非常好的，既有明确的目标也有某些方面的具体措施。但综合其他方面的诊断结果可以得知，由于该工程前期所需劳务人员严重不足（劳务人员配置率仅为 0.76），工程中遇到问题时相关各方的工效较低（工效比为 0.73，协调率为 0.68），外部技术服务保障不及时（保障率为 0.66），工程问题反馈不及时（信息反馈率仅为 0.44），再加上地基处理中遇到墓穴这一特殊情况以及施工中没有对环保工作予以足够的重视，导致周围居民因噪声和振动过大而多次阻挠施工，施工单位私自砍树而被环保局检查停工等问题多次出现，致使工程进度受到了很大的影响，这说明该工程在进度风险分析与管理方面的工作存在较大的问题。虽然项目的施工人员在第五层施工时得到了补充，但补充的新人员在技术上不熟练，以及为了保证工程质量，前期所累积的进度偏差仍没有得到有效的解决，因此，比原定计划拖延了 28 天，超出了建设单位所能接受的偏差程度。

3. 工程费用

从诊断指标的分析结果可以看出，该工程的直接费用和间接费用都超出预定计划，这与该工程在成本管理方面存在的不足有很大关系（费用计划分解率为 0.67，保障措施落实率仅为 0.53）。由施工日志可知，该工程在主体后期施工期间，为了弥补前期进度所超出的时间，8~10 月三个月存在大量的夜间加班施工，仅三个月领取高压碘钨灯管就累计消耗 181 支。同时，从工程日志和施工记录还可得知，由于该工程地处工程现场的最里端，材料运送不便，增加了二次倒运；基础处理过程中又曾出现过处理挖断的电缆和上水管及墓穴、因砍树被罚款、因居民干扰而停工四次及商品混凝土调价等因素，都给工程成本的增加带来不利影响。

以五层混凝土的费用状况为例，其诊断结果如下：五层结构现浇混凝土计划量为 1 200 立方米，实际浇注量为 1 250 立方米，实际最终供应量为 1 293.75 立方米，原计划价格为每立方米 185 元，五月份实际价格调整为 242 元，计划损耗量为 2%，实际支付 313 087.5 元。对该项成本进行诊断分析可得如下结果。

（1）已知，混凝土总成本 $C=$工程量 $X_1\times$每立方米工程混凝土用量 $X_2\times$混凝

土单价 X_3，故影响混凝土总费用的因素主要有 3 个。

（2）原定混凝土费用 CP=1 200 × 1.02 × 185=226 440 元。

（3）实际工程量的变化，即 X_1=1 250，则 C_1=1 250 × 1.02 × 185=235 875 元，由此可知，由于工程量变化，增加支出 235 875–226 440=9 435 元。

（4）用每立方米实际消耗量替代实际每立方米用量，即 X_2=1 293.75 ÷ 1 250=1.035，则 C_2=1 250 × 1.035 × 185=239 343.75 元。由此可知，由于现场损耗加大，增加支出额为 239 343.75–235 875=3 468.75 元。

（5）用混凝土实际价格替代预算价格，X_3=242 元，则 C_3=1 250 × 1.035 × 242=313 087.5 元，由此可知，由于混凝土价格变化，多支出 313 087.5–239 343.75=73 743.75 元。

因此总费用的变动量为 9 435+3 468.75+73 743.75=86 647.5 元。其中，由于工程量变化引起的费用调整占到了 11%，由于实际消耗量变化引起的费用调整占到了 4%，由于价格变化引起的费用调整占到了 85%。由此分析可知，混凝土费用的变化主要是由市场价格变化和现场浪费引起的。

4. 工程安全

从诊断指标的分析结果可以得知，该单位对工程安全工作的重视程度不够，无论是在安全制度的制定方面还是安全措施的落实方面及安全费用的投入方面都存在不同程度的问题，这必然就会给作业环境达标率、现场人员违章率和防护设施失效率的增高带来不利影响，因而，此方面的状况也就非常不好。

5. 工程环保

此项工作是该工程中最差的一项。从诊断指标分析结果可以看出，该工程在此方面的各项指标值都很低，有些指标项甚至为 0（环保计划明确率），这说明施工单位在环保方面几乎没有管理的意识，因而在工程中多次发生了因夜间噪声过大而被居民阻挠施工、私自砍树而被罚款、乱排污水和扬尘过大而被居民投诉、环保局勒令停工整顿等问题。这些问题又直接或间接地给工程的进度和费用带来影响。因此，这一案例证明，工程中的环保问题已是关系项目实施状况的一个重要因素。

6. 工程风险

从诊断指标的分析结果来看，风险管理是该工程管理的一个弱项。施工单位不仅对工程的内外风险分析和估计明显不足，而且对已进行的一些风险分析也不透彻（风险分析有效率为0.525），应急和应对措施也落实不到位（风险对策落实率为 0.40）。因此，给工程的进度、安全、费用、环保等许多方面都带来了较大的不利影响。

7. 工程资源

根据诊断指标的分析结果可知，该工程在工程的实体资源如建材、能源、设备等方面，总体状况是良好的（如材料、能源、设备的利用率），对工程材料的检验、检测和试验方面管理较好，把关较严，为保障工程质量奠定了基础。但在软资源方面如技术服务、资金和能源及材料保供方面明显不足，特别是在项目的信息管理方面存在明显的缺陷（信息反馈达标率仅为 0.44）。因而，这就给工程快速分析和解决问题（如进度为何拖延、安全有何隐患、工程存在哪些风险等）带来不利影响。

8. 工程其他

在对该项工程进行诊断的过程中，诊断小组人员同时了解到，该工程施工单位的主管和该工程监理师之间存在较大的矛盾，因而，为了尽量减少摩擦，该施工单位在工程质量方面也特别地加强了管理，避免监理人员借此报复。但相互间的配合不当，协调不畅，致使许多工程问题缺乏相互沟通，问题也没有得到及时有效的解决。这一现象在工程日志、各方信息反馈时间、处理问题所用时间等方面都有不同程度的反映，因此，该工程的项目各方协调率和工效比诊断指标值也就不高，而这两个指标所包含的内容涉及项目的许多方面，因而必将给项目带来多方面的不利影响。因此，可以判定，其是导致该工程实施状况不佳的主要原因之一。

8.5 应用效果分析

在完成这一项目的诊断之后，诊断小组将诊断结果和相关建议都反馈给了各有关单位，并在一周之后诊断组收集和汇总了各单位对诊断结果的意见和建议。通过对这些意见和建议的分析得知，认为应用本书研究确定的诊断指标能很好地反映工程实际情况的有 15 家单位，占到总数的 71.4%；认为能较好地反映工程实际情况的有 4 家单位，占到总数的 19.0%；认为能基本反映工程实际情况的有 2 家单位，占到总数的 9.5%。特别是诊断小组的有关专家在应用这一研究成果完成对该工程实施状况的状态诊断之后认为本书诊断方法具有以下特点。

（1）在诊断大型建设工程项目实施状态方面，该诊断方法能科学有效地反映出工程项目的整体状况。特别是在诊断工程所出现的问题方面，通过诊断指标值可以非常清晰且直观地找到问题点，有效解决了目前工程问题分析中当多种原因并存时不易分析、结果凌乱、不易表述等问题，使得在工程多种问题的分析中条理清晰，问题查找直观具体，这是该诊断方法所具有的独特优势与最大特点。

（2）诊断指标值不仅能使工程项目管理者直观快速地发现问题所在，而且，当工程中同一问题存在多种原因时，不同原因所产生的影响程度也很容易得到判定。因而，该方法在制定解决问题的对策方面具有很强的指导性和实用性。

（3）在对该工程 21 栋楼的诊断分析中，诊断小组的 11 人用了大约 6 天的时间，因而该方法分析工作量很大。建议能对该方法进行进一步研究，实现计算机智能化诊断。

（4）如果能在工程管理中实现对工程项目的实时动态诊断，使工程相关人员能最快、最直观地通过屏幕了解到项目的实施状况如经济效益、工程费用节超情况、主要材料节超情况、进度与计划对比分析、质量实态、安全状况等工程实施状态的诊断结果信息，必将对大幅提高工程项目的管理水平起到巨大的推动作用。

（5）对于不同的工程项目，诊断指标和权重都可能会发生一些调整和变化，建议在此研究基础上提出一种指标调整的科学方法，以便满足工程实际使用。

参 考 文 献

毕星. 2002. 项目管理精要[M]. 北京：化工工业出版社.

陈晓燕. 2008. 水电工程工期风险评价中的权重分析研究[D]. 大连理工大学硕士学位论文.

陈祖煜，程耿冬，杨春和. 2016. 关于我国重大基础设施工程安全相关科研工作的思考[J]. 土木
　　工程学报，49（3）：1-5.

次登白姆. 2010. 基于政府监督的拉萨市公路工程质量评价指标体系研究[D]. 天津大学硕士学
　　位论文.

丁博，王怀民，史殿习. 2013. 构造具备自适应能力的软件[J]. 软件学报，24（9）：1981-2000.

范建设，许金余，颜祥程，等. 2011. 基于 BP 神经网络的人防工程结构损伤诊断研究[J]. 四川
　　建筑科学研究，37（2）：111-114.

方四祥. 2016. 一种新型低复杂度的 OFDM 自适应调制算法[J]. 通信技术，49（1）：34-38.

冯文辉，陈翰馥，赵文虓. 2016. 多输入多输出 Hammerstein 和 Wiener 系统的适应调节[J]. 系统
　　科学与数学，36（7）：893-907.

冯新，李国强，周晶. 2005. 土木工程结构健康诊断中的统计识别方法综述[J]. 地震工程与工程
　　振动，25（2）：105-113.

高年鹏. 2007. 建设工程技术经济指标的计算机分析系统[D]. 同济大学硕士学位论文.

高晓康. 2007. 粗糙集理论研究及其在工程和医学诊断中的应用[D]. 同济大学博士学位论文.

高玉琴，方国华，黄显峰. 2011. 基于粗糙集的水利工程管理现代化评价权重确定[J]. 水电能源
　　科学，29（2）：112-114.

洪锋. 2009. 桩基础工程绿色施工评价指标体系的研究与应用[D]. 昆明理工大学硕士学位论文.

洪菁，陆金桂，石峰. 2006. 基于改进的属性重要度的启发式算法[J]. 微计算机信息，22（9）：
　　246-248.

侯学良. 2006. 论工程项目管理的内涵与外延[J]. 建筑技术开发，（6）：124-126.

侯学良，贺晨，刘叶芳. 2011. 广州亚运海心沙工程项目管理方法的理论创新与实践[J]. 建筑经
　　济，（6）：5-8.

侯学良，贺全龙，金维兴. 2007. 冲突事件的随机性在建筑工程项目中的表现形式及影响[J]. 重
　　庆建筑大学学报，29（1）：96-100.

胡可云，陆玉昌，石纯一. 2001. 粗糙集理论及其应用进展[J]. 清华大学学报（自然科学版），
　　41（1）：64-68.

胡林敏，岳德权，李建东. 2017. 基于可用度改进方法的多状态串并联可修系统优化设计[J]. 系
　　统工程理论与实践，37（8）：2185-2191.

胡海. 2018. 基于关联规则的数据挖掘算法[J]. 电子技术与软件工程，25（2）：186.

黄乐莒. 2010. 建筑工程结构破坏的诊断方法及应用[J]. 辽宁建材，（5）：36-37.

黄琰，马博，曾鸣，等. 2012. 考虑全过程的超高压基建工程管控指标体系[J]. 水电能源科学，
　　30（2）：180-184.

霍东海，杨丹，张小洪，等. 2012. 一种基于主成分分析的 Codebook 背景建模算法[J]. 工程数
　　学，38（4）：591-600.

吉多 J，克莱门斯 J P. 1999. 成功的项目管理[M]. 张金成，等译. 北京：机械工业出版社.

焦莉，李宏男. 2006. PZT 的 EMI 技术在土木工程健康监测中的研究进展[J]. 防灾减灾工程学
　　报，26（1）：102-108.

焦松，李伟，杨明. 2013. 基于经验模态分解和灰色关联度分析的仿真模型验证方法[J]. 系统工
　　程与电子技术，35（12）：2613-2618.

雷明. 2012. 公路安保工程后评价指标体系及方法的探讨[J]. 科技创新与应用，（11）：150.

李均，曾国柱. 2009. 基坑工程监测及预警指标研究[J]. 工程建设与设计，（10）：76-79.

李猛，刘元宁. 2017. 一种基于信息增益的新垃圾邮件特征选择算法[J]. 吉林大学学报（理学
　　版），55（2）：379-382.

李青山，王璐，褚华，等. 2015. 一种基于智能体技术的软件自适应动态演化机制[J]. 软件学
　　报，26（4）：760-777.

李庆恒，宋伟，陈爱祖. 2005. 公路工程质量评价指标体系研究[J]. 商场现代化，（10Z）：
　　256-257.

李同果. 2007. 工程项目建设的质量标准创新研究[J]. 铁道工程学报，（7）：86-90.

李伟. 2009. 蓝牙技术在工程机械故障诊断中的应用[J]. 黑龙江工程学院学报（自然科学版），
　　23（3）：57-59，65.

李新洲，徐建军. 2006. 现代数学及其应用[M]. 上海：上海科学技术出版社.

李勋贵，魏宁，魏霞. 2018. 系统复杂性测度参数确定的新方法及其应用[J]. 系统工程理论与实
　　践，（1）：252-262.

利马耶 M G. 2011. 软件测试原理、技术及工具[M]. 黄晓磊，曾琼译. 北京：清华大学出版社.

刘春，张伟，赵海燕，等. 2015. 基于反馈控制的软件适应性需求的识别与分析[J]. 软件学报，
　　26（4）：711-729.

卢梅，侯学良，张文琪，等. 2008. 建筑工程项目实施状态健康诊断研究初探[J]. 项目管理技
　　术，（7）：17-21.

卢艳超，张馨. 2012. 基于核主成分分析模型的输电线路工程造价评价指标[J]. 电力建设，

33（7）：73-77.

马晓燕. 2003. 带概率三角模糊数互补判断矩阵的一种简化排序方法[J]. 山东农业大学学报（自然科学版），34（4）：565-567.

梅瑞狄斯 J R，曼特尔 S J. 2006. 项目管理：管理新视角[M]. 6 版. 周晓红，等译. 北京：电子工业出版社.

米据生，吴伟志，张文修. 2002. 粗糙集的构造与公理化方法[J]. 模式识别与人工智能，15（3）：280-284.

欧阳红祥，李欣，方国华. 2012. 水利工程管理现代化及其评价指标体系[J]. 南水北调与水利科技，10（1）：101-105.

潘菲菲，王仁超，曹永雷. 2015. 基于工期可控性的网络进度计划仿真评价方法研究[J]. 中国工程科学，17（1）：143-150.

潘兆东，谭平，刘良坤，等. 2018. 基于自适应 RBF 神经网络算法的建筑结构递阶分散控制研究[J]. 土木工程学报，51（1）：51-57.

齐红梅，陈奇伯. 2009. 水电工程建设区生态安全评价指标体系研究[J]. 中国水土保持 SWCC，（2）：39-41.

钱明辉，胡日东，陈建伟. 2018. 空间动态非参数杜宾模型及其应用[J]. 系统工程理论与实践，（1）：35-45.

邱菀华，等. 2001. 项目管理学：工程管理理论、方法与实践[M]. 北京：科学出版社.

陕西省考试管理中心. 1997. 标准分数及其应用[M]. 西安：西北工业大学出版社.

沈奇涵. 2009. 市政工程施工管理评价指标体系探讨[J]. 现代商贸工业，（16）：48-49.

沈莹. 2010. 工程结构受环境振动影响的评价指标研究[D]. 上海交通大学硕士学位论文.

沈莹，郑建国，陈龙珠. 2010. 工程结构环境振动影响评价指标研究[J]. 工程抗震与加固改造，32（5）：1-7.

孙宇. 2008. 大型土木工程健康诊断系统的设计与实现[D]. 大连理工大学硕士学位论文.

覃娟梅，黄建文，卢大林. 2012. 基于综合权重法的水电项目工程保险决策模型研究[J]. 水电能源科学，30（8）：116-118.

涂德辉. 2007. 公理集合引论[M]. 重庆：西南师范大学出版社.

万冬娥. 2018. 基于云计算的大数据信息检索技术[J]. 电子技术与软件工程，25（2）：176.

汪培庄. 1993. 模糊集合论及其应用[M]. 上海：上海科学技术出版社.

王道平，张义忠. 2001. 故障智能诊断系统的理论与方法[M]. 北京：冶金工业出版社.

王莲芬. 1987. 层次分析法中排序权数的计算方法[J]. 系统工程理论与实践，（2）：31-37.

王明春. 2005. 基于粗糙集的数据及文本挖掘方法研究[D]. 天津大学博士学位论文.

王朋云，倪淑燕. 2016. 自适应调制编码技术研究[J]. 兵器装备工程学报，37（9）：105-109，132.

王淑哲. 2010. 基本建设投资效果分析的指标体系与方法[J]. 财经理论与实践，22（1）：84-91.

魏宏艳. 2006. 工程系统设计指标的最优分配方法研究[D]. 西北工业大学硕士学位论文.

魏新江，魏纲，邓志秋，等. 2010. 基坑工程等级可拓评价及评价指标权重的确定[C]//全国岩土
　　与工程学术大会论文集：58-61.

吴建明，李彪. 2014. 管理性评估中病态指标值的线性调整模型[J]. 军事运筹与系统工程，
　　28（4）：62-66.

吴玲洪，方建瑞. 2005. 随机变量选取对工程可靠指标影响的分析[J]. 浙江水利科技，（4）：
　　21-22，28.

吴彦霖. 2012. 建筑工程项目设计安全评价指标体系设计[J]. 中国建材科技，（5）：10-12.

吴中如，顾冲时，郑东健，等. 2005. 探讨重大水利水电工程寿命诊断的理论和方法[J]. 岩石力
　　学与工程学报，24（17）：3017-3022.

肖钰，李华. 2003. 基于三角模糊数的判断矩阵的改进及其应用[J]. 模糊系统与数学，17（2）：
　　59-64.

徐泽水. 2003. 基于FOWA算子的三角模糊数互补判断矩阵排序法[J]. 系统工程理论与实践，
　　23（10）：86-89.

许先云，杨永清. 1998. 不确定AHP判断矩阵的一致性逼近与排序方法[J]. 系统工程理论与实
　　践，（2）：19-22，71.

杨青，武高宁，王丽珍. 2017. 大数据：数据驱动下的工程项目管理新视角[J]. 系统工程理论与
　　实践，37（3）：710-719.

叶俊能，刘干斌. 2012. 宁波地区深基坑工程施工预警指标及风险评估研究[J]. 地下空间与工程
　　学报，8（Z1）：1396-1402.

袁晔. 2011. 工程项目代建制绩效考核指标体系设计与评价研究[D]. 天津大学硕士学位论文.

岳宜宝. 2003. 工程项目管理在我国发展中存在的问题及对策[J]. 建设监理，（4）：12-14.

张会，吴思瑾，孙俊忠，等. 2017. 组织协同行为可靠性建模分析方法[C]//第18届中国系统仿
　　真技术及其应用学术年会论文集：54-60.

张健，蒲天骄，王伟，等. 2011. 智能电网示范工程综合评价指标体系[J]. 电网技术，35（6）：
　　5-9.

张龙斌，贺国光，卢宇. 2017. 一种在线实时快速判定混沌的智能方法[J]. 天津理工大学学报，
　　23（1）：18-21.

张琦，徐宙，朱春生，等. 2012. 工程机械诊断策略生成方法的研究[J]. 中国工程机械学，
　　10（2）：206-210，215.

张昭昭，乔俊飞，余文. 2017. 多层自适应模块化神经网络结构设计[J]. 计算机学报，40（12）：
　　2827-2838.

赵红星. 2012. 层次分析法在铁路工程评标指标权重中的应用[J]. 铁道工程学报，（10）：
　　120-123.

中国（双法）项目管理研究委员会. 2006. 中国项目管理知识体系[M]. 北京：电子工业出版社.

中国国际工程咨询公司. 2004. 中国投资项目社会评价指南[M]. 北京：中国计划出版社.

中国建设监理协会. 2007. 建设工程监理概论[M]. 北京：知识产权出版社.

周春明. 2016. 基于 LabVIEW 与 Proteus 的测控仿真实验系统设计[J]. 辽东学院学报（自然科学版），23（4）：261-265.

周光亚，夏立显. 1993. 非定量数据分析及其应用[M]. 北京：科学出版社.

周桂荣，惠恩才. 2002. 成功项目管理模式[M]. 北京：中国经济出版社.

朱士高. 2017. 创建智能体系统的软件工程方法[J]. 电子技术与软件工程，（15）：23.

朱梧槚，肖奚安. 1991. 集合论导引[M]. 南京：南京大学出版社.

卓庆霞. 2009. PTR 域用户信息管理系统的设计与实现[D]. 吉林大学硕士学位论文.

踪程，何继新. 2011. 农村住宅示范工程技术集成的评价指标体系研究[J]. 建筑经济，（8）：96-99.

邹林，汪永平. 2011. 核电工程及运行评价指标开发初探[J]. 工程建设与设计，（6）：176-180.

左熹. 2012. 土木工程结构损伤识别与诊断研究综述[J]. 山西建筑，38（31）：41-43.

AbouRizk S M, Knowles P, Hermann U R. 2001. Estimating labor production rates for industrial construction activities[J]. Journal of Construction Engineering and Management, 127（6）：502-511.

AbouRizk S M, Mandalapu S R, Skibniewski M J. 1994. Analysis and evaluation of alternative technologies[J]. Journal of Management in Engineering, 10（3）：65.

Ahmadi M, Behzadian K, Ardeshir A, et al. 2017. Comprehensive risk management using fuzzy FMEA and MCDA techniques in highway construction projects[J]. Journal of Civil Engineering and Management, 23（2）：300-310.

Caviggioli F. 2016. Technology fusion：identification and analysis of the drivers of technology convergence using patent data[J]. Technovation, 55：22-32.

Chan D W M, Kumaraswamy M M. 1997. Comparative study of cause of time overruns in Hong Kong construction project[J]. International Journal of Project Management, 15（1）：55-63.

Chen T Y. 2018. Remoteness index-based pythagorean fuzzy VIKOR methods with a generalized distance measure for multiple criteria decision analysis[J]. Information Fusion, 41：129-150.

Chou H Y, Chen P Y. 2017. Benefit evaluation of implementing BIM in construction projects[J]. Materials Science and Engineering, 245（6）：062049.

Cook W D, Kress M. 1994. A multiple-criteria composite index model for quantitative and qualitative data[J]. Journal of Operational Research, 78（3）：367-379.

de la Cruz M P, del Caño A, de la Cruz E. 2006. Downside risks in construction projects developed by the civil service：the case of Spain [J]. Journal of Construction Engineering and Management, 132（8）：844-852.

Eimear B, Calderini M. 2017. Error correction for index coding with coded side information[J]

Transactions on Information Theory, 63（6）：3712-3728.

Fu L. 2017. Project Management based on computer simulation technology[C]//2017 International Conference on Smart City and Systems Engineering：82-84.

Gan M, Wang C, Zhu C A. 2017. Construction of hierarchical diagnosis network based on deep learning and its application in the fault pattern recognition of rolling element bearings[J]. Mechanical Systems and Signal Processing, （72/73）：92-104.

Gao R. 2017. Engineering management dynamic paradigm based on weak convergence sequence coefficient[J]. Technical Bulletin, 55（7）：128-135.

Ghannadpour S S, Hezarkhani A, Roodpeyma T. 2017. Combination of separation methods and data mining techniques for prediction of anomalous areas in Susanvar, Central Iran[J]. Journal of African Earth Sciences, 134：516-525.

Gu X W, Angelov P, Kangina D, et al. 2018. Self-organised direction aware data partitioning algorithm[J]. Information Sciences, 42（3）：80-95.

Gudmundsson H. 2003. The policy use of environmental indicators-learning from evaluation research[J]. The Journal of Transdisciplinary Environmental Studies, 2（2）：8-12.

Hassanain M A, Bin-Mohanna A, Al-Hammad A M. 2017. Challenges to the implementation of building management systems in Saudi Arabia [J]. Built Environment Project and Asset Management, 7（2）：130-142.

Holt G D, Olomolaiye P O, Harris F C. 1994. Factors influencing U. K. construction clients' choice of contractor[J]. Building and Environment, 29（2）：241-248.

Hong D H, Choi C H. 2000. Multicriteria fuzzy decision-making problems based on vague set theory[J]. Fuzzy Sets and Systems, 114（1）：103-113.

Hou X L. 2005. Research on co-adaptability of conflict events in construction engineering project[C]//ICCREM 2005：125-128.

Hou X L. 2009a. Analysis on group factors of engineering quality problems based on evidenced-management method[C]//MASS 2009：1562-1568.

Hou X L. 2009b. Research on diagnosis method of implementation status to construction engineering project[C]//ICMSE 2009：988-991.

Hou X L. 2010a. A new method to extract management indexes[C]//MACE 2010：1158-1161.

Hou X L. 2010b. Analysis of distribution rule of morbidity phenomena in construction project in China[C]//MACE 2010：1472-1475.

Hou X L. 2010c. Investigation and analysis of morbidity phenomena in engineering project in China[C]//ICEE 2010：4166-4169.

Hou X L. 2010d. Research on diagnosis method for analyzing implementation status in engineering projects[C]//ICEE 2010：4363-4366.

Hu Y A, Zhang L, Li H Y, et al. 2017. Prescribed performance control of multi-input extremum seeking systems[J]. Journal of Huazhong University of Science and Technology, 45（1）: 87-90.

Hou X L, Lu M. 2008. Co-adaptability solution to conflict events in construction projects by segmented hierarchical algorithm[J]. Science in China（Series E: Technological Sciences）, （7）: 932-939.

Hou X L, Tan X N, Xie L Y. 2007. Analysis on relaxation of co-adaptability to conflict events in construction engineering project based on entropy[C]//ICCREM 2007: 297-299.

Huaglory T. 2017. Data mining based cyber-attack detection[J]. System Simulation Technology, 13（2）: 90-104.

Huo B Y, Yi W J. 2015. Identification of system mode parameters only using response measurement only[J]. Strategic Study of Chinese Academy of Engineering, 17（1）: 151-160.

Jannadi O A, Almishari S. 2003. Risk assessment in construction[J]. Construction Engineering and Management, 129: 492-500.

Kłopotek M. 2017. On seeking consensus between document similarity measures[J]. Fundamenta Informaticae, 156（1）: 43-68.

Lian J, Lai X M, Lin Z Q, et al. 2002. Application of data mining and process knowledge discovery in sheet metal assembly dimensional variation diagnosis[J]. Journal of Materials Processing Technology, 129（1/3）: 315-320.

Lim C S, Mohamed Z. 1999. Criteria of project success: an exploratory re-examination[J]. International Journal of Project Management, 17（4）: 243-248.

Lingard H, Wakefield R, Cashin P. 2011. The development and testing of a hierarchical measure of project OHS performance[J]. Engineering Construction & Architectural Management, 18（1）: 30-49.

Liu K, Li H. 2017. Project delivery system mode decision based on uncertain AHP and fuzzy sets[J]. IOP Conference Series Earth and Environmental Science, 100（1）: 012161.

Liu Q, Li X, Zhang A Y. 2017. Modeling for prior distribution's reliability based on P value in Bayes evaluation for location parameter of normal distribution [J]. Systems Engineering Theory & Practice, 36（9）: 2400-2407.

Liu Y M, Zhou H F. 2016. Online intelligent monitoring for dynamic process based on wavelet reconstruction and SVM-BPNN[J]. Systems Engineering Theory & Practice, 36（7）: 1890-1897.

Luo F Z. 2005. Application of multi-objective programming in the evaluation of bids for engineering projects[C]//2005 International Conference on Construction & Real Estate Management: 251-253.

Ma L, Chang Y M. 2017. Highway construction investment risk evaluation using BP neural network model[C]//2017 ICITM: 154-158.

Moon S, Chi S, Kim D Y. 2018. Predicting construction cost index using the autoregressive fractionally integrated moving average model[J]. Journal of Management in Engineering, 34 (2): 04017063.

Moon T, Shin D H. 2017. Forecasting model of construction cost index based on VECM with search query[J]. KSCE Journal of Civil Engineering, 30 (11): 1-9.

Nasir D, McCabe B, Hartono L. 2003. Evaluating risk in construction-schedule model (ERIC-S): construction schedule risk model [J]. Journal of Construction Engineering and Management, 129 (5): 518.

Parsons A, Randolph N. 2006. Professional Visual Studio 2005[M]. Indianapolis: Wrox.

Patikirikorala T, Colman A, Han J, et al. 2017. A systematic survey on the design of self-adaptive software systems using control engineering approaches[C]//2017 SEAMS: 145-151.

Pongpeng J, Liston J. 2003. Contractor ability criteria: a view from the Thai construction industry[J]. Construction Management and Economics, 21 (3): 267-282.

Ruan M, Liu R. 2017. Configuration and optimization model for multi-indenture spares with lateral transshipments under stochastic demand[C]//2017CHPC: 1355-1359.

Salama T, Salah A, Moselhi O. 2017. Near optimum selection of module configuration for efficient modular construction[J]. Automation in Construction, 83: 316-329.

Shafi A, Carpenter B, Baker M. 2009. Nested parallelism for multi-core HPC system using Java[J]. Journal of Parallel and Distributed Computing, 69 (6): 532-545.

Shi G Z, Wang H J, Ci Y F, et al. 2016. Dynamic and adaptive access control model[J]. Journal on Communications and Control Engineering, 37 (11): 49-56.

Taheri S M, Matsushita K, Sasaki M. 2017. Development of a driving simulator with analyzing driver's characteristics based on a virtual reality head mounted display[J]. Journal of Transportation Technologies, 7 (3): 351-366.

Takashi S, Koichiro K. 1971. A parameter adjusting method in the model reference adaptive control system[J]. Transactions of Instrument and Control Engineering, 7 (6): 563-571.

Tchendjou G T, Simeu E, Alhakim R. 2018. Fuzzy logic based objective image quality assessment with FPGA implementation[J]. Journal of Systems Architecture, 82: 24-36.

Thanet A, Bonaventura H W. 2013. Measuring effectiveness of safety programmer in the Thai construction industry[J]. Construction Management and Economics, 56 (4): 409-421.

Tian S W, Yu L. 2017. Prediction of PLIK1 PBD activity based on deep learning[J]. Application Research of Computers, 34 (1): 94-97.

Tsumoto S. 2000. Knowledge discovery in clinical databases and evaluation of discovered knowledge in outpatient clinic[J]. Information Sciences, 124（1/4）: 125-137.

Tsumoto S. 2002. Databases and evaluation of knowledge[J]. Information Sciences, 126（3）: 21-27.

Vaclav M. 2007. Principal component analysis[J]. Computational Statistics and Data Analysis, 51（9）: 411-412.

Vosters L, Shan C F, Grittib T. 2012. Real-time robust background subtraction under rapidly changing illumination conditions [J]. Image and Vision Computing, 30（12）: 1004-1015.

Wand Y, Han Y, Zhanu Z. 2017. Cloud-based integration and service of streaming data[J]. Chinese Journal of Computers, 40（1）: 107-125.

Wang C M, Kang N J. 2017. An adaptive adjustment technology of distributed data schedule precessing[C]//2017ICEST: 643-651.

Wang X, Song R. 2017. Image segmentation model based on adaptive adjustment of local information[J]. International Journal of Engineering Systems, 36（9）: 179-187.

Ward B. 2017. Optimal dynamic strategies for index tracking and algorithmic trading[D]. PhD. Thesis of Columbia University.

Wei Q, Yen K. 2018. Self-learning optimal control for continuous-time unknown nonlinear systems with PCA Model [C]//2018 ICCD: 622-631.

Whitecotton D J, Mcpherson B M. 2009. Educing construction risks through project control[J]. Journal of Construction Engineering and Management, 62（2）: 232-236.

Xu Q S, Liu J Y, Xiu C. 2017. Research on construction and application of cost index on overhead line engineering based on mass data technology[C]//2017CFIES: 15-19.

Yang Q, Wu G N, Wang L Z. 2017. Big data: a new perspective of the engineering project management driven by data[J]. Systems Engineering — Theory & Practice, 37（3）: 710-719.

Yao J, Jiao Z, Ma D. 2014. High dynamic adaptive robust control of load emulator with output feedback signal [J]. Journal of the Franklin Institute, 35（1）: 115-121.

Yu H. 2017. A Measuring method to the feature point of CRDM based on digital signal process real-time robust background subtraction[J]. Science & Technology Vision, 23（2）: 11-13.

Zaven C, Normaw X. 2017. Revising first-order logic theories from examples through stochastic local phenomena[C]//2017ICILP: 301-310.

Zheng R, Zhang M, Wu Q, et al. 2017. An autonomic optimization model of multi-layered dependability for intelligent internet of things[J]. Technology Computing and Control, 14（1）: 326-334.